T0150495

Domaine étranger

collection dirigée
par
Jean-Claude Zylberstein

PREMIÈRE JEUNESSE

Dans la même collection

NEAL CASSADY

PREMIÈRE JEUNESSE

*Traduit de l'américain
par Gérard GUÉGAN*

Paris
Les Belles Lettres
2015

Titre original :

The First Third

www.lesbelleslettres.com

Retrouvez Les Belles Lettres sur Facebook et Twitter.

© *2015, pour la présente édition,*
Société d'édition Les Belles Lettres,
95 bd Raspail, 75006 Paris.

ISBN : 978-2-251-21024-7

Avertissement de l'édition américaine

Plus le temps passe (dix ans déjà depuis sa première publication) et plus cette autobiographie se révèle être l'un des documents essentiels sur l'Amérique des origines, à l'exemple des lettres de ces pionniers qui s'élancèrent, voilà deux siècles, à la conquête du continent dans leurs chariots.

Pour la jeunesse des années 80 nourrie de télévision, l'Ouest dans lequel Cassady a grandi – arrière-boutiques de coiffeurs pour hommes, taudis insalubres, rues chaudes de Denver, jungle des trimards – se confond, dans le temps comme dans l'espace, avec la Ruée vers l'or, alors qu'il s'agit en réalité d'une Amérique de la Crise dont il faut aller chercher les derniers reflets dans les relais routiers à l'abandon et les petites villes à la dérive. De la peinture que fait Cassady de l'entre-deux-guerres – quintessence de l'apprentissage de la solitude au sein d'un monde à jamais révolu – émane le parfum des films muets de Charlot, le vagabond qui avait toujours un pied dans le futur.

Voilà pourquoi le récit de cette vie errante est devenu l'une des meilleures sources d'informations sur le mythe ancestral de l'Ouest sauvage, comme si Cassady lui-même appartenait à l'ultime génération des héros populaires, comme s'il annonçait ce cow-boy urbain, qui aurait pu être, dans le siècle précédent, un hors-la-loi. (C'est ce qu'a parfaitement saisi Kerouac dans *Sur la route*.)

En témoigne le « Prologue » récemment retrouvé (histoire du clan Cassady avant que Neal fasse entendre sa partition), saga de l'Amérique primitive aussi vraie et profonde que du Faulkner ou du Thomas Wolfe (et souvent jusque dans son phrasé tortueux), aussi enracinée dans notre tradition que du Paul Bunyan. Style familier, et sans façons, qui charme par son ingénuité, mi-cocasse mi-tragique, style parfois touffu et répétitif, style qui n'est pas sans évoquer le récitant en transe (une manière d'être qui d'ailleurs définit bien mieux Cassady que celle de l'« écrivain » – dans la vie, il bougeait et parlait sans temps morts, tel le Paul Newman de *L'Arnaqueur*).

Aussi, quand vous le lirez, entendez-le cracher ses mots…

Lawrence Ferlinghetti,
septembre 1981.

PROLOGUE

I

Voilà plus d'un siècle[1], le premier des Cassady débarquait dans le nord du Missouri. De sa nombreuse progéniture, on se souvient encore des deux garçons qui filèrent s'établir dans le sud de l'Iowa d'où jamais ils ne repartirent. Quant aux autres enfants, il semble bien qu'ils ne se soient guère éloignés de la maison familiale car, au lendemain de la Guerre civile, on recensait alentour plus d'une ferme où les Cassady avaient vécu et travaillé.

Jusqu'à la fin de son adolescence, William, dernier-né du clan, s'occupa de sa grand-tante, propriétaire d'une modeste chaumière à Queen City, petit bourg du Missouri. Quand elle mourut en 1873, il s'en alla vivre avec l'aîné de ses frères, Ned, dans sa grosse ferme, elle-même proche de Queen City. Sept années passèrent, au terme desquelles William sortit victorieux du combat fratricide qui l'opposa à Ned.

Forte tête, avec tous les défauts que cela suppose, Ned était connu pour son impulsivité, sa brutalité, et ses disputes quasi quotidiennes avec sa jeune épouse. Quand venait l'époque des moissons, sa nature malfaisante le portait aussi à exiger de William qu'il se crevât à l'ouvrage. Et

---

1. Sans doute à la fin des années 1820. (*N.d.T.*)

sans doute ne faut-il pas chercher ailleurs l'origine de leur fatal affrontement. Avec ses manières doucereuses, William passait pour un être résigné. Des voisins ont prétendu que jamais il n'avait eu de jour de repos et qu'il était souvent obligé de s'épuiser à des tâches avilissantes, en particulier quand il faisait mauvais temps. De plus, Ned lui aurait interdit de s'asseoir à sa table, le traitant jour après jour comme un moins que rien. Selon d'autres ragots, William ne se serait pas montré indifférent à Cora, sa belle-sœur. Mais, tout bien considéré, ne peut-on penser que William n'était rien de moins qu'une petite fouine et un poltron, pour supporter pareille infortune ? Des années après, les gens continuaient de s'interroger sur la raison profonde de cette dispute mortelle : Ned, dont les soupçons s'étaient avec le temps aiguisés, n'avait-il pas fini par les surprendre au lit ? Ou bien alors, las d'être humilié, William ne s'était-il pas brusquement rebiffé ?... Compte tenu de la suite, peut-être que la vérité tient au mélange explosif de tous ces motifs de discorde.

Au reste, le drame, et quelle qu'en soit la cause, se produisit l'après-midi du 9 septembre 1880. Ned avait alors quarante-cinq ans, et William, vingt-six. Ils venaient de couper la luzerne. Dans le haut de la grange, Ned empilait les bottes que William lui faisait passer. Comme il ne restait plus rien dans la charrette, William grimpa rejoindre Ned afin de l'aider à finir. C'est là qu'ils se disputèrent et qu'ils en arrivèrent à se battre à coups de fourche. William s'arrangea pour pousser hors de la grange son frère en l'éperonnant au flanc droit, puis au bras. Tant et si bien que Ned bascula dans le vide et qu'après avoir rebondi sur une meule il se rompit le cou. William s'en sortit sans grand dommage si l'on excepte une légère estafilade à la cuisse, ou peut-être aux deux.

Mis aussitôt sous les verrous, il attendit d'être jugé à Kirksville, chef-lieu du comté. Le procès s'ouvrit le 1er octobre 1880 pour s'achever trois jours plus tard. Exhibant ses éraflures, William plaida la légitime défense. Bien que déposant sous sermon, nombre de voisins attestèrent d'un ton catégorique que Ned était un ours mal léché et sanguinaire. Deux expressions pourraient d'ailleurs résumer l'atmosphère générale des débats : « Bien fait ! » et « Il ne méritait pas mieux ! ».

Cora avait eu un fils de Ned et, à son décès, elle était encore enceinte. S'il n'existe aucune preuve d'un éventuel remariage avec William, elle lui donna cependant quatre enfants dans les treize années suivantes. En 1893, épuisée de fatigue malgré ses trente-cinq ans – il faut savoir que William lui avait toujours refusé la moindre domesticité, la contraignant de ce fait à vivre hors du monde –, elle ne survécut pas à l'accouchement du dernier de ses six enfants, Neal.

À la mort de Cora, William, qui n'avait pas encore quarante ans, se referma presque complètement sur lui-même et vécut comme un reclus. Il en arriva à ne plus vouloir ouvrir la bouche, se satisfaisant de meubler sa solitude par la seule lecture de la Bible. Tant et si bien que les visiteurs, déjà rares dans le passé, ne furent bientôt plus qu'un souvenir.

Dans l'année qui suivit les obsèques de sa mère, Ned Jr., le plus âgé de ses fils, un garçon renfrogné, mal dans sa peau, qui se sentait exclu du reste de la famille tant par l'attitude invariablement hostile de son beau-père que par l'idée qu'il se faisait de sa condition, disparut le jour de son quinzième anniversaire. Plus jamais on n'entendit parler de lui, et William ne fit aucun effort pour le retrouver.

Jusqu'en 1900, il ne se passa plus grand-chose à la ferme. Mais, cette année-là, le cadet des cinq enfants encore au foyer, Benjamin, qui venait d'avoir dix-huit ans, s'en alla à son tour et se plaça comme apprenti chez un maréchal-ferrant. Des années plus tard, il émigra vers le nord-ouest de l'État.

En 1903, Roy, à présent âgé de dix-sept ans et le seul à avoir bénéficié d'un semblant d'éducation, partit suivre les cours de l'école normale de Kirksville. Il en sortit en 1907 et obtint un poste dans une école toute proche de sa maison natale, ce qui lui permit de revenir vivre avec le reste de sa famille. La même année, Eva, la seule fille de la nichée, épousa un gars d'Unionville, Missouri. Elle le suivit sous son toit et n'en bougea plus.

Le deuxième enfant de Cora ne quitta jamais son père, lequel lui laissa par testament l'entière propriété de sa ferme. Pareille volonté confirma de façon flagrante le soupçon largement répandu que ce garçon, supposé être le fils de Ned puisque à sa mort Cora le portait dans son ventre, était en réalité de William. Et d'ailleurs, ne se prénommait-il pas William Jr. ? Aussi avait-il été mieux traité que les autres par le vieux William qui, se voyant décliner, lui avait non sans exagération légué tous ses biens.

*

Quand Neal était encore enfant, Eva, la plus proche par l'âge, se prit pour lui d'une affection prononcée. Avec le temps, le lien se resserra. Elle le maternait comme le font beaucoup de sœurs aînées, et on aurait pu dire que ces marques incessantes d'amour pour le plus jeune de ses frères constituèrent la seule manifestation d'émotion, voire de tendresse, jamais observée chez les Cassady. Plus Neal grandissait, plus ils devenaient inséparables, que ce fût dans les travaux de la ferme, ou dans les longues promenades qu'ils s'accordaient ensuite. Eva le protégeait du mieux qu'elle le pouvait de la tyrannie des autres garçons. Aussi en profitèrent-ils, quand elle déménagea après son mariage, pour redoubler de méchanceté à l'égard de Neal. Son existence tourna au cauchemar. En permanence traqué, et vilipendé, il devint la cible qu'on ne saurait manquer, la proie désormais licite – et surtout facile – de la brutalité de ses aînés.

Neal Cassady eut seize ans en 1909. Il mesurait alors 1,72 mètre et pesait près de 73 kilos. Toute sa vie, il garda la même taille et le même poids. Presque court, son torse manquait d'ampleur. La plupart du temps, une franche bienveillance illuminait son visage, encore qu'il s'empourprât vite fait lorsque la colère le prenait. Des yeux bleu clair et une tignasse brune achèvent de le dépeindre. Excellent coureur, il faisait preuve d'une force remarquable pour sa taille. Enfin, bien que d'esprit lent, il ne manquait pas de jugeote, et pourtant il n'était guère instruit.

Déjà, du temps où il leur fallait se rendre ensemble en classe, Neal autant que Roy aurait préféré traîner dans les champs. Mais à compter du moment où son aîné se retrouva instituteur, Neal ne supporta plus du tout l'école. Fort de son autorité nouvellement acquise, Roy se montrait sévère avec ses élèves et, en particulier, avec son jeune frère. Un beau matin de printemps, excédé par les sarcasmes de Roy qui venait une fois de plus de le ridiculiser devant l'ensemble de la classe, Neal leva la main sur son frère. Se saisissant alors de sa baguette de saule, Roy le corrigea d'importance. Mais sitôt ce châtiment barbare exécuté, Neal, pleurant d'humiliation, se rua vers la sortie tandis que le poursuivaient les quolibets, les huées et les gros rires de ses camarades. Incapable de se raisonner, il s'exagéra bientôt les conséquences de son acte s'il remettait les pieds à l'école. Voilà pourquoi, suant sang et eau d'avoir tant couru, et épouvanté à la perspective de ce qui l'attendait chez lui, il changea d'allure et aborda d'un pas plus lent la traversée de la propriété familiale. Et tandis qu'il réfléchissait à son sort, il en vint à penser qu'il devait imiter Ned Jr. et fuir ces trois hommes violents, si imperméables à la pitié – à savoir son père, Bill Jr. et Roy.

Jusqu'à ce que l'obscurité l'enveloppe, Neal ne fit que marcher, creusant le plus possible l'écart entre Queen City et lui. Des copains de classe l'hébergèrent pour la nuit. Mais, le matin du 25 mai 1909, tôt réveillé, il s'éloigna pour toujours de son lieu de naissance. Ayant estimé que seule la maison de sa sœur Eva pourrait lui être un refuge, il mit le cap droit dessus. Unionville étant à environ quatre-vingts kilomètres, couvrir une telle distance lui prit deux longues journées ; dans l'intervalle, il passa la nuit sur une providentielle meule de foin.

Une fois rendu à Unionville, il se renseigna à droite, à gauche, et c'est ainsi qu'il découvrit qu'Eva et George Simpson vivaient chez les parents de ce dernier. Non sans hésitation, et presque à contrecœur, Neal finit par se rendre à la petite ferme des Simpson. Bien évidemment, Eva fut ravie de le revoir, après ces deux années sans la moindre nouvelle de chez elle. Il n'empêche que le désir instinctif de la sœur comme du frère de renouer leur ancienne complicité ne se concrétisa pas, car Eva était par trop accaparée par la famille Simpson et ses difficultés.

Son mari, son beau-frère Henry, et ses beaux-parents, John et Sadie Simpson, tiraient le diable par la queue.

Leur pauvreté était d'ailleurs si criante qu'ils eurent toutes les peines du monde à dénicher de quoi nourrir Neal le soir de son arrivée. Outre qu'elle tendait désagréablement l'atmosphère, une détresse aussi flagrante ne fit qu'amplifier l'embarras du jeune garçon. Dans ce que cette frugalité, tyrannique et obsédante, avait de coercitif, il ne put qu'identifier, avec un vif sentiment de honte, sa punition.

Neal choisit néanmoins de rester. Simplement, soucieux de se prouver à lui-même qu'il ne serait pas à leur charge, il ne manqua dès lors aucune occasion de se rendre utile à la ferme. Sauf qu'à ne pas se ménager, le pire survint : il se blessa et, résultat, les maigres ressources des Simpson tanguèrent encore davantage.

Ça se passa une fin de journée. Bien qu'il fût au bout du rouleau, Neal continuait de répandre du fumier sur le sol quand, décidant d'en finir, il poussa ce qu'il en restait hors du tombereau du plus fort qu'il pouvait. Mal lui en prit car il se déplaça l'une des petites vertèbres du bas du dos. Le sentiment de culpabilité consécutif à la note du médecin qu'on avait dû appeler lui pesa tant sur la conscience qu'il ne s'accorda qu'une courte convalescence et se remit, mais beaucoup trop tôt, à l'ouvrage. Assez stupide pour vouloir persister dans les travaux les plus pénibles, il réveilla la douleur, si bien que, la lésion s'étant accentuée, son dos le fit souffrir sa vie durant.

Au fur et à mesure qu'on avançait dans la chaleur de l'été, Neal se mit à mesurer combien tous ses efforts pour prendre sa part des malheurs des Simpson ne se traduisaient par aucune amélioration de leurs finances qui n'étaient plus que l'ombre d'elles-mêmes. À l'évidence, il allait lui falloir lever le camp, et le plus tôt serait le mieux, en sorte qu'il occupait désormais toutes ses nuits à remâcher en silence les solutions les plus saugrenues. Après en avoir, à cause de son jeune âge, éliminé un certain nombre, comme de prendre la mer, il se décida pour la « grande ville ». Compte tenu de l'état limité de ses connaissances, mais aussi parce qu'il ne manquait pas de sens pratique, il n'en existait qu'une seule à ses yeux : Des Moines, dans l'Iowa.

Un matin, juste après le petit déjeuner, il annonça son intention de partir. D'une voix ferme, afin d'écarter, voire d'interdire, toute protestation de politesse, il fit remarquer que la maigre moisson pourrait être rentrée sans son aide. Eva ne tenta rien pour l'en dissuader. Lorsque Neal remercia les Simpson de leur générosité, ils l'invitèrent à revenir chaque fois qu'il en éprouverait le désir. Il prit congé d'eux un dimanche de la fin de l'été 1909 et, leur tournant le dos, il se dirigea vers le nord.

Pour la route – pas moins de cent soixante kilomètres –, il n'emporta qu'un casse-croûte, un peu de linge de rechange (pantalon, chemise et chaussettes), plus deux, trois petites choses. Au reste, son vrai problème, c'était le manque d'argent. Aussi, pour la deuxième fois de sa vie, se mit-il, la nuit venue, à la recherche d'une opportune meule de foin. Dans l'après-midi du lendemain, il rencontra une famille qui se rendait à Des Moines sur sa carriole. Quand le jour déclina, ils lui offrirent, non sans avoir aimablement insisté, de dormir sur un tapis de sol. Voyageant dès lors ensemble, le petit groupe atteignit la ville sans encombre. Neal les quitta et fila au marché aux bestiaux afin d'y dégotter un job.

Il tombait à pic ; un grand troupeau venant juste d'arriver, on l'embaucha pour donner à boire et à manger aux bêtes. Rude tâche qui fragilisa encore davantage son dos. Constatant à quel point Neal avait du mal à boucler sa journée, le contremaître l'affecta à un poste moins difficile.

Plus tard, à la fin de cette année-là, Neal se retrouva à l'entrepôt. Au bout du compte, lorsqu'il quitterait le marché aux bestiaux, il y aurait passé près de huit mois.

Reste que, dès qu'il toucha sa première paie, il lui sembla que plus rien ne lui interdisait de se loger désormais dans la pension de famille la plus proche. Bernique ! S'y étant présenté sans bagages, il eut droit de la part de son énorme propriétaire à un interrogatoire en bonne et due forme. Laquelle, après avoir pesé le pour et le contre, décida cependant de courir le risque. Comme c'est souvent le cas avec les maisons, la pension ressemblait à sa patronne, et j'ajoute que la réciproque, quand il s'agit de femmes, n'est pas moins vraie. À la vingtaine de chambres de la pension s'opposaient les cent quinze kilos de sa propriétaire. Répondant au nom d'Anne Stubbins, cette créature n'avait jamais quitté sa maison, qu'on appelait *Ken's Gables*. Le père d'Anne, Kenneth Stubbins, l'avait construite, et sa fille y avait vu le jour. Dans l'esprit de celle-ci, leurs destins étaient liés, d'où son éternel refrain sur « Moi et Gables ».

Une des premières soirées que Neal passa sous son nouveau toit, il lui fut donné, alors qu'il se reposait dans le salon, d'être le témoin de cet étrange comportement. Il n'en crut pas ses oreilles quand il entendit Anne déclarer à un autre locataire :

« Gables vieillit chaque jour un peu plus. Je dois le soigner tout le temps, mais sans grand résultat. À peine je lui tourne le dos qu'il se sent abandonné. Vieux gredin, va ! Toujours à s'arracher un lambris, un auvent, ou n'importe quoi d'autre. Aussi, je vous le dis, je ne serais pas surprise qu'un jour il se démantibule le porche… et – pourquoi pas ? – toute la façade, ce serait bien de lui ! » Pour ne s'être jamais laissé passer la bague au doigt, Anne avait pris pour époux Gables. Chaque soir, c'était : « Gables et moi sommes crevés, il est temps qu'on aille se coucher. » Ou encore : « Ce Gables, satané vaurien, il me tuera… rendez-vous compte, il m'a tenu éveillée toute la nuit avec ses grincements et ses plaintes. Je vous le jure, un de ces quatre le toit me dégringolera dessus, ça, c'est sûr ! »

Tant qu'il travailla au marché aux bestiaux, Neal ne changea pas de pension. Et même après qu'il eut déménagé il continua de rendre visite à « Maman Anne », comme il avait fini par l'appeler. Ne cessant au fil des années de se lamenter, elle succomba à une crise cardiaque le jour où le porche s'effondra pour de vrai.

*

De nouveau, le printemps était de retour ; une année s'était écoulée depuis que Neal avait fichu le camp de chez lui. À cause de cette incapacité toute paysanne à aborder qui que ce soit dans une ville forcément déconcertante, Neal ne comptait aucun ami. Et puisque son boulot ne lui laissait pas une minute de liberté, et qu'il était, quand se terminait sa dure journée, trop crevé pour s'accorder la moindre distraction, il économisa sur son salaire. Il s'acheta une armoire, envoya un peu d'argent à Eva, et l'un dans l'autre il se persuada de mener la meilleure des vies possibles. Dans son innocence retrouvée, il rayonnait de bonheur.

Avant le début de l'été 1910, Neal perdit son emploi par suite d'une baisse d'activité au marché aux bestiaux. Ça ne le chagrina pas outre mesure. Le temps était au beau fixe, et il en profita pour tirer au flanc. Il se levait tard et, après avoir avalé un monumental petit déjeuner, il trottinait jusque vers le bas de la ville, où il passait le reste de la journée dans un parc. Cet endroit lui devint un second domicile – très exactement, le banc n° 17. Là, il prenait grand plaisir à observer les autres promeneurs, jacassant avec ses voisins, donnant à manger à de rares pigeons et taquinant les écureuils.

Un après-midi qu'il trônait sur son banc, Neal fut abordé par un gentleman bien plus âgé que lui. Ses cheveux gris argentés et son teint rouge brique contrastaient comiquement avec son embonpoint, tandis que de grosses lunettes de vue, emprisonnant ses yeux marron, accentuaient l'austérité de sa mise, car, quoiqu'il ne portât pas de chapeau, rien ne clochait dans sa tenue. Paupières battantes, ce gentleman se présenta d'une voix sourde, mais qui laissait néanmoins percer une politesse raffinée, et c'est ainsi qu'ils engagèrent la conversation.

Cet individu, Roolfe Schwartz, était un Allemand bienveillant et des plus traditionalistes qui terminait sa vie dans une extrême solitude. Sans héritier et s'affaiblissant chaque jour davantage, il rêvait de se trouver un apprenti, voire un partenaire. Quand il perdait le sens des réalités, il se voyait accorder, comme par miracle, un fils à qui il aurait confié son modeste salon de coiffure. Et, tout en bavardant avec Neal, il ne faisait qu'y songer ; d'ailleurs, il ne l'avait abordé qu'à cause de cela.

Roolfe tabla si adroitement sur leur mutuelle et instinctive sympathie qu'avant la fin de la journée Neal avait accepté que cet Allemand de la vieille Europe lui apprenne le métier de coiffeur pour hommes. En conséquence de quoi, il retira ses affaires de *Ken's Gables* et, après avoir promis à « Maman Anne » de lui rendre visite chaque dimanche, il emménagea dans l'arrière-boutique de Schwartz. En proie à une excitation fiévreuse, celui-ci réduisit au minimum la période d'apprentissage, car, bien qu'une vie d'efforts eût affaibli sa vue au point qu'il était proche de la cécité, il n'avait pas perdu son tour de main. Aussi forma-t-il avec brio Neal qui se montra, en retour, un disciple attentionné et empressé. Vint donc le jour où les finesses du métier n'eurent plus de secret pour Neal, le jour où Schwartz, les yeux plus larmoyants que d'ordinaire, embrassa le jeune homme, l'appela « fils » et lui déclara qu'il en savait désormais davantage que lui.

Ils vécurent ainsi plus de sept années en pleine harmonie. De leur rencontre au printemps 1910 jusqu'à leur séparation à l'automne 1917, les seuls changements qui affectèrent leur vie commune découlèrent des contraintes de l'âge. Au fil du temps, Neal tint presque à lui tout seul le salon ; Schwartz ne l'aidait que le samedi, jour d'affluence, car il avait conservé la clientèle d'une poignée d'habitués qui ne manquaient pas de le réclamer sur l'air des lampions : « Ce vieux briscard est encore le meilleur coiffeur du quartier. » Ce fut une longue période de félicité, grâce à quoi Neal en vint à quasiment oublier les premières années de son existence.

En 1914, bien qu'âgé de vingt et un ans, Neal n'avait toujours pas fréquenté la moindre femme. À cela, il ne semblait pas exister de raison précise ; depuis cinq ans qu'il vivait à Des Moines les occasions ne lui avaient pas manqué de nouer une relation avec l'une de ses habitantes. Beaucoup moins timide que par le passé, rien dans ses manières n'était affecté ou anormal, il lui arrivait même de se montrer plein d'entrain, comme dans ces moments, déjà mentionnés, où l'excitation savait lui mettre le feu aux joues, et à présent que son beau visage rayonnait de franchise, ses rares intimes s'étonnaient de cette absence de petites amies. En vérité, ça ne l'avait jusqu'alors guère intéressé.

Cependant, cette année où éclata la Première Guerre mondiale, il rencontra une jeune fille pour laquelle il éprouva enfin de l'intérêt. Il l'avait remarquée depuis quelque temps, elle vivait à deux pas de son ancienne pension de famille, mais il n'avait pas trouvé le moyen de lui être, selon les usages, présenté, jusqu'à ce dimanche où il était passé voir son ex-logeuse. La jeune fille s'appelait Gertrude Vollmer, elle était la fille unique d'un couple de voisins allemands. Ce jour-là, après avoir offert pour son anniversaire un lainage à Anne Stubbins, Gertrude s'était fait un devoir de rester et de prêter une oreille docile aux toutes dernières nouvelles de « Maman Anne » – le seul sujet de conversation qui passionnait la vieille dame. Et voilà comment Neal et Gertrude se retrouvèrent assis sous le porche à subir l'ennuyeux soliloque, et comment ils en vinrent à échanger les rituels regards en coin. Neal raccompagna chez elle Gertrude qui le présenta à ses parents. Par la suite, avec l'approbation de Roolfe – les origines germaniques de la jeune fille y étaient pour beaucoup –, on le vit souvent chez les Vollmer.

Mais l'Amérique entra en guerre en 1917. Par patriotisme autant que par pur idéalisme, Neal souhaita s'engager séance tenante, mais Schwartz s'y opposa. Si bien que, pour la première fois, ils se disputèrent avec véhémence.

En fait, Roolfe Schwartz était un homme sensé et prudent qui en connaissait un bout sur les histoires d'amour de l'Ancien Continent. Jusqu'ici, pour garder auprès de lui un Neal satisfait de son sort, le coiffeur sans descendance avait su le protéger des grandes passions, pourvoyant à ses amourettes lorsque c'était possible, et tirant sur la laisse quand il le fallait. Lors de leur première rencontre dans le parc, il l'avait jugé crédule, plein de candeur, et tel était d'ailleurs Neal. Avec intelligence, Schwartz l'avait maintenu dans cette disposition d'esprit. Souvent il le complimentait pour avoir acquis si vite et avec tant de maîtrise les ficelles du métier, y revenant sans cesse par de subtiles allusions, et c'est de cette manière qu'il avait soigneusement entretenu l'harmonie au sein de leur vie commune – avec la prudence égoïste d'une mère dominatrice, et persévérante. Et ainsi, sept années durant, se débrouilla-t-il non seulement pour retenir à ses côtés Neal, mais aussi pour régenter ses pensées afin que jamais le jeune homme n'envisageât de le quitter ; et depuis ses dix-sept ans, âge auquel il avait rencontré Schwartz, Neal s'était toujours entendu opposer une réponse de bon sens à ses questions brûlantes. Telle était sa naïveté, à maintenant vingt-quatre ans, qu'il ne voulait voir dans le refus de Schwartz que le contrecoup de ses origines germaniques. Dans son aveuglement, qui est la marque de la jeunesse, Neal s'était persuadé que cette interdiction de porter l'uniforme ne devait rien aux calculs mesquins de son patron, lequel finit néanmoins par se montrer sous son vrai jour, permettant par là même aux yeux de Neal de se dessiller.

Alors que le vieux coiffeur avait tant et tant de fois masqué sa peur de se retrouver seul, voilà que la vérité, tout à coup, s'était mise à jaillir de sa bouche. Passé le premier choc, Neal se referma sur lui-même et remâcha alors dans son esprit embrouillé les idées les plus folles. Mais, par la force de l'habitude, il n'en montra rien, en sorte que Schwartz bénéficia d'un sursis. Bref, Neal ne claqua pas la porte ; la vie parut reprendre son cours : travail à la boutique, intermèdes avec Gertrude, visites à « Maman Anne » qui perdait de plus en plus les pédales. Sauf qu'il était désormais clair pour Neal qu'il existait quelque chose d'autre. Lorsque Schwartz lui avait avoué la vraie raison de son hostilité à la guerre, tout un monde qu'il ne soupçonnait pas lui était apparu. Il avait découvert qu'il lui était possible de sortir de sa coquille et de goûter aux plaisirs de ce monde : aussi, malgré sa candeur, pareilles perspectives le tirèrent avec tant de force de sa léthargie que son âme ne connut plus de repos, et que, jour après jour, son agitation alla crescendo. Schwartz le devina mais répugna à soulager ce cœur souffrant car, outre que l'ordre des choses en aurait été bouleversé, Neal, la tête farcie de rêves de liberté, aurait pu prendre le dessus et se livrer à on ne sait quelle folie, comme de le quitter. À force de buter contre des portes closes, le ressentiment du jeune homme s'exaspéra jusqu'au jour où le conseil de révision – et alors qu'une nouvelle aggravation de la crise venait d'être évitée – le déclara, lors de sa deuxième session, apte au service armé ; sans perdre une seconde, le conscrit rejoignit sa caserne.

*

L'armée stimula encore davantage Neal ; en le mettant en rapport avec des hommes plus mûrs, elle lui fit prendre conscience de l'étroitesse de son existence antérieure. Il tomba en admiration devant ses camarades de régiment et, subissant leur influence, il adopta nombre de leurs habitudes. Avant son incorporation, il n'avait jamais bu ni fumé, à présent il buvait et fumait. Il découvrit l'existence des prostituées, contractant de la sorte une de ces maladies vénériennes dont elles sont les dépositaires. Cela, et le reste, contribua à chasser de son esprit les rêves innocents de chevalerie qui étaient les siens au début de la guerre : il n'était à l'évidence qu'un soldat parmi tant d'autres.

De tous les hommes de sa section, c'est à Jim Trent que Neal témoignait le plus d'attachement. Jim était originaire du désert de l'Arizona, où ses parents, des prospecteurs, avaient péri soufflés par l'explosion d'une mine qui s'était déclenchée toute seule. Traumatisé par cette tragédie, Jim, alors un garçonnet, perdit pendant quelque temps l'usage de ses sens ; s'ensuivit une décennie initiatique où il apprit à s'adapter à une nature sauvage ; après quoi, il lui fallut tout aussi brutalement s'acclimater à un monde des plus différents, au motif que venait de le réclamer une tante qui ne s'était jusqu'alors pas manifestée et qui habitait Kansas City. Là, des précepteurs reprirent de fond en comble l'éducation de l'adolescent déboussolé, et ce jusqu'à son admission à l'université du Missouri. Étudiant en journalisme, il intégra le *Kansas City Star* sitôt qu'il eut décroché son diplôme. À l'entrée en guerre, il démissionna et s'engagea malgré les protestations de sa tante qui s'empressa de le renier. Depuis ce jour, Tom s'était mué en un jeune homme nonchalant et impudent, car la perte de sa protectrice, outre qu'il en avait conçu du ressentiment, avait répandu dans son cœur le venin de la méchanceté. Sa façon de se comporter, sous laquelle transparaissait le futur snob qui s'efforce de surmonter, par un ennui plein de morgue, la médiocrité de la vie quotidienne, lui avait attiré l'hostilité de la plupart de ses camarades, qui le tinrent bientôt à l'écart. En revanche, Neal, indécrottable fils de paysans, l'idolâtrait, et, assez vite, ce qui n'était qu'un voisinage de circonstance passa à ses yeux pour une solide amitié. Il se dégageait pourtant de leur promiscuité une sorte de détresse accablante car, sans l'avoir vraiment voulu, ces deux-là étaient en train de se rebeller, si bien qu'en prenant à rebrousse-poil l'autorité militaire ils passèrent bientôt pour de la mauvaise graine de moins en moins susceptible d'être ramenée à la raison.

À l'origine, il avait été prévu que le bateau sur lequel Neal devait embarquer pour gagner l'Europe lèverait l'ancre à la mi-novembre 1918, or l'Armistice le retint à quai. Cet inattendu quoique réjouissant contrordre fut, telle la grâce de dernière minute, accueilli avec une bruyante satisfaction par les soldats – excepté par Neal, qui se sentit floué. Quand il s'était préparé par l'imagination à la Bataille, voire à la Mort, il avait puisé dans la bravoure ostentatoire de Trent de quoi museler ses innombrables peurs. Aussi cette fin décevante le contraria-t-il, car, sans combat sur le terrain, comment savoir si, au-delà de la simple imitation, il était capable de faire acte de cette fameuse bravoure ? Ce n'est qu'en se comportant en authentique Héros, qu'il aurait pu se dépasser et donner un sens à sa vie. En ne cessant de remâcher tout cela dans sa tête, il ne se trouva alors aucune excuse pour s'être montré un aussi piètre soldat au service du gouvernement, et voilà comment se réveilla son sentiment de culpabilité.

Neal fut démobilisé avec un certificat de bons et loyaux services en janvier 1919. Trent le fut pareillement, et tous deux prirent l'express de Kansas City. Pour être ensuite descendus dans un hôtel plus que confortable, quelques semaines suffirent à éponger leurs soldes. À l'instar des enfants se retrouvant livrés à eux-mêmes, ils s'étaient fabriqué un sentiment d'excitation permanente afin d'exécuter avec plaisir tout ce qu'ils avaient projeté de faire sitôt libérés. Mais déjà, et avant même que les dollars leur eussent filé entre les mains, Neal s'était dégoûté de la vie nocturne, quoiqu'il fût loin d'avoir pu égaler l'exubérance batailleuse de Trent, lequel dut, pour que se maintienne leur fastueux train de vie, emprunter de grosses sommes d'argent à de vieux amis. Écœuré par tout cela, Neal abandonna Trent à sa déchéance et retourna à Des Moines, chez Schwartz.

Et de nouveau il reprit en main le salon de coiffure, mais les affaires battaient de l'aile car, en l'absence de Neal, Schwartz avait sombré dans la sénilité. Fort déconcerté par le spectacle qui s'offrait à lui après ce qu'il venait de vivre, Neal en vint assez vite à mépriser le vieillard, d'autant qu'il suffisait que celui-ci bavote d'attendrissement ou glousse de satisfaction pour qu'augmente son antipathie. Ainsi, à peine s'affairait-il autour d'un client que Schwartz se penchait par-dessus son épaule, lui lâchait des âneries à l'oreille, lui enfonçait ses coudes dans les côtes ou, même, lui passait tendrement la main dans le dos, voire sur la tête. Pis, tout ce qu'il disait n'avait plus aucun sens. Parce qu'il devait jour après jour le côtoyer, et qu'il ne supportait plus d'assister à son déclin, Neal ouvrit de moins en moins souvent la boutique et, prétextant des maux d'estomac, il se réfugia dans sa chambre. Un jour, Schwartz garda lui aussi le lit, mais n'en sortit plus – c'était désormais un grabataire. Rêvant de s'en aller mais contraint de n'en rien faire, Neal frisa la dépression nerveuse. Plus les semaines passaient, et plus son sentiment d'être pris dans un piège effroyable culminait, si bien qu'il reporta sur lui-même sa compassion. Finalement, prenant sa décision, il partit après avoir appris que la Ottumwa Mutual Life Insurance Company cherchait des courtiers d'assurances. Sans lui dire au revoir, et profitant de ce qu'il dormait, Neal abandonna son père adoptif à une mort solitaire. C'est donc un jeune homme mal dans sa peau qui couvrit la courte distance le séparant du siège de la Ottumwa et qui allait, non sans appréhension, entamer le deuxième chapitre de son existence

– une nouvelle expérience qui lui paraissait aussi imprécise que mystérieuse.

La plupart des clients de la Ottumwa Mutual Life Insurance Company vivaient à la campagne. Le secteur dont Neal avait la charge s'étendait des deux côtés de la frontière entre le sud de l'Iowa et le nord du Missouri. Puisqu'il prospectait la terre de ses origines, qu'il affrontait ses semblables, et qu'il y mettait le plus grand sérieux, il plaça avec succès nombre de polices d'assurance en dépit du spectre qui hantait ses nuits. Le dernier jour de mars 1920, il fut promu « meilleur vendeur », ce qui lui valut de faire désormais cavalier seul (d'ordinaire, les courtiers de son âge travaillaient en équipe). Il acheta sa première voiture, une Ford T. Mais au printemps – pluvieux cette année-là –, il la bousilla en essayant de passer en force par-dessus une ravine d'au moins un mètre. Et parce qu'il voulait être le plus loin possible de Schwartz, et qu'il n'avait plus de voiture, Neal accepta le poste qu'on lui offrit dans les bureaux de la succursale de Kansas City.

Mais, sitôt qu'il eut remis les pieds dans cette ville, il tomba sur Jim Trent dans un clandé des bas quartiers. Tout à l'euphorie, qui devait beaucoup à l'alcool, de leur fortuite rencontre, ils s'étreignirent avec force. Emporté par la fougue de ses sentiments, Jim pressa Neal de s'installer à demeure dans la belle résidence de sa tante.

En ce temps-là, la bonne société de Kansas City s'enorgueillissait de compter en son sein Genevieve Connelly Whitaker. Son père, Osgood Maynard Connelly, descendait en ligne directe des fondateurs de la fort puissante banque Connelly. Quant à feu son époux, Willard Whitaker, qui avait créé la plus grosse entreprise de conserves de viande de Chicago-ouest, il lui avait laissé une immense fortune. En sorte que Genevieve personnifiait la veuve à qui incombent les obligations de son rang. Dispenser la charité, décider de la mode et marquer de son empreinte les grands événements de la cité, voilà ce qui composait l'essentiel de ses préoccupations. Sans oublier cependant le cas de conscience que lui posait James Trent, le fils de son unique sœur. Car si elle avait mal supporté qu'il se fût porté volontaire pour la guerre, elle avait été dévorée d'une imprévisible et coupable angoisse à l'idée qu'il y perde la vie, aussi lui pardonna-t-elle quand elle apprit son retour en ville, et le réinstalla-t-elle dans tous ses privilèges.

Neal se laissa vite entraîner dans le tourbillon des mondanités, par quoi se distinguait la résidence Whitaker. Alors qu'il ne s'y attendait pas, il dut obéir aux exigences d'un mode de vie qui le dépersonnalisèrent bien mieux que ne l'avait fait le règlement militaire. Joua aussi contre lui le fait que Jim Trent était devenu la tête pensante d'une bande de cinq petits snobs venimeux. Dans son désarroi, il ne trouva pour le protéger du mépris collectif que le jovial Jim. Mais lui aussi, son enthousiasme du début ayant fait long feu et de nouvelles distractions s'offrant à lui, se désintéressa de sa cause et renonça à le défendre. Pareille hostilité amena Neal à penser qu'il n'était qu'un bibelot, un mannequin dont on ne s'amusait que lorsqu'on n'avait rien de mieux à faire. Tous autant qu'ils étaient l'avaient pris pour une poire, et de cette nouvelle épreuve il ne sortirait à l'évidence qu'humilié. Rendu furieux par l'arrogance de ces messieurs de la ville, qui continuaient pourtant de l'intimider, il se renferma dans la paranoïa et le dégoût de soi-même.

La qualité de son travail s'en ressentit, d'autant que n'étant désormais redevable d'aucun loyer, il n'éprouvait plus l'impérieux besoin d'assurer, par un effort soutenu, son gagne-pain, et bientôt il perdit jusqu'à l'envie de prospecter le marché. Il en arriva même à appréhender d'avoir à relancer ses vieux clients, pour s'être imaginé qu'ils pourraient, à bon ou mauvais droit, se plaindre de ses services. Constatant qu'il ne parvenait plus à placer la moindre police et qu'en retour ses résultats baissaient à vue d'œil, Neal se fit porter plus d'une fois absent jusqu'au moment où il démissionna. Sur la fin, ne décollant plus de sa chambre, il choisit d'éviter Jim, qui d'ailleurs ne se souvenait que par intermittence des moments agréables qu'il lui avait procurés. Comme de bien entendu, Genevieve n'avait aucune idée du nombre de personnes qui passaient par chez elle ; allant et venant, les invités faisaient régner dans la maison l'agitation d'une ruche, et souvent ils disparaissaient pendant plusieurs jours, entraînant Geneviève avec eux au spectacle ou à Dieu sait quoi. De toute façon, elle-même n'accordait aucune attention à ce qu'elle estimait être du menu fretin, si bien que Neal ne lui manquait certainement pas quand il disparaissait pour broyer du noir.

Dans cette chambre où il se terrait, le jeune homme consacrait l'essentiel de ses journées à boire tant et plus sans que personne y trouve à redire. En de tels moments, ce n'était pas tant le sentiment qu'il avait échoué à trouver sa place dans le petit monde de Trent qui l'obsédait, mais bien davantage la conviction croissante de sa lâcheté pour s'être ainsi enfui de Des Moines. Comme englué dans une crise d'anxiété sans fin, Neal ne cessait de ressasser dans son cerveau embrumé la façon indigne dont il s'était séparé de Schwartz. Aussitôt il se faisait honte, se rongeait de remords, et plus le temps passait, plus le hantait le souvenir de cette ultime et funeste cohabitation avec Schwartz. Quand il parvenait à s'en détacher, il se reprochait alors avec amertume de n'avoir pas su garder son emploi, et davantage encore l'irresponsabilité dont il avait fait montre en démissionnant.

Son inadaptation à la haute société – lorsqu'il lui arrivait d'y songer, perdu qu'il était dans ses autres méditations – l'avait conduit à s'avouer que ces gens, jamais en retard d'une méchanceté, avaient réveillé en lui les sensations, longtemps enfouies, d'infériorité et de rage impuissante qu'il avait éprouvées lorsque Eva était partie en l'abandonnant à ses frères si cruels. Parce que la souffrance dominait toutes ses pensées, il n'avait pas mis longtemps à admettre que sa position dans cette maison de riches était intenable, pour ne pas dire grotesque. Mais sa consommation quotidienne d'alcool le réduisait à l'inertie, de sorte qu'il retardait constamment le moment où il lui faudrait tourner la page.

*

Le soir du 3 janvier 1921, alors qu'on continuait autour de lui à fêter le nouvel an, Neal sortit enfin de son état de prostration et se lança dans une véhémente tirade contre ce style de vie. Coincé, Trent ne lui opposa, en dehors de son air dédaigneux, que de petits sourires narquois afin d'arracher les habituels hi-han sonores dès ânes qui composaient sa cour. Quand Neal plongea ensuite dans l'ambiance glaciale, impersonnelle, de ce quartier résidentiel, sa colère décrut petit à petit pour céder la place à un vif sentiment de contrition, provoqué, une fois encore, par le souvenir de ce qu'il avait fait subir à Schwartz ; pour la première fois, il pleura, et c'est le visage ruisselant de larmes qu'il se précipita vers la grand route sans le moindre regret pour ce qu'il quittait.

Faute d'argent, il se trouva obligé de faire de l'auto-stop, ce qui n'allait pas de soi car les voitures s'arrêtaient moins souvent que les charrettes, moyennant quoi moins le véhicule roulait vite et plus son exaspération s'enflait. De toutes ses forces, il implorait le ciel pour que Schwartz fût encore vivant. C'est que cela faisait déjà presque un an que Neal avait plaqué le vieillard impotent.

Il est une expérience qu'il nous arrive, quoique assez rarement, de vivre, ne serait-ce que parce qu'elle se produit en général dans ce court laps de temps où l'attente soudain nous pèse plus qu'à l'ordinaire et que s'impose non moins soudainement la réponse dont notre vie paraissait dépendre. Neal vécut un tel moment d'exaltation – yeux vides, bouche ouverte, respiration bloquée, gorge serrée et cerveau en ébullition – tandis que, réempruntant les rues de ce quartier naguère si familier, il galopait vers le salon de coiffure.

Sans le moindre signe de vie, hermétiquement close par des jalousies décrépites, tout, jusqu'à ses vitrines crasseuses, attestait que la boutique était fermée depuis longtemps. Bien que la poignée de la porte fût elle-même en piteux état, Neal essaya de la tourner, mais c'était verrouillé, aussi chercha-t-il à passer par l'intérieur de l'immeuble, en pure perte, hélas ! Sans se soucier alors de contrevenir à la loi, il brisa l'un des panneaux vitrés et pénétra, en se faufilant, dans le salon pour aussitôt se diriger vers les pièces du fond. Au passage, un rapide coup d'œil lui confirma que cela faisait une paye qu'on n'y avait plus manié le rasoir. Dépassant le dernier fauteuil, protégé, à l'identique des deux autres, par une housse de toile rayée qu'on avait ajustée avec soin, Neal parvint en quelques pas jusqu'à la cloison qui marquait la frontière entre la boutique et les deux chambres. Sa porte était également fermée à double tour, sauf que la cloison, dressée pour se protéger des regards indiscrets, ne montait pas jusqu'au plafond. Après s'être hissé par-dessus, Neal retomba en souplesse sur le plancher et se retrouva une fois de plus dans le lieu où il avait dormi plus de deux mille sept cents nuits. Tout de suite, il remarqua le lit, fait mais inutilisé, si l'on en jugeait à la poussière qui le recouvrait. Sur la tablette, de l'autre côté de la pièce, trônait toujours le petit réchaud à gaz qui lui avait servi à préparer sa tambouille, mais dont on avait arraché le tuyau. De même, en plein milieu du mur du fond, on distinguait encore un placard des plus rudimentaires que Neal se rappelait avoir, des années auparavant, fabriqué de ses mains en assemblant maladroitement des planches de 12 × 6 qu'il avait récupérées un peu partout. Plus aucun vêtement n'y pendait, et d'ailleurs le rideau qui les protégeait avait lui-même disparu. Si l'on exceptait le tub et la cuvette des W.-C. dissimulés dans un recoin, la chambre était dépourvue de toute autre installation. Le cœur chagrin, Neal s'assit sur le lit et se laissa envahir par l'odeur de pauvreté qui imprégnait l'atmosphère confinée.

Tout à coup, un éblouissant faisceau lumineux le tira de sa lugubre rêvasserie. De deux choses l'une, ou ce flic avait ouvert dans le plus grand silence la porte de la rue, puis celle de sa chambre, ou bien alors Neal, trop absorbé par son chagrin, ne l'avait pas entendu venir. Quoi qu'il en soit, le résultat se tenait à présent devant lui, revolver au poing et lampe-torche braquée sur son visage.

« Debout ! Face au mur ! Les mains en l'air ! Plus haut, les mains ! Sur la tête ! » aboya le flic. Et tout en entreprenant de le fouiller, il lui demanda comment il s'appelait, ce qu'il foutait là, etc., etc. Après avoir constaté qu'il ne dissimulait aucune arme, le flic le poussa dehors, où il continua de le harceler de questions. L'apathie de Neal, sorte d'indifférence tranquille, eut cependant pour effet de calmer quelque peu ses soupçons. Mais puisqu'on était à deux pas du poste de police, et que deux précautions valaient mieux qu'une, le flic obligea Neal à le suivre jusque là-bas, afin de s'assurer de sa bonne foi.

Au bout du compte, Neal parvint à se rappeler le nom d'un vieux client qui, après qu'on lui eut téléphoné, se déplaça jusqu'au poste où il certifia que Neal n'avait commis aucun délit en s'introduisant de la sorte dans la boutique de Schwartz. Satisfait que ce témoignage concordât avec les dires de Neal, le chef du bureau des inspecteurs le fit immédiatement relâcher sans que soit retenue contre lui la moindre charge.

Comme ils s'éloignaient du poste de police, son sauveur (un fervent adepte du massage facial, se souvint Neal) lui révéla qu'un horrible vagabond, du nom de John Harper, s'était occupé du vieux coiffeur jusqu'à sa mort, survenue quelques semaines auparavant. D'en avoir abruptement la confirmation, et quoiqu'il l'eût envisagé, le décès de Schwartz aurait dû affliger Neal ou, à tout le moins, l'assommer. Or rien de tel ne se produisit. Au contraire, Neal conçut aussitôt le surprenant projet de rencontrer la seule personne qui avait veillé Schwartz alors qu'il agonisait, en sorte qu'après avoir tout fait pour arracher au vieux client médusé le moyen de retrouver ce vagabond, Neal, remerciant enfin son sauveur, lui serra véhémentement la main et prit à la hâte congé de lui.

Et c'est avec la même hâte qu'il trotta jusqu'aux faubourgs de la ville où John Harper avait élu domicile dans un bidonville. Une fois rendu, Neal s'approcha, le cœur battant, de la première des quatre ou cinq cahutes qui émergeaient d'entre les monticules d'ordures tapissant le fond d'un grand trou. Après avoir frappé à ce qui servait de porte, il vit surgir devant lui un visage décharné, exsangue, d'une absolue inexpressivité, mais ce fut le regard, aussi délibérément impénétrable que celui d'un vieux fou cupide, qui acheva de décontenancer Neal, comme s'il s'était soudain trouvé en face du personnage central d'un des rares livres qu'il avait lus, *Silas Marner*[1]. Et quand il l'entendit grogner un « De quoi ? », qui laissa découvrir derrière des lèvres affreusement tordues une mâchoire édentée, Neal n'en fut que plus intimidé.

De toutes les monstruosités architecturales qui avaient poussé sur ce bout de terrain vague jonché d'immondices, la cahute de Harper constituait peut-être le meilleur exemple du presque rien érigé en domicile fixe. Des fragments de tôles de toutes origines, des carreaux de placoplâtre, plus une foultitude de divers matériaux récupérés dans les décharges, entraient dans la composition de ce capharnaüm. Il y avait même un bâtard de fox-terrier, aussi malingre que hargneux, qui jappait tel un chacal tout en grattant la neige durcie dans le périmètre que lui autorisait sa chaîne. Il cessa de donner de la voix quand son maître, après l'avoir tiré à l'intérieur, lui ordonna de la boucler. Le clébard réduit au silence, Harper articula de nouveau quelques sons : « Allez, entrez ! »

Neal ôta son chapeau et se courba afin de mieux négocier son passage sous l'entrée trop basse pour lui. Harper essuya ses pieds sur la toile de sac qui lui faisait office de moquette et s'assit sur un lit pliant. Voyant Neal planté sur le seuil, son chapeau à la main, il prit cela pour une marque de respect.

1. Roman de George Eliot paru en 1861. (*N.d.T.*)

« Il n'y a que nous », dit-il, puis il attendit, les yeux rivés sur Neal au comble de l'excitation. « Vous pouvez poser votre chapeau sur la table », ajouta-t-il, en désignant une caisse qu'on avait retournée et au centre de laquelle brûlait une bougie. Au lieu de s'exécuter – et, de fait, il ne prêtait qu'une oreille distraite aux propos de Harper –, Neal se lança dans un interrogatoire des plus confus. Tout y passa, ce qu'il avait imaginé comme ce qui lui avait paru aller de soi et qu'il voulait vérifier, il ne cacha rien, ne marquant de pause que pour reprendre son souffle, et encore pas toujours. À chaque fois que Harper essayait d'en placer une, Neal ne lui en laissait pas le temps, si bien que le zonard choisit de se taire, se contentant de le dévorer d'un œil impavide, comme s'il avait voulu passer à travers lui. Neal mit fin à son déraisonnable exposé en s'accusant d'avoir trahi Schwartz et, se frappant la poitrine, il alla s'écrouler sur le lit pliant à côté de Harper qu'il supplia alors de tout lui raconter. Pendant un court instant, le silence se fit dans la cahute surchauffée, non à cause du flot de paroles de Neal, mais par l'effet d'un poêle à kérosène duquel se dégageaient d'épais nuages de fumée noire.

Bien que submergé par cette délirante démonstration d'affection, mais pas le moins du monde intimidé, Harper décida non sans habileté de ne pas entrer dans le jeu de Neal et de s'en tenir aux données de base. D'autant qu'il devina que cet homme affolé ne désirait pas autre chose que du tangible, de quoi aviver son imagination. Aussi mit-il l'accent sur les évidences en faisant spectaculairement preuve de toute la noblesse qu'il était encore en mesure de déployer.

« J'étais descendu dans le centre-ville en quête d'un peu de viande pour Buggyboy, mon chien, quand, longeant la boutique de votre coiffeur, j'ai entendu appeler, et c'est ainsi que je suis entré et l'ai découvert sur son lit, dans la pièce du fond. Il a agrippé mon bras et m'a demandé où vous étiez. J'ai commencé par lui signaler que je ne faisais que passer par là, que je ne vous connaissais pas, mais il s'en moquait, il n'avait en tête que de se plaindre de votre absence. Que pouvais-je faire sinon rester avec lui dans l'espoir de le ramener au calme ? En tout cas, telle fut ma décision. Je lui fis réchauffer un restant de soupe et le lui donnai à manger. Tout de suite après, il parut aller mieux car il me parla avec plus de raison. Le temps passa et, lorsque je repartis chercher de la viande pour mon chien, je lui promis de revenir le lendemain matin.

« En gros, durant une semaine, je lui ai régulièrement rendu visite, et puis, un soir, il m'a demandé de ne pas repartir, de passer la nuit à ses côtés, eh bien, j'ai accepté. Deux mois se sont écoulés, mais comme il ne pouvait plus gagner sa vie, que sa boutique était fermée, il a bien fallu qu'on tape dans ses économies. Remarquez qu'en échange on parlait beaucoup ensemble et qu'il me semblait que je l'aidais ainsi à tenir. Cependant, son état commença à s'aggraver, désormais il ne se levait qu'un jour sur deux, puis, un peu de la même façon, il s'arrêta de parler. Au fond, j'imagine qu'il avait compris que vous l'aviez quitté pour de bon. Quoi qu'il en soit, il mourut quelques jours plus tard – disons dans le mois suivant, si ma mémoire est bonne. »

Neal quitta Harper aux environs de minuit, se sentant plus nauséeux que lorsqu'il souffrait de ses continuelles brûlures d'estomac. Il l'attribua aux vapeurs de kérosène qu'il avait inhalées plutôt que d'en rendre responsable son âme tourmentée ou n'importe quel supplice typiquement freudien. Il ne revit jamais Harper.

Neal rouvrit le salon mais, au bout de plusieurs semaines, il le vendit sans le moindre regret lorsqu'il reçut une offre des plus inattendues. Mais il ne fallut pas longtemps pour que l'unique légataire de Schwartz sombrât dans l'inactivité la plus complète et que, dès le retour du printemps, il ne pensât qu'à occuper le dix-septième banc du parc. Il y passait des journées entières à examiner sous tous les angles ses vingt-huit années d'existence et, comme ce voyage dans le passé lui procurait une sorte de paix intérieure, il se laissa envahir par cette sombre délectation, tant et si bien que l'été arriva, qu'il déclina, que l'automne lui succéda sans que lui-même changeât quoi que ce fût à ses habitudes mécaniques. Il menait cette vie singulière sans s'embarrasser d'amis ou d'ennemis, il logeait dans un petit hôtel, il prenait ses repas quand ça lui chantait à deux pas de là, dans une cafétéria ouverte vingt-quatre heures sur vingt-quatre. Dans le parc, il ne frayait qu'avec les seuls écureuils et, le froid venu, il persista, les oreilles emmitouflées, dans cette extrême remise en cause de sa personne.

Bien évidemment, en jouissant ainsi de sa douleur, il sombra dans le fatalisme en même temps qu'il développa une orgueilleuse indifférence à ce qui était susceptible de le détourner de sa ligne de conduite. Persuadé qu'il en avait fini avec les coups de cœur, il se jura de se garder à l'avenir de tout bouleversement affectif, en sorte qu'il en arriva à se refuser le moindre écart. Ainsi dépensait-il le minimum, se contentant de fumer le moins cher des tabacs, du Bull Durham, et ne s'accordant aucun bien-être. Malgré tout, l'argent que lui avait rapporté la vente du salon fondit comme neige au soleil, sans qu'il cherchât d'ailleurs à y remédier. À la vérité, il attendait patiemment de toucher le fond. Et donc, quand arriva le jour où il dépensa le peu de *cents* qui lui restaient dans un dernier petit déjeuner, c'est d'un pas tranquille qu'il se rendit chez le meilleur coiffeur de la ville, lequel l'engagea séance tenante. Sans que Neal en montre surprise ou gratitude.

Pendant toutes les années où il exerça ses talents dans ce salon, Neal ne se fit jamais porter absent, si ce n'est une fois à l'été 1924. Et quoiqu'il eût pris goût à la boisson, il ne fréquentait les bars que le samedi soir.

Or c'est précisément une de ces fins de semaine qu'il força plus qu'à l'ordinaire sur la bouteille, histoire d'oublier ses pieds endoloris, son dos brisé, résultat d'une rude journée où il n'avait cessé, dans une chaleur étouffante, de manier ciseaux, tondeuse et rasoir, sans jamais pouvoir, entre deux clients, s'asseoir pour récupérer. Et alors qu'en pleine nuit Neal déambulait non sans mollesse par les rues de Des Moines, il lui revint confusément à l'esprit qu'il avait oublié sur son lieu de travail quelque chose dont il pourrait avoir besoin le lendemain ; aussitôt, aiguillonné par l'alcool, il rebroussa chemin jusqu'à ce qu'il parvienne, en titubant, à se faufiler dans le passage qui contournait la boutique, mais là il eut bien du mal à mettre la main sur ses clés. À la seconde où enfin il se penchait pour mieux viser la serrure de l'entrée de service, il se fit harponner et retourner comme un gant par un flic que sa ronde de nuit avait conduit jusque dans cette ruelle. Comme Neal ne sut que marmotter de filandreuses explications, ce valeureux représentant de l'ordre n'hésita pas longtemps à lui en coller une, fulgurante, en pleine poire, juste en dessous de ses yeux hébétés, de quoi terrasser un taureau, vu que la puissance de sa frappe s'en trouva décuplée par un coup-de-poing américain aussi étincelant que s'il sortait de l'usine.

Comme par un fait exprès, Neal avait déjà eu affaire, la nuit de son intrusion chez Schwartz, au sergent qui assurait la permanence au poste. De deux choses l'une, ou celui-ci y avait été normalement muté, ou il avait fait l'objet d'une mesure de rétrogradation, car à l'époque il supervisait le bureau des inspecteurs. Déduisant que Neal avait tendance à forcer la porte des coiffeurs, ce brillant policier s'empressa de revérifier que Schwartz lui avait bel et bien légué son salon, si bien que son enquête lui prit quelques heures. Mais il ne la poussa pas aussi loin que le règlement l'exigeait, eu égard aux désagréments qu'elle aurait pu valoir au flic de patrouille ; de même, ce brave sergent ne mentionna pas dans son rapport l'usage, pour le moins prohibitif, que son subordonné avait fait de son joujou tout neuf. Il se peut d'ailleurs qu'en privé il l'ait félicité de cette preuve d'une vigilance hors pair. Reste que Neal, sa victime, fut relâché le dimanche. Il se donna quelques jours pour se faire rectifier l'arête fracturée de son nez, mais sa tendance – la procrastination – à tout remettre au lendemain finit par l'emporter, si bien que jusqu'à la fin de sa vie son nez resta de traviole.

Curieusement, et en dépit de toute logique, ce changement d'apparence le tira, à un point qu'on a du mal à imaginer, hors de sa coquille. Il commença à prendre soin de sa mise et se montra plus aimable envers ses collègues de travail et les clients du salon. Il devint si sociable qu'il se mit à parler avec feu au premier venu. Dédiant désormais tout son temps libre aux activités collectives – base-ball ou poker, concerts de musique ou soirées dansantes le samedi –, il n'en rata bientôt plus aucune. Et lorsque ce qui n'aurait pu être qu'une passade se mua en habitude et que Neal s'en trouva métamorphosé au physique comme au moral, il persuada l'un de ses meilleurs clients, entraîneur du Country club de Des Moines, de lui apprendre à jouer au golf. Son fiasco auprès de Trent paraissait oublié, à moins qu'il ne signifiât plus grand-chose ; en réalité, ça n'avait eu d'importance que lorsqu'il s'entêtait à vouloir se prouver qu'il existait. Et puis, de toute façon, il avait élargi de manière considérable le cercle de ses connaissances, en sorte que si quelqu'un, aujourd'hui, se mettait en tête de vouloir délimiter la période la plus harmonieuse de son existence, celle qui lui procura un intense sentiment de bien-être, il ne pourrait que la situer dans l'année, voire les dix-huit mois, qui suivirent la fracture de son nez. En prenant cette expression au sens fort, on peut dire que Neal fut alors à son meilleur niveau, que jamais il n'avait été aussi heureux. Par sa fréquentation assidue de l'élite de la société, et de ce qui s'en rapprochait, il noua de nombreuses relations et même quelques solides amitiés. Bientôt, il coiffa et rasa les citoyens les plus importants de la ville. Ses patrons s'en aperçurent. Aussi, à la mort du premier garçon-coiffeur, hérita-t-il de sa place. Sa rapide ascension atteignit son apogée dans le tout début de 1925 lorsqu'il fut promu gérant d'un salon qui ne comptait pas moins de dix employés.

La satisfaction de voir reconnus ses mérites aurait pu être gâchée si ne lui avaient été également accordés les plaisirs de l'amour, lesquels lui avaient jusqu'alors paru sans importance. Mais le moins devenant le plus, son intégration à un mode de vie différent éveilla chez lui, et comme par ricochet, une vive prédilection pour la compagnie des femmes, et voilà comment, après que se furent enfuies trente-deux années de sa vie, vers donc la fin de la première moitié de l'année qui clôtura elle-même le premier quart du xxe siècle, Neal épousa celle qui serait sa seule et unique femme légitime, Maude Jean Scheuer.

II

Dans les derniers jours de l'automne 1869, la *Giesenstadt*, une goélette allemande battant pavillon impérial, accosta les quais de New York. Comme le voilier filait à une bonne vitesse, les plus jeunes membres de l'équipage eurent tôt fait de partager l'attente fébrile des plus anciens – à savoir la permission de descendre à terre une fois qu'on aurait procédé au déchargement –, mais pour autant leur espérance n'était pas dénuée d'angoisse.

Sans l'avoir vraiment désiré, Otto Scheuer avait été poussé à s'engager dans la marine, ainsi que l'exigeait alors la tradition germanique pour un jeune orphelin d'une grande ville. Privé de toute famille quand son père comme sa mère avaient été emportés par une épidémie, Otto s'était retrouvé à la rue où il avait vite appris à se débrouiller. Âgé à présent de seize ans, et quoique sa croissance fût loin d'être achevée, son gabarit avait de quoi impressionner. Il était aussi blond qu'on pouvait l'être dans son pays. Quant à la couleur de son caractère, elle se caractérisait par une honnêteté absolue, tandis que celle de son âme affectait un léger scepticisme. Rien dans son attitude n'indiqua jamais qu'il fût porté sur la métaphysique, bien au contraire il conserva durant sa longue et modeste existence sa logique de travailleur de force.

Au cours de sa traversée de l'Atlantique Nord, Otto dut subir les classiques mauvais traitements qu'on réservait aux mousses prenant pour la première fois la mer. Peu d'adolescents supportent pareil supplice sans penser à déserter. Reste que la plupart, dès lors que s'estompe cette formalité initiatique, renoncent à s'enfuir, finissent même par accepter avec passivité la vie dure des hommes d'équipage et, parce que au fil des embarquements il leur a semblé – mais jusqu'à un certain point – que s'est améliorée leur condition, ils en arrivent à penser que leur vocation est de naviguer alors qu'ils viennent d'être libérés de leurs obligations militaires. Mais pas Otto qui bientôt ne fut plus obsédé que par la meilleure façon de fausser compagnie au reste de l'équipage. En sorte qu'à mi-traversée il ne cessait de revoir en secret les moindres détails des multiples plans que lui suggérait sa juvénile intelligence, plans qui devaient lui permettre de réaliser son but. Il n'était pas sans savoir que le code maritime prévoyait (en cas de désertion) de retarder d'au moins douze jours l'appareillage du navire afin qu'on puisse traquer le fugitif. Or jusque-là, le moyen d'assurer sa survie durant cette petite quinzaine, tout en évitant de se faire reprendre, lui avait échappé, et ça ne s'était pas amélioré depuis qu'un insurmontable obstacle avait pris le pas sur toute autre considération – il ne parlait pas l'anglais.

Une seule chose allait de soi : la réussite de son projet supposait qu'au préalable il se fût, sans attendre, écarté des autres. Moyennant quoi, sitôt débarqué, Otto s'extirpa mine de rien du groupe avec lequel, en quête de distractions, il arpentait les quais. Mais à peine eut-il pris la tangente qu'il tomba sur une bagarre : ils n'étaient pas moins de sept à salement dérouiller un type qui, pour autant qu'Otto put en juger, ne devait pas dépasser le mètre cinquante quoiqu'il accusât facilement un peu plus de quatre-vingt-dix kilos. Tel quel, court sur pattes mais large d'épaules, il avait tout a priori d'une masse inébranlable. Cependant, croulant sous le nombre, il était en train de vaciller sur ses bases, et de façon si pitoyable que, compatissant, notre jeune héros se crut obligé, malgré les regards de ses camarades qu'il devinait dans son dos, de voler à son secours. Indigné par ce qui lui avait été donné de voir du lynchage, il se débarrassa en un tournemain de son caban et de son béret de marin et courut se jeter dans la mêlée où il donna du poing jusqu'à ne plus sentir ses muscles, mais sans une seule fois oublier de mettre son puissant gabarit entre les agresseurs et l'agressé, lequel paraissait sur le point de perdre connaissance, avec son visage congestionné et sa respiration de plus en plus faible. Rendant toujours coup pour coup, ils parvinrent à se glisser entre deux hangars avant que, pris en chasse l'instant d'après par tous leurs ennemis, ils reçoivent le renfort bruyant d'un ou deux membres de l'équipage (qui s'était précipité pour profiter du spectacle). Leur arrivée leur ayant assuré la victoire, Otto et son compagnon s'engouffrèrent dans une ruelle afin de se mettre à couvert ; par chance, leur débandade irréfléchie ne donna lieu à aucune poursuite.

Quelques rues plus loin, poussés par l'envie de reprendre des forces, ils entrèrent dans une taverne. Tout à coup, comme il venait de s'asseoir, Otto se souvint du caban et du béret qu'il avait jetés sur le pavé avant de se mêler à la bagarre. Aussitôt il se leva de table pour partir les récupérer, après quoi, pensa-t-il, il reprendrait sa fuite en avant, mais alors qu'il faisait un pas en direction de la porte, son vis-à-vis – le carré de fonte à cause de qui il s'était battu – se sentit assez raffermi pour lui adresser la parole, sinon, après, ce serait trop tard. Redressant du mieux qu'il put sa grosse caboche, il articula ces quelques mots : « Je m'appelle Rasmus Svensen, et je te remercie, mon gars. » En guise de réponse, Otto passa d'une jambe sur l'autre, puis mâchonna d'une voix étranglée qu'il n'avait rien compris. Svensen releva encore plus haut la tête tandis que son front se ridait de curiosité. L'instant d'après, c'est dans la propre langue d'Otto qu'il lui dit : « Allemand ? Je le parle aussi. » Tout autant soulagé que surpris d'avoir entendu des mots qui lui étaient familiers, Otto se laissa retomber sur sa chaise. Ainsi débuta une longue soirée où confidences et coups à boire firent bon ménage, le tout pris en charge par le seul carré de fonte new-yorkais.

D'entrée, Rasmus Svensen s'étendit avec force détails sur son histoire : il était né en 1844 sur Loaland, une île de la mer Baltique. Un très bel endroit pour y voir le jour, d'autant plus attachant qu'on n'y manquait de rien grâce aux revenus de la grande laiterie familiale. Fils unique, Rasmus n'avait que quatre ans à la mort de son père. Dans les mois qui suivirent, la jeune veuve – elle avait vingt ans de moins que le défunt – se remaria avec un homme qui se mit, chaque année, à lui faire un enfant, et parfois même des jumeaux. Pareille fertilité suscita au plus profond du cœur de Rasmus une antipathie d'une si exceptionnelle intensité que sa mère, à laquelle il était passionnément attaché, décida de l'expédier en Allemagne, dans une école des plus coûteuses. Lorsqu'il revint, en 1860, sur son île enchanteresse, la marmaille, courant de-ci de-là, n'avait fait que proliférer, en sorte qu'à l'instar de n'importe quel adolescent de seize ans ayant quelque personnalité, il n'accepta pas de rester là une minute de plus et, leur retirant sa compagnie, il s'embarqua clandestinement sur un voilier faisant route vers l'Amérique. On ne le découvrit qu'à New York quand il tenta de se glisser en douce sur les quais.

C'est alors que, ne résistant pas au désir d'interrompre le soliloque de Svensen que l'évocation de son passé rendait intarissable, Otto lui dévoila tout à trac sa triste situation. Rasmus l'écouta, puis grogna : « J'habite de l'autre côté de l'Hudson, jamais on ne t'y trouvera. »

Un mot en entraînant un autre, Rasmus lui parla ensuite de sa ferme et commença par lui expliquer, mais en allant à l'essentiel, dans quelles conditions il en était devenu propriétaire. Outre de quoi acquitter le prix du billet que lui réclamait la Compagnie de navigation, sa mère lui avait envoyé une somme complémentaire afin qu'il s'achetât de la terre sur laquelle il construirait son propre chez-soi, car, lui écrivit-elle, « ainsi que nos cœurs affligés l'ont déjà pressenti, tu n'as plus ta place à mes côtés ». Après avoir cité de la sorte « cette chère maman que je n'ai d'ailleurs pas revue depuis bientôt dix ans », Rasmus se tamponna les yeux, embués d'une nostalgie narquoise. Venant s'ajouter aux effets de l'alcool, cette remarque grinçante acheva de le requinquer, et c'est plein de vitalité qu'il vanta avec éloquence ce coin de Terres Rouges où il avait, « à l'ouest de l'Hudson », choisi de bâtir sa maison et où, en neuf années, il s'était enraciné avec sa « petite bonne femme ».

Plus tard, alors qu'ils traversaient à la rame le fleuve, cap sur le New Jersey, Rasmus s'assombrit et même se referma sur lui-même quand Otto le pressa de questions à propos de l'échauffourée sur les quais. Était-ce le vin qui passait mal, ou sa nature fantasque qui reprenait le dessus, toujours est-il qu'au bout du compte il ne sut opposer à la curiosité du mousse qu'un énigmatique : « On me cherche toujours querelle ! » Lorsqu'ils accostèrent, Rasmus chargea sur ses épaules la barque et d'un pas lourd alla droit devant lui. De quoi transporter d'admiration Otto mais le rendre également un tant soit peu envieux, car si grand qu'il fût, dépassant de deux bonnes têtes le difforme Rasmus, il doutait de pouvoir porter une telle charge. Pendant environ six cents mètres, Rasmus traça ainsi son chemin jusqu'à une petite cabane isolée dans laquelle il remisa sa barque. Ensuite de quoi, et à bonne allure malgré un sol accidenté, ils avalèrent les nombreux kilomètres qui les séparaient de la ferme.

Le lendemain, aux premières lueurs du jour, Rasmus tira Otto du sommeil de plomb auquel le jeune garçon, mort de fatigue, avait vite succombé la veille au soir. Il lui secouait vigoureusement l'épaule tout en lui murmurant à l'oreille des mots qui le firent illico se dresser, fou d'inquiétude.

« Des hommes s'approchent qui pourraient être à ta recherche. Grimpe au grenier où ma femme te cachera, mais si c'est après moi qu'ils en ont, je ne manquerai pas de t'appeler à l'aide. » Otto fit une boule de son pantalon, idem de sa chemise qu'il avait posée sur une chaise, enfila tout de même ses grands pieds dans ses grosses chaussures, et balaya la chambre d'un regard fébrile mais attentif à ne rien laisser traîner qui aurait pu le trahir. Comme il se dépêchait vers l'escalier, il entrevit sur le pas de la porte Rasmus, les traits tendus, avec, bien en évidence, un fusil en travers des bras. Une fois dans le grenier, où la silencieuse Mme Svensen s'était déjà employée à déboîter quelques planches de l'une des cloisons, Otto se glissa sans demander son reste dans la niche ainsi aménagée tandis que derrière lui on remettait tout en place.

Cela devait faire une bonne vingtaine de minutes qu'il était planqué dans ce réduit quand il entendit des voix, puis les bruits de pas de trois ou quatre hommes dans l'escalier. Il lui sembla entendre parler allemand, mais ce n'est que lorsqu'ils s'approchèrent qu'il reconnut le second du *Giesenstadt* – d'un ton comminatoire, celui-ci venait d'ordonner qu'on sondât les cloisons.

À présent que sa capture s'annonçait imminente, la terreur que lui inspirait son face-à-face avec l'équipage n'empêcha pas le mousse, dans le peu de temps qui lui restait, de s'interroger sur le cours des événements, si bien qu'il se mit à tourner et retourner dans sa tête les diverses raisons qui avaient pu conduire les marins jusqu'à lui. Un court instant, il pensa même, tel l'animal pris au piège, qu'il pourrait s'en sortir. Or tandis qu'il remuait toutes ces idées, qui s'entremêlaient autant qu'elles s'entrechoquaient et qu'il abandonnait aussitôt qu'elles l'avaient effleuré, voilà que, sans qu'il comprenne comment ni pourquoi, remontèrent, par bouffées successives, du fin fond de sa mémoire les paroles d'un vieil air allemand qu'il n'avait pas chanté depuis des années, une berceuse de son enfance, lui sembla-t-il, bien qu'il fût incapable de mettre un titre dessus.

Tap, tap – ils avaient commencé de sonder les cloisons –, puis ils s'arrêtèrent. Il y eut ensuite comme une dispute, une flopée d'interjections, et enfin un lourd martèlement de pas dans l'escalier ! Quelques minutes s'écoulèrent, la femme de Rasmus remonta, redéplaça les planches, et Otto s'empressa de se montrer, le visage rayonnant quoique recouvert de poussière et proche de l'asphyxie, aussi se grisa-t-il goulûment d'air pur sans pouvoir s'empêcher d'éternuer à plusieurs reprises.

Détendu, Rasmus l'attendait en bas, un verre de vin à la main. Si l'énorme fauteuil dans lequel il trônait convenait à sa forte corpulence, il n'en soulignait pas moins sa petite taille. Telle fut la première impression du jeune garçon en pénétrant dans la salle commune, avant de regarder autour de lui et d'essayer de dissimuler sa nudité tandis que Rasmus lui expliquait ce qui s'était passé.

« Le second a accepté mon argent. Si je n'avais eu l'heureuse idée de lui graisser la patte, il t'aurait très certainement embarqué. Il m'a quand même fallu marchander, surtout quand il m'a dit ne pas pouvoir me garantir le silence de ses deux marins. Mais j'avais de quoi, et je lui en ai assez allongé pour qu'il paie ses égorgeurs et nous fiche la paix. Allons, mieux vaut boire et oublier tout cela ! »

*

Dès lors, Otto se sentit chez lui et profita de l'hospitalité des Svensen durant six mois, sinon plus, s'appliquant pour l'essentiel à apprendre l'anglais.

Un des nombreux demi-frères de Rasmus, Christian Nils, qui avait à son tour quitté cette si belle île de Loaland, habitait désormais, avec sa famille, à Duluth, dans le Minnesota. Après un long échange de lettres, il fut décidé qu'Otto irait s'établir chez eux et qu'avec l'aide de Christian, marin sur les Grands Lacs, il essaierait de décrocher un embarquement. Cela réglé, Otto dut accepter, mais à contrecœur, que Rasmus lui offrît sur ses fonds propres le billet de diligence. Bien qu'ils n'eussent aucune envie de se quitter, ces deux hommes, qui s'étaient si étrangement rencontrés et qui étaient si différents, se dirent adieu avec une placidité qui masquait mal leur étroite complicité.

Autant qu'on pouvait en 1870 l'espérer, Otto relia sans trop de désagréments le New Jersey au Minnesota. Une fois qu'il fut rendu à Duluth, Christian ne parvint pas aussi facilement que prévu à le faire embaucher comme marin par

la Compagnie des Grands Lacs, laquelle fut, entre parenthèses, la première à n'utiliser que des bateaux à vapeur.
Otto se retrouva en salle des machines, au rang le plus bas,
soit comme nettoyeur, soit encore comme graisseur. Que
lui importait, car, débarrassé de la discipline de fer de la
marine allemande, il prenait enfin plaisir à naviguer et, quand
la morte-saison arrivait, il savourait tout autant l'intérieur
douillet des Nils. Au cours de sa longue carrière, le peu
qu'il réclamât de la vie lui fut accordé sans qu'il éprouvât
jamais d'autres besoins. Quand il prit sa retraite, après plus
de quarante années au service de la même compagnie, il
était, sur ces eaux du Nord, le mécanicien le plus ancien
dans le métier.

En 1875, alors qu'il venait d'avoir vingt-deux ans, Otto
renonça à l'hospitalité des Nils en se mariant avec une
Allemande, de quatre ans sa cadette, qu'il connaissait à peine.
Ils achetèrent une maison dans les faubourgs de Duluth mais,
parce que, du début du printemps à la fin de l'automne, il
naviguait de manière presque continue, l'accroissement de
sa famille suivit un rythme des plus lents. Carrie, une fille,
inaugura la lignée en 1877. Le seul garçon qu'ils aient jamais
eu, Charles, leur vint en 1879. Mais, pour la naissance de
Lucille, en 1886, il fallut patienter sept ans. Enfin, c'est en
1890 que Maude Jean, leur dernier enfant, vit le jour.

La famille resta unie jusqu'en 1898, date à laquelle
l'épouse d'Otto fut emportée par une pneumonie foudroyante
peu de temps après qu'il eut embarqué pour sa première
croisière de l'année. En son absence, Carrie et Charles
s'occupèrent de tout mais, sitôt tournée la page des obsèques,
Carrie se plaça sans tarder, dans l'Iowa, comme bonne
auprès des parents d'une riche héritière de Sioux City
dont elle avait été par le passé l'une de ses plus proches

« correspondantes scolaires ». De son côté, son frère Charles, alors âgé de dix-neuf ans, trouva immédiatement un emploi à la Société des chemins de fer de Duluth qu'il ne quitterait qu'après y avoir passé presque autant d'années que son père à la Compagnie des Grands Lacs. À Lucy, qui courait sur ses douze ans, incomba la surveillance de Maude, sa petite sœur de huit ans, pendant que Charles travaillait ou s'absentait, pour toute autre raison, de la maison.

Quand Otto réintégra son domicile à la fin de l'automne, il se débrouilla pour que Lucy s'en aille, en moins de deux, rejoindre Carrie à Sioux City, où elle servit de bonne à tout faire jusqu'au jour où elle remplaça sa sœur aînée. Dans le même temps, Otto expédia Maude dans la famille de l'un de ses camarades de travail. La charmante épouse de ce marin élevait ses deux enfants, à moins qu'elle n'en eût trois, dans une fermette pas très loin de Duluth, et elle y fit une place à Maude qui y passa les quatre années suivantes. Charles continua de vivre seul dans la maison familiale, sauf durant les quatre, cinq mois d'hiver où son père lui tenait compagnie. De fait, Charles ne s'étant jamais marié et Otto n'ayant guère envie de refaire sa vie, ils cohabitèrent ainsi plus de vingt ans dans cette vieille bâtisse sans qu'aucune femme en franchît jamais le seuil.

Au demeurant, Otto aura toujours été un père fantomatique, aussi bien à cause de son travail que par détestation des marques d'affection. Tout semble indiquer que la désintégration de sa famille ne l'avait pas affecté, car il ne se hasarda pas à la reformer – et d'ailleurs ne l'avait-il pas lui-même fait éclater ? Les filles, en particulier, n'avaient jamais signifié grand-chose pour lui, en sorte qu'elles n'eurent de ses nouvelles, après la mort de leur mère, qu'à l'occasion de rares lettres bêtement cordiales.

En 1902, Carrie se maria et partit s'installer à Los Angeles. Lui succédant aussitôt, et s'arrangeant pour mettre à profit le vide qu'avait entraîné ce mariage dans la domesticité de la grande maison, Lucy fit venir auprès d'elle Maude qui quitta sa famille d'accueil. Au rebours des autres servantes, Maude et Lucy étaient logées dans un pavillon isolé, distant d'environ deux kilomètres de la résidence principale. Déjà, sur l'intervention probable de la fille de leurs maîtres, il en allait ainsi du temps où Carrie et Lucy vivaient côte à côte. Travailleuses infatigables, elles avaient eu tôt fait de transformer cet ancien pavillon de jardinier en un coquet intérieur. Et puisque l'arrivée de Maude contrebalançait le départ de Carrie, il n'avait pas été jugé utile de modifier cet état de choses.

D'autant qu'à la différence de la plupart des gens riches ces gros propriétaires de Sioux City se comportaient en bons maîtres, et leur bienveillance envers Carrie s'était muée en attachement des plus vifs pour sa remplaçante. Lorsque Maude, au sortir de sa ferme, débula dans l'Iowa, elle n'avait pas encore treize ans, mais n'importe qui aurait déjà pu discerner sous la petite campagnarde l'extraordinaire belle femme qu'elle ne manquerait pas de devenir. Au risque que se dresse contre elle le reste des domestiques, sa rayonnante et humble nature lui valut d'emblée les plus grandes faveurs ; et, avant longtemps, ses maîtres, qui n'écoutaient que leur cœur, s'entichèrent d'elle, au point de bientôt la considérer comme une autre de leurs filles.

Pourtant, et quoiqu'on la couvrît d'attentions, elle continua de ne pas faire grand cas de cette beauté unique qu'on lui reconnaissait. Se montrer à son âge aussi peu vaniteuse, aussi peu affectée, tenait du prodige, et voilà pourquoi elle incarna si bien ce que tout un chacun aurait voulu être. Gracieuse, et douce, c'était un bijou. Sans se lasser, on portait aux nues son caractère, chacune de ses vertus était relevée, soigneusement répertoriée et aussitôt commentée quand les dames de la maison se rassemblaient pour leurs séances de couture, tant et si bien qu'à les entendre il paraissait acquis qu'elle était au-delà de tout éloge. Par bonheur pour son équilibre intérieur, leurs prédictions se révélèrent exactes. Et plus d'une fois les jeunes gens de la bonne société, alléchés par sa réputation, vinrent s'assurer qu'on ne leur avait pas menti.

Avec le temps, elle attisa toutes les convoitises, et nombre de ces jeunes gens ne l'abordèrent plus qu'avec l'idée bien ancrée de lui faire la cour. Parmi ces jolis cœurs, il s'en trouva un pour vouloir l'épouser dans les derniers mois de 1906. Il s'appelait James Kenneth Daly. On vit dans leur union de si riches promesses d'avenir que chacun en tira orgueil et s'en alla répéter : « N'est-ce pas que je ne m'étais pas trompé ? », ou encore : « Vous avez vu ? Qu'est-ce que je vous disais ? »

*

En dépit de son jeune âge, Daly, avocat de son état, ne manquait pas d'appuis au sein des milieux politiques locaux, et comme par ailleurs sa famille était fortunée, il installa son épouse dans une maison des plus cossues. Au reste, lui-même de belle taille, Irlandais pur jus de par ses origines, il ne manquait ni de goût ni de caractère – intelligent, plutôt brusque dans ses manières, prompt à s'enflammer, mais un cœur d'or doublé d'une fleur bleue. Et bien qu'il abattît le travail de dix car il ne perdait jamais de vue sa carrière, il trouvait le temps d'aller chasser le petit gibier qui abondait alors, et en particulier le canard. On ne lui connaissait que deux penchants : la bière McSorrell et les nourritures trop riches. En 1919, alors qu'il ne faisait pas figure de favori, il conquit la mairie de Sioux City grâce à son programme, identique à celui de Lincoln Steffens, et qui dénonçait la corruption dans l'inamovible bureaucratie. Il était en effet partisan d'une réforme de fond dans toutes les branches de l'Administration.

Le 7 septembre 1922, quelques semaines avant que démarre la nouvelle campagne électorale, il se trouvait dans son bureau quand il succomba, conclurent les médecins, à une attaque d'apoplexie. Il n'avait pas quarante ans.

Sur les quinze années qu'avait duré leur union, son épouse lui avait donné quatre fils et autant de filles. Mais l'un des garçons était mort à sa naissance en 1917. Voici les noms des sept autres, ainsi que leurs dates de naissance : William, en 1907 ; Ralph, en 1910 ; John, en 1912 (en fait, le 12.12.12) ; Evelyn, en 1915 ; Mae, en 1919 ; Betty, en 1920 ; James Kenneth Jr., en 1922 (comme il naquit après la mort de son père, il hérita de son prénom). Lorsque Daly fut inhumé avec les honneurs dus à son rang, Maude, quoique affaiblie par sa grossesse, parvint à masquer sa douleur ; mieux, s'appuyant sur sa noblesse d'âme impavide, que renforçait la fierté qu'elle tirait de ses enfants, elle supervisa jusque dans le moindre détail le déroulement des obsèques.

La mère de Daly, elle-même veuve, riche et vaniteuse, qui n'avait jamais aimé sa bru, ne lui offrit aucune aide. De plus, Maude découvrit, à sa grande surprise, que Jim ne leur laissait, à elle et aux enfants, que la maison, plus le bénéfice d'une police d'assurance qui allait d'ailleurs bientôt expirer. Autant pour échapper à l'emprise obsédante de Jim – qui s'exerçait où que l'on pénétrât, depuis la cave, sorte de musée de ses passe-temps favoris, jusqu'au grenier encombré de trophées de chasse – qu'à la malveillance de sa belle-mère, Maude se résolut à vendre la maison et à aller vivre à Des Moines. Mais, là-bas, l'argent s'épuisa vite et, pour la première fois de leur vie, les enfants Daly durent ravaler leur immense amour-propre en s'obligeant à prendre soin de leur mère éplorée et adorée. William quitta l'école et se dégotta un boulot à temps complet. Ralph consacra ses après-midi, ainsi que son samedi, à seconder un peintre en bâtiment. Et John vendit des journaux. C'est ainsi qu'ils joignirent sans grand enthousiasme les deux bouts.

Dès ce moment, Maude se confondit donc avec l'image de la veuve encore jeune qui se retrouve en charge d'une grande famille. Quelques amies de la meilleure société lui rendaient de temps à autre visite, et c'était à chaque fois d'ardentes parties de bridge. Bien sûr, Maude ne pouvait s'offrir aucune aide, mais, grâce à Evelyn, sa fille aînée, qui accepta de garder quelques heures les plus jeunes de ses frères et sœurs, elle prit très tôt l'habitude systématique de ne rater aucun des concerts dominicaux, un rite auquel sacrifiaient aussi ses nouvelles relations. Car sa situation de veuve d'un maire la fit, malgré la minceur de ses revenus, accepter comme membre de plein droit par les cercles les plus huppés de la ville. Aussi, à l'approche du dernier concert de l'année 1924, la considérant comme une habituée, on pensa à l'inviter au bal annuel que donnait au Country club de Des Moines la Société de musique – en sorte que c'est au cours de cette soirée de gala qu'elle rencontra l'homme qui allait devenir son second mari, Neal Cassady.

III

Le Country club de Des Moines, typique ville moyenne du Middlewest, disposait, à l'écart des autres, d'une table d'angle autour de laquelle il fut permis, chaque samedi soir à compter de l'hiver 24-25, qu'on y fasse sa cour. En face de Maude, la mince et séduisante veuve, rousse aux reflets cuivrés et d'une taille au-dessus de la moyenne, Neal, lui-même pas très haut sur pattes mais plutôt bien bâti, que son nez tordu rapprochait davantage d'un poids moyen teigneux que d'un adhérent de fraîche date, faisait preuve d'une extrême prudence dans ses travaux d'approche. Cependant, au surcroît de la cuisine raffinée et des excellentes liqueurs qui leur avaient été servies, tout, dans l'atmosphère, poussait à la romance – des cheminées rougeoyantes aux tentures de grande classe. Ajoutez à cela que l'air était plein du parfum de ces jours insouciants que Maude avait tant aimés, grâce à quoi Neal avait été autorisé à lui trousser le compliment, et elle en fut si retournée qu'elle envisagea de confier à ce buveur ombrageux la garde de sa personne et celle de ses enfants qui ne purent que s'y résigner.

Hormis le samedi soir, où ils s'accoutumèrent à se retrouver dans ce Country club qui les avait réunis, Neal n'approchait les enfants de Maude que le dimanche après-midi. L'habitude en avait été prise lorsqu'il l'avait raccompagnée jusque chez elle après le premier concert auquel ils se rendirent ensemble. Et l'hiver passa sans qu'on changeât quoi que ce soit à ce qui s'apparentait à un rituel romantique. Mais, pour en revenir au dimanche après-midi, Neal essayait de se montrer diplomate avec les grands garçons, boute-en-train avec les plus petits, et dans tous les cas se conduisait en gentleman en respectant leur personnalité. Une fois établies ces bonnes relations, il souhaita, au volant de sa nouvelle voiture, une Star, emmener Maude se promener en ville comme dans la campagne avoisinante. Avec l'arrivée du printemps, qui restituait à la nature sa beauté mais recouvrait de boue les routes, ils cherchèrent à se garer dans un endroit propice à la contemplation du paysage, et qui leur évitât de partir dans le décor. Durant l'une de ces haltes idylliques, Neal fit sa demande, qui fut acceptée. Ils se marièrent le 1er mai 1925.

Moins d'une année après la cérémonie, ils entamèrent le premier d'une épuisante série de déménagements, sans qu'on sût toujours à quoi les attribuer, mais qui firent ressembler leur existence à une sarabande immobilière. Quelle qu'en soit donc la raison – et peut-être ne faut-il y voir que l'envie d'enfin partir en « voyage de noces » –, un beau jour les nouveaux mariés décidèrent, voilà tout, de prendre la route, de sorte que le démembrement de la famille de Maude s'ensuivit sans qu'on y eût réfléchi.

Neal acheta un pick-up Ford et se mit à fabriquer de ses propres mains (imprévisible et insoupçonnable génie manuel que personne n'aurait su expliquer) une sorte de mobile home, bien trop lourd mais doté d'un toit en pente, qu'il installa sur la plate-forme de son deux tonnes. Cela lui prit des mois, et Maude ne se montra pas avare de compliments devant tant d'ardeur déployée. Il était prévu que ses plus jeunes enfants – Betty, cinq ans, et Jimmy, trois ans – accompagneraient les tourtereaux. Par ailleurs, Maude était à présent enceinte de son neuvième enfant, le premier qui serait de Neal (à propos, l'embryon, c'était moi). Bref, comme on part en vacances, ils allaient traverser l'Ouest et, chemin faisant, « découvrir le vaste monde ». Et, à la fin de l'hiver 25-26, quelque dix mois après leur mariage, arriva le jour où, à bord de leur drôle d'objet roulant, ils mirent le cap sur Hollywood.

Sans prendre en considération leur jeunesse, les cinq autres enfants furent abandonnés à Des Moines, contraints de se débrouiller par eux-mêmes jusqu'au retour des touristes. Au vrai, les trois plus vieux semblaient parfaitement capables de s'en tirer. William, Ralph et John – respectivement âgés de dix-huit, quinze et treize ans – faisaient preuve d'une hardiesse agressive qui leur était sans doute venue durant les trois années où ils avaient pris en charge Maude après la mort de ce père qui s'était jusqu'alors occupé de tout. En effet, doué d'une intelligence lumineuse et tranchante, cet avocat ne laissait rien au hasard, réglant aussi bien les moindres détails d'intendance que les questions financières les plus ardues. Mais, alors que de son vivant il ne s'était jamais soucié de transmettre à ses jeunes fils ses strictes façons d'agir, qu'il n'avait en somme jamais tiré sur leur laisse, voilà que sa disparition les avait obligés à assumer des responsabilités qui les dépassaient, si bien qu'ils s'y étaient mis avec la fougue innocente du jeune coq sûr de son fait.

Lorsque Maude accoucha *en route*[1], nos voyageurs enrôlèrent sans plus de façons le nouveau venu dans leur

1. En français dans le texte. (*N.d.T.*)

petite troupe éclatante de santé. À proximité du Tabernacle mormon et de son temple, circulaire et imposant, qui élance harmonieusement dans les airs ses cinquante-six mètres au sommet desquels s'élèvent encore deux tours, on trouve le LDS Hospital où naquit le 8 février 1926, à 2 heures du matin, le nouvel enfant de Maude. Lequel, outre le fait d'avoir été le seul fils de Neal, hérita de son prénom, mais sans qu'on songe à lui en adjoindre un second ; aussi, en guise de lot de consolation, l'appela-t-on parfois « Leon », un trait d'humour qui gâchait, dans l'esprit de Neal Sr., ce dont il était le plus fier : son Neal Jr.

Ils séjournèrent plusieurs semaines à Salt Lake City, le temps que Maude reprenne des forces ; puis, toujours dans leur singulier attelage, ils gagnèrent Los Angeles. Très exactement à l'angle de Hollywood et de Vine Street, s'élevait un salon de coiffure pour hommes que Neal acheta avec ses dernières économies. Ils n'y firent pas fortune, car, dès le début, et de plus en plus souvent par la suite, Neal préféra se soûler matin et soir plutôt que de tenir sa porte ouverte. Figurez-vous qu'assez vite il s'était avec obstination accroché à l'idée qu'il était le seul à pouvoir faire tourner la boutique, moyennant quoi il renvoyait les employés chaque fois que le démangeait l'envie de s'enivrer. Or le mouvement ne fit que s'accélérer et, quoique son salon fût fabuleusement bien situé, il se trouva, en moins d'une année, acculé à la ruine, de manière si évidente qu'un jour, comme il broyait du noir entre deux cuites, il se dégoûta de lui-même et vendit la boutique, et tout ce qui allait avec, pour une bouchée de pain.

Mais que faire désormais ? C'est alors qu'arriva une lettre du frère de Maude, qui travaillait toujours pour la Société des chemins de fer mais qui venait d'être muté dans le

Colorado, à Denver. Il invitait Maude et Neal à l'y rejoindre et à s'installer dans cette ville qu'il jugeait si belle, surtout à cause de ses innombrables pelouses bien vertes, raison suffisante pour que, primo, il en déduisît qu'il y avait là une promesse de riche clientèle et que, secundo, il conseillât à ses parents de s'établir pour toujours à Denver. Mais, à supposer qu'ils envisagent de se fixer ailleurs que dans cette ville, au moins en repartiraient-ils les poches pleines. D'abord hésitants, mais ils manquaient de solution de rechange, et puis malgré tout soulagés, et même émoustillés, car l'âge n'avait pas encore totalement anéanti leur besoin inné de croire en l'avenir, ils tournèrent le dos à l'océan et prirent, en cette année 1928, la direction de Denver.

Là-bas, entre Welton et Glenarm, il y avait sur la 23e Rue, coincé dans une impasse, un minuscule bâtiment de brique rouge qui abritait l'incroyable fouillis d'une cordonnerie, résultat d'un demi-siècle de ressemelages. Obligé de s'accroupir jour après jour devant l'énorme masse de cochonneries qui engorgeaient sa boutique, le vieux savetier était le nouveau propriétaire de Neal. À qui il loua avec un bail d'un an le modeste salon (deux fauteuils) attenant à son échoppe. Du jour au lendemain, Neal, Maude, Jimmy, Betty et le petit Neal durent s'entasser dans les pièces du fond. Puis on pensa à rapatrier depuis Des Moines les autres enfants, de sorte que descendirent du train, quelque temps après, Bill, Ralph, Jack et Mae. Manquait Evelyn, aussi impétueuse que ses frères, qui avait accepté de partir aider une vieille bonne, autrefois l'amie de sa mère, à Sioux City, d'où elle ne bougea plus jusqu'à sa majorité qu'elle mit à profit pour se marier avec son cousin germain avant de s'en aller s'établir définitivement en Californie.

Du coup, avec sept enfants, la cohabitation se révéla insupportable dans les deux petites chambres du fond. On manquait de lits, le linge traînait partout et, dans la cuisine, trop exiguë pour les contenir tous, on ne pouvait manger que par roulement. Trop indépendants pour supporter que leur beau-père leur imposât un mode de vie aussi inadéquat, les fils aînés de Maude s'empressèrent de fiche le camp. Pour autant, leur mère se retrouva avec encore trois enfants sur les bras, plus, ça va de soi, le petit Neal.

*

À vingt et un ans, le plus âgé des garçons Daly, William, que tout le monde appelait Bill, était loin d'être un imbécile. Dans le mois – à quelques jours près – qui suivit son arrivée dans cette ville étrange, il rencontra et épousa une très jolie jeune veuve que l'héritage d'un bar-restaurant, *Dine and Dance*, à la sortie ouest de Denver, avait pourvue de solides revenus. Avec son aide, Bill reprit l'affaire en main et, tout en surveillant la caisse, il commença à se passionner pour l'art et la manière de préparer un cocktail. En mesure bientôt de pouvoir s'égaler aux meilleurs, il passa le reste de sa vie derrière un comptoir. Quand vint l'âge de la retraite, il aimait à se vanter d'avoir travaillé dans les plus grands, les plus courus et les meilleurs clubs qui soient entre New York et Los Angeles – certes, il exagérait un tantinet, mais au fond il ne mentait pas.

Venant juste derrière lui, Ralph était le plus beau et le plus retors du lot. Bien qu'il n'eût que dix-huit ans, il s'improvisa sans délai *bootlegger* auprès d'un négociant de la basse ville qui tenait commerce entre la 11ᵉ Rue et Larimer. Entre autres occupations, il devait assurer le transport de la production des alambics clandestins, qui se trouvaient parfois jusqu'à trente ou quarante kilomètres de Denver. C'est ainsi qu'il entra en relation avec un dénommé « Blackie Barlow », qui passait, peut-être à tort, pour le plus puissant bouilleur de cru, mais qui était, sans conteste, le plus vaniteux de tous, ne serait-ce que pour avoir su, au cœur de la montagne, s'aménager une vaste distillerie. Dès lors, Ralph vint souvent s'approvisionner dans ce luxueux « ranch » et, à force d'en discuter, il arracha à son propriétaire un poste de garde pour Jack, son jeune frère de seize ans.

Peu de temps après, alors que Jack était de service, la distillerie fit l'objet d'une descente de police. Les agents fédéraux arrêtèrent d'abord Jack, puis un guetteur endormi. Après les avoir menottés l'un à l'autre, ils les abandonnèrent à la surveillance d'un certain Oscar Dirks, le temps de monter coincer leurs complices dans la distillerie, désormais sans défense. De leur côté, à la suite d'un bref échange de regards, chacun des prisonniers comprit ce que l'autre avait en tête. Et, tout d'un coup, malgré leurs menottes qui les rendaient inséparables, ils descendirent à fond de train vers la forêt. L'agent Dirks dégaina sans hésitation et fit feu à deux ou trois reprises, mais pour un résultat nul, car l'épaisseur de la végétation l'empêcha d'ajuster son tir. Maintenant leur allure, les fuyards étaient sur le point de pouvoir lui échapper quand ils commirent l'erreur, en face d'un arbre, de ne pas le contourner du même côté. Lui, pour leur malheur, ne les rata pas ; ils s'enroulèrent autour de son tronc indéracinable et se cognèrent la tête avec une telle force que Jack tomba évanoui. Son comparse, hébété, parvint à s'écarter de Jack sans pouvoir se redresser alors que Dirks arrivait maintenant droit sur eux. Le digne représentant de la loi souleva à demi Jack en l'agrippant par le col de sa chemise, puis sauvagement, sans tenir compte de ses yeux vides et de son teint livide, il le gifla à toute volée avec son arme. À défaut de le réveiller, le lourd canon de son colt brisa quatre dents du haut au jeune garçon. De ce jour-là, chaque fois que Jack l'ouvrait, l'or ruisselait de sa bouche.

Après avoir croupi quelques semaines en prison, Jack repiqua, sitôt remis en liberté, au trafic d'alcool. Dans l'intervalle, les flics l'ayant laissé tranquille, Ralph en avait profité pour s'en fourrer plein les poches, à l'identique de Bill qui, lui, touchait sur les deux tableaux : le restaurant de sa femme et la revente de whisky, sous le manteau, à un petit cercle d'habitués. Assez vite, Jack et Ralph, qui s'étaient offert une voiture identique, la toute nouvelle Model-A's, se mirent à leur compte, et bientôt leur frère Bill figura au nombre de leurs clients.

Dans le même temps, le couple Neal-Maude s'en était allé à la dérive. Quoique l'ivrognerie de Neal les conduisît à la ruine et que Maude se trouvât obligée de faire de plus en plus souvent appel à la générosité de ses grands garçons, elle aimait encore assez son époux pour ne pas vouloir s'en séparer. Et s'il n'avait pas été jeté à la rue par ses beaux-fils (Jack et Ralph, en particulier, car Bill y prêtait moins d'attention), il le devait au respect qu'ils portaient à leur mère. De sorte qu'ils finissaient toujours par lui donner ce qu'elle leur réclamait – à condition de leur promettre que pas un dollar n'irait à Neal, qu'ils ne se privaient pas d'accabler d'incessants reproches.

L'été 1929, quand il fut décidé de déménager dans une nouvelle maison entre West Colfax et Stuart Street, Jack et Ralph se chargèrent d'en régler le premier versement. C'est que le ciel s'était remis au beau à compter du moment où

Neal s'était efforcé de redevenir un bon père – en réalité, il s'agissait d'un ultime réflexe. Depuis peu, il se ramassait pas mal de fric dans un riche salon du centre-ville, proche de la bourse de commerce, et un beau jour il décida même d'assurer, sans l'aide des garçons, le règlement des primes de remboursement, et pendant deux mois il y parvint. Enfin réunie sous un même toit, la famille redécouvrit le plaisir de vivre en relative harmonie. Il y avait donc là Bill et sa femme, qui ne s'y étaient peut-être installés que parce que cette maison n'était pas loin de leur bar-restaurant, et aussi Ralph et Jack, plus que jamais associés dans le trafic de tord-boyaux, et encore Mae (dix ans) et Betty (neuf ans à peine) qui cavalaient chaque jour jusqu'à l'institut du Sacré-Cœur, et enfin Jimmy (sept ans) qui jouait tous les après-midi de l'autre côté de la rue avec le petit Neal (trois ans), dans la cour d'une école, celle-là même à laquelle Jimmy avait été inscrit pour la rentrée de septembre.

Le désastre survint plus rapidement qu'on n'aurait pu le craindre. En effet, sans le krach d'octobre 1929, la famille se serait maintenue à flot encore quelques années. Il n'en fut rien ! Et d'ailleurs il ne se trouva personne à Denver qui n'eût, en ce temps-là, touché le fond, ne serait-ce que momentanément ; si les villages environnants se virent relativement épargnés, tous, à de rares exceptions près, heurtèrent de front la dure réalité. Et tous, bientôt, n'eurent plus qu'une seule obsession, l'argent. Le commerce d'alcool clandestin s'effondra, Neal fut licencié, et même Bill, l'éternel veinard, dut se démener comme un beau diable pour assurer les fins de mois. Il fallut attendre dix ans, et davantage pour certains, avant que chaque membre de la famille remange à sa faim ou cesse de se survivre en ne pensant qu'au lendemain.

En 1930, les calamités ne firent que s'enchaîner, et ce dès le début de l'année, époque où ils abandonnèrent la maison. Bill et sa femme trouvèrent refuge sur un parking de West Denver où ils ne connurent plus, ou presque plus, un seul instant de paix. Ralph surprit tout le monde en décidant de se marier avec Mitch, une élève infirmière à deux ans de son diplôme. Pour sa part, Jack acceptait tout ce qu'on lui proposait. Dès lors, il prit l'habitude, quoique la présence de son beau-père lui fût odieuse, de passer, soir après soir, voir Maude qui lui offrait toujours un coin de lit pour y dormir quelques heures.

En vérité, le nouveau « domicile » que Neal avait déniché s'apparentait à un de ces foutoirs qui abondèrent durant la Crise. Un deux-pièces loué pour trois fois rien au-dessus d'une coopérative laitière des plus bruyantes. Parce qu'ils étaient trop fauchés pour pouvoir les élever, Maude avait réussi, par l'intermédiaire du Secours catholique, à caser Mae et Betty à l'orphelinat de la Reine du Ciel jusqu'à ce que son mari soit en mesure de leur assurer un logement plus décent, ou jusqu'à ce qu'elles atteignent l'âge de seize ans.

Ce qui avait donné à Maude le courage de se séparer temporairement de ses filles tenait à une imprévisible et supplémentaire déconvenue : elle était de nouveau enceinte. Et, à l'âge de quarante ans, elle mit au monde, le 22 mai 1930, son dixième et dernier enfant, une fille du nom de Shirley Jean.

Longtemps ils se débattirent dans une misère noire. Lorsqu'il arrivait à Neal, le samedi en général, de faire un remplacement, ils vivaient ensuite toute la semaine sur la paie de cette seule journée. Il va de soi que Bill les aida du mieux qu'il put, de même que Ralph, qui leur allongeait parfois quelques dollars, mais ce n'était qu'une goutte d'eau.

Et pourtant, dans le dernier mois de cette année terrible, Neal récupéra un minuscule salon de deux fauteuils à l'angle de la 26e Rue et de Champa Street. Dans ce triste réduit si propice aux disputes, Neal et Maude passèrent la dernière année de leur lamentable union.

Bien que les assiettes ne fussent guère remplies, au moins ne manquait-on pas de desserts, car au beau milieu du bloc voisin s'était installée la Société puritaine de pâtisserie industrielle ; aussi, à maintes reprises le dimanche, jour consacré au repos, ses employés vinrent, dans la boutique aux stores baissés, se faire couper en cachette les cheveux par Neal qui recevait en échange un ou deux gâteaux. Les autres dimanches, quand il était en mesure de s'offrir un billet de tram, Neal rendait visite au frère de Maude, Charles, l'amoureux des pelouses devenu lui aussi coiffeur, mais qui, à demi paralysé, avait trouvé à se loger dans une modeste pension de famille du nord de la ville, dont l'aimable propriétaire avait accepté de veiller sur lui. Des années plus tard, Charles devait mourir dans le même hôpital, et le même jour, que Maude, mais à l'époque ni le frère ni la sœur n'auraient pu se douter d'un tel coup du sort.

L'intempérance de Neal se solda par le fait que plus personne ne poussa sa porte, encore qu'il soit possible que lui-même n'ait jamais été là pour la leur ouvrir. Toujours est-il qu'au début de 1932 il perdit son salon. Comme il perdit aussi sa femme, qui, emmenant avec elle Jimmy et son bébé, prit, entre la 22e et Stout Street, un appartement dont le loyer fut payé par Jack. Resté avec son père l'alcoolo, Petit Neal s'enfonça alors dans les bas-fonds de Denver.

PREMIÈRE JEUNESSE

1

Pendant toute une période, je fis figure d'exception : au sein de l'humanité souffrante qui hantait les rues des bas-quartiers de Denver, il n'y avait alors personne d'aussi jeune que moi. Perdu au milieu de tant de morts vivants qui ne se laissaient guider, chacun pour une bonne raison, que par le désir de finir leur existence dans le ruisseau, j'étais bien le seul à pouvoir, jour après jour, leur évoquer une enfance à jamais révolue, de telle sorte que, la greffe ayant pris, une bonne vingtaine de ces débris humains en vinrent à m'adopter comme leur propre enfant.

Dans la pratique, j'étais sans cesse amené à faire la connaissance des nouveaux compagnons de beuverie de mon père qui n'était pas peu fier de me présenter comme « la chair de sa chair ». Après une petite tape sur la tête, j'avais droit, neuf fois sur dix, à ce coup d'œil goguenard censé exprimer une certaine perplexité, et qui ne pouvait s'interpréter que par : « Je peux lui en offrir un ? » Saisissant d'autant plus facilement l'allusion que l'autre brandissait sa bouteille, mon père se fendait illico d'un sempiternel : « C'est à lui qu'il faut le demander ! », me laissant alors le soin de feindre l'embarras poli : « Non, merci, monsieur. » Bien sûr, ça n'arrivait qu'en de grandes occasions, lorsqu'ils avaient pu se payer quelque chose de buvable, comme du vin. Sinon, les jours de dèche quand on manquait de presque tout, sauf d'alcool à brûler (« pur jus de réchaud ») ou de lotion capillaire, tout ce petit cinéma m'était épargné.

La plupart du temps, après la rituelle débauche de questions dont l'adulte s'estime obligé d'accabler l'enfant (pareille logorrhée pouvait passer pour une reconnaissance de paternité, car ces géniteurs de seconde main n'avaient rien d'autre à m'offrir), j'en étais quitte pour écouter mon paternel et son nouveau copain se rappeler le bon vieux temps. Ces tête-à-tête[1] n'étaient qu'une suite de confidences qui les confortaient l'un l'autre dans l'idée qu'ils avaient quasiment vécu les mêmes expériences, tant dans leurs relations humaines que dans les villes qu'ils avaient traversées, voire dans les boulots qu'ils s'étaient tapés, et ainsi de suite. Ils n'étaient pas avares non plus de grandes considérations sur la Vérité et le Sens de la Vie, par quoi s'exprime la philosophie générale des clochards d'Amérique. C'étaient des ivrognes dont l'esprit, rongé par l'alcool et des décennies de servilité, ne paraissait obsédé que par le souci d'enfoncer des portes ouvertes, le tout débité de façon à être immédiatement compris par le vis-à-vis, pas mécontent de reconnaître là-dedans une musique familière, et qui n'avait d'autre utilité que d'opiner du chef en signe d'acquiescement avant de pouvoir lui-même placer sa réplique, aussi banale que convenue. La naïveté de cet échange confinait au sublime, car, dans leur souci d'accorder leurs vues, ils ne se fixaient aucun interdit, et encore je ne souffle mot des conclusions pour le moins abstraites auxquelles ils arrivaient parfois. De les entendre répéter

1. En français dans le texte. (*N.d.T.*)

jusqu'à plus soif leurs spéculations à la petite semaine, j'en vins à pénétrer si profondément leurs pensées que je compris comment ils fonctionnaient, et dès lors plus rien dans leurs propos ne me parut mystérieux. À l'image des enfants pour qui les adultes forment un monde clos, sans distinction des personnalités de chacun, j'en déduisis que tous les hommes pensaient à l'identique, et que toutes les vies se ressemblaient.

Les soiffards qui approchaient mon père l'appelaient « le coiffeur », sans doute parce qu'il était le seul à avoir jamais exercé ce métier, et je ne pouvais, quant à moi, être que « le fils du coiffeur ». À les entendre, on se ressemblait comme deux gouttes d'eau, en quoi j'estimais qu'ils se trompaient du tout au tout. Plus je grandissais, et plus ils y allaient de leurs commentaires, du style : « Whouah ! Admets-le… Sa tête est à la hauteur de ta ceinture, et même au-delà ! » Ce n'était pourtant pas, pensais-je, un grand exploit, vu que mon père était court sur pattes.

*

Lorsque la séparation de mes parents fit, en 1932, éclater la famille, je ne fus pas mécontent de me replier sur Larimer Street en compagnie de mon père. Pour être plus précis, je n'éprouvai aucun regret à dire au revoir, ne serait-ce que pour une année, à mon frère Jimmy, la grosse brute qui me terrorisait, et même, parce que je ne leur accordais qu'une importance relative, à ma mère et à la plus jeune de mes sœurs. L'attrait de l'aventure enflammait mon cœur de gamin, sans compter qu'allaient m'être désormais épargnées les scènes de violence du dimanche matin. Cette fois, mon père les quittait pour de bon, et les aînés de mes demi-frères,

Jack et Ralph (quand il était là), ne lui mettraient plus la gueule en sang lorsqu'il pousserait la porte après un samedi soir particulièrement arrosé. Pleurant toutes les larmes de son corps, ma mère avait beau les implorer d'arrêter, seule la fatigue, comme je devais souvent le vérifier dans les années suivantes, pouvait venir à bout de leur folie meurtrière quand ils commençaient à donner du poing.

Voilà pourquoi, maintenant que s'était éloigné, outre ce que je viens de rapporter, tout ce qui constituait l'ordinaire de mes frayeurs, comme de me battre sur l'ordre de Jimmy avec les gosses de Mexicains, je me passionnais chaque jour davantage pour mon nouvel entourage – des plus extravagants, reconnaissons-le, même pour Denver. Eh oui, c'est en observant depuis le fond de la poubelle les rebuts de l'humanité que j'ai reçu, sans mentir, la meilleure des instructions. Il va de soi qu'au contact de ces êtres avilis, et quelques-uns l'étaient de façon indiscutable, j'ai joui de certaines libertés, fort peu orthodoxes au regard de ce qu'un petit Américain de six ans est appelé à vivre. J'ajoute que mon père l'imbibé (ou sur le point de le devenir) était, nécessité faisant loi, dans l'incapacité d'exercer son autorité. Mais je n'en ai pas profité pour l'humilier, car je l'aimais vraiment, ce vieux chenapan.

*

Je venais justement d'avoir six ans, et l'hiver, aussi rigoureux qu'à son habitude, s'était abattu sur la ville, quand nous emménageâmes, mon papa et moi, au Metropolitan. Avec ses cinq étages au coin de la 16e et de Market Street, c'était un vestige du passé qui menaçait ruine. Et bien qu'il eût été condamné depuis des années, il abritait, et abrite encore, une centaine de misérables. À chacun des étages on ne dénombrait pas moins de trente box que séparaient des cloisons dressées à peine de moitié, en sorte que le plafond me parut démesurément haut. Ces trous à rats se louaient d'ordinaire entre dix et quinze *cents* la nuit, encore qu'il fallût compter le double dès qu'on choisissait la catégorie supérieure, celle-là même où nous nous trouvions, mais mon père ne déboursait qu'un dollar par semaine, rapport au fait que nous étions sous les toits et que nous partagions notre intimité avec un tiers.

Ce colocataire dormait sur une sorte de plate-forme – en réalité, une planche de bois posée sur l'arrondi de la canalisation de l'immeuble. Étant donné sa longueur, moins d'un mètre, personne n'aurait pu s'y tenir. Sauf notre homme qui, pour avoir été des années auparavant amputé des deux jambes, s'y ajustait au centimètre près. Fort opportunément, on l'avait baptisé « Shorty », et il me parut des plus désopilants que son sobriquet s'ajustât lui aussi à son châlit. Il se réveillait aux premières lueurs du jour et, prenant aussitôt appui sur ses bras surdéveloppés, il faisait virevolter son torse décharné jusqu'au bas de l'immeuble. Jamais je ne l'ai vu marquer le plus petit arrêt au deuxième étage où se trouvait la salle d'eau commune, de quoi j'en avais conclu que les lavabos devaient être trop hauts pour lui et qu'il faisait sa toilette ailleurs. Une fois sur le trottoir, il se laissait tomber dans ce qui ressemblait à une poussette qu'il conduisait à l'aide de deux morceaux de bois jusqu'à l'endroit où il mendiait. La plupart du temps, il ne dépassait pas le bout de Larimer Street, se garant devant le *Manhattan Restaurant*.

Au XIXe siècle, Larimer Street avait été l'artère la plus courue de Denver, et le *Manhattan* ne désemplissait pas.

La crise avait tout changé, mais touristes et pleins aux as continuaient de fréquenter cet excellent restaurant. Parce qu'il savait tirer le maximum de son infirmité là où ça rapportait, Shorty damait le pion aux autres mendiants normalement constitués en les devançant de quelques heures, et il lui arrivait souvent de se ramasser avant midi un dollar, et même davantage. Dès qu'il avait de quoi s'offrir une ou deux bouteilles, il regagnait sa plate-forme où il buvait jusqu'à en perdre conscience.

En règle générale, quand je rentrais de l'école, il était ivre mort, ou à deux doigts de l'être, mais, les jours de mauvais rapport il restait dehors plus longtemps. D'ailleurs, s'il n'était pas réapparu avant le milieu de l'après-midi, son point de non-retour en quelque sorte, on ne le revoyait pas du tout. Le type même de situation que j'appréhendais car, si Shorty prenait sa cuite dans la rue, je devais partir à sa recherche, fouillant chaque impasse, chaque entrée d'immeuble, jusqu'à ce qu'on l'eût retrouvé. Ensuite, tandis que Papa le portait, je n'avais d'autre choix, quand ça montait, que de tirer sa poussette ou, à l'inverse, de me laisser descendre en roue libre.

Quoique je m'efforçasse d'être le plus discret possible, je me laissais parfois emporter par le trop-plein d'énergie de l'enfance et j'entrais alors en trombe dans notre réduit, et c'est ainsi qu'il m'est arrivé de tomber sur Shorty en train de se faire reluire. À quarante ans passés, ce plaisir solitaire se justifiait pleinement, d'autant qu'à en juger d'après son apparence il n'avait pas dû, depuis l'époque de sa jeunesse, avoir de femme, si toutefois il en avait eu une. Outre que la crasse lui faisait une seconde peau et qu'il empestait, il était fort laid, le front bas, des lèvres molles que retroussait un perpétuel rictus sur fond de chicots charbonneux. Pour autant, il n'était pas porté sur les garçons de mon âge puisque, les rares fois où je l'ai surpris en pareille posture, il m'a crié de sortir, et d'ailleurs je ne me souviens pas qu'il m'ait en d'autres occasions engueulé.

Notre cohabitation avec Shorty dura jusqu'en juin, donc entre quatre et cinq mois, mais impossible ensuite de savoir ce qu'il était devenu, et pourtant j'ai bien essayé, par pure curiosité, de le revoir – peine perdue, il s'était évaporé, notre compagnon d'infortune.

*

Dès le premier lundi qui avait suivi notre installation au Metropolitan, mon père m'avait remis à l'école. Je me revois encore tenaillé par l'angoisse, me débarbouillant à toute vitesse, sans négliger néanmoins – mais l'ai-je jamais oublié ? – de bien me nettoyer derrière les oreilles. Au-dessus du métal puant du grand lavabo collectif que constellait la poussière de plâtre d'une cloison en piteux état, on avait accroché un miroir pas moins souillé. S'y reflétaient malgré tout les ombres des miséreux en train de se laver, et mon père, sans obtenir lui-même autre chose qu'une image brouillée, y jeta ce matin-là un dernier coup d'œil, avant de m'offrir, mais en me pressant de l'engloutir, un petit déjeuner à 25 *cents* composé d'œufs brouillés et de beignets de cervelle. Le temps de nous hisser dans le gros tramway jaune, nous remontions déjà la 16e jusqu'à Welton pour en descendre à la station de la 23e. Et de là à pied jusqu'à Glenarm Street, notre destination finale, avec toutefois, alors que nous longions un pâté d'immeubles, un arrêt de quelques secondes afin que je puisse une fois de plus contempler, les yeux écarquillés, le pittoresque fatras de la cordonnerie jouxtant le premier salon de coiffure que papa avait ouvert en débarquant à Denver. Puis, enfin, le bâtiment moderne de brique réfractaire laquée d'un blanc étincelant qui abritait l'Ebert Grammar School et son bureau des inscriptions vers lequel nous nous dirigeâmes pleins d'appréhension. À la secrétaire qui nous accueillit, mon père expliqua d'une voix humble que j'étais désormais en mesure de reprendre une scolarité normale. Le trimestre étant déjà bien entamé, il redoutait qu'on ne m'obligeât à retourner au jardin d'enfants. Crainte au demeurant injustifiée puisqu'on m'admit sans ergoter dans la classe réservée aux garçons de mon âge, le cours préparatoire. Mais tout à coup, le nez sur ma fiche, la jolie secrétaire voulut savoir où j'habitais. Papa fut alors assez malin pour lui donner l'adresse de ma mère, entre la 22e et Stout, c'est-à-dire à moins de quatre blocs de là.

Dissimuler la vérité devint, à compter de ce jour, la règle, et, durant toutes les années passées en compagnie de mon père (y compris les périodes où, étant avec maman, je m'en suis détaché pour le rejoindre), aucun de mes professeurs n'eut jamais ma bonne adresse. D'où cette crainte permanente qu'ils découvrent que je vivais en dehors du secteur couvert par l'Ebert School et que je sois contraint – effroyable perspective – de fréquenter alors l'établissement le plus proche de mon domicile. N'empêche qu'au mépris de la topographie de Denver, je suis resté six années entières dans cette école. Et ce ne fut pas un mince exploit : pour y aller, il m'est arrivé de parcourir jusqu'à sept kilomètres à pied, et en tout cas jamais moins de deux. Ce sont, à l'évidence, tous ces petits matins où, luttant contre la montre, j'avalais kilomètre après kilomètre (car j'eus rarement de quoi me payer le tram, et l'aurais-je eu que je m'y serais refusé) qui ont fait naître en moi ce goût immodéré pour les grandes randonnées.

*

Dans la nuit pestilentielle du Metropolitan, mon père et moi partagions un embryon de lit dépourvu de tout drap. De même, étant démuni du moindre réveil, je ne pouvais compter, si je ne voulais rater aucun cours, que sur l'horloge de l'éléphantesque tour Daniels and Fisher – et ça marchait. Du moins, l'ai-je toujours cru, puisque dès qu'elle sonnait le premier coup de 7 heures j'ouvrais les yeux et, dans l'air glacial de notre réduit, ma tête émergeait, déjà sur le qui-vive, de la couverture raide de crasse. Encore trop soûl pour se bouger, et donc insensible à ce qui se passait, mon père continuait de ronfler. M'éloignant de son visage hébété, et surtout de l'haleine fétide qui s'en échappait, je faisais silencieusement glisser ma nudité frissonnante hors de ce minuscule lit qui grinçait pour un oui ou pour un non. Ce n'est qu'ensuite que j'enfilais à la hâte les vieilleries, si haïssables, qui me venaient de mon frère Jimmy : chaussures trop étroites et pantalons de golf trop courts – et, loin de recouvrir mes genoux, les mi-bas de laine que je mettais ne changeaient pas grand-chose à mon embarras. Même après que je me fus habillé, mon père n'esquissait pas le moindre geste et comme Shorty n'occupait déjà plus sa plate-forme (assez souvent il sortait avant qu'il fasse grand jour), on peut dire que je n'ai jamais eu besoin qu'on m'ordonne de me lever. Il me fallait ensuite, malgré un plancher disjoint, franchir sans bruit la porte, avant de pouvoir longer les maigres cloisons derrière lesquelles d'autres corps sans force, et sans espoir, faisaient bruyamment écho au sommeil comateux de mon père. Venaient alors la descente sur la pointe des pieds d'un escalier branlant et un arrêt des plus brefs dans la salle d'eau déjà en proie à un étourdissant grouillement. Pressés les uns contre les autres, il y avait là, dans cette immense salle, une multitude d'inclassables occupés à se décrasser. La plupart se rasaient, mais certains, dont la main tremblait tellement que ça en devenait du grand art, ne s'y étaient résolus, malgré le risque de se charcuter (et la peur de voir leur sang couler), que parce qu'ils devaient s'en aller faire la manche. Pantalons maculés agonisant sur des grolles elles-mêmes à l'article de la mort, ils n'avaient pas trouvé mieux que d'accrocher à portée de main leurs lourds manteaux graisseux et leurs chemises effilochées, qu'ils éclaboussaient avec l'indifférence d'un conducteur d'arroseuse municipale. Je me revois sautillant entre les flaques jusqu'à l'une des grandes fenêtres, puis me hissant sur la pointe des pieds, histoire de lire, ou plutôt de deviner, compte tenu de la saleté des vitres, quelle heure il pouvait être, et cela en me fiant à l'inclinaison des aiguilles noires malaisément discernables derrière le verre embué du cadran à chiffres romains qui trônait au sommet de la gigantesque tour des grands magasins Daniels and Fisher, la plus haute construction de Denver – eh bien, figurez-vous qu'il était presque toujours 7 h 15. Sitôt ma toilette terminée, je refaisais le trajet en sens inverse afin de récupérer ma balle de tennis et mon manteau, et vérifier si papa manifestait un quelconque signe de vie, voire d'appétit, mais comme, la plupart du temps, il persistait dans son inertie, je filais prendre mon petit déjeuner en solitaire.

Redescendant les escaliers, je traversais alors le grand hall, bourré d'hommes désœuvrés, avant de me retrouver, au-delà des ultimes marches de pierre incurvées par l'usure, sur le trépidant rond-point de la 16ᵉ Rue. De gros camions avec direction à crémaillère et montés sur pneus pleins tressautaient sur les pavés glissants de Market. C'était l'heure où s'ouvraient les dépôts de viande de boucherie, les étals de volailles, les bancs de poissonnerie, les entrepôts de café, les comptoirs d'épices, les crémeries en gros, les agences de placement, les bars, les restaurants, plus une flopée d'autres commerces que j'ai du mal à me rappeler mais qui s'étaient agglutinés sur cette portion de Market. À la hauteur de la 16ᵉ, les trams se succédaient sur le viaduc métallique desservant le nord de la ville – de la douzaine d'ouvrages de ce genre que comptait Denver, seul celui-ci supportait une voie ferrée. Souvent, lorsque je sortais du Metropolitan, j'étais accueilli par le vacarme de l'embouteillage qui paralysait les rames surchargées de gens se rendant vaille que vaille à leur travail sur le Loop, Larimer, dans le centre et l'est de Denver. Je me dépêchais de remonter la 16ᵉ sur un bloc, puis tournais à gauche sur Larimer avant de dépasser le *Dave Cook*, un magasin d'articles de sport récemment ouvert, et de pousser la porte de l'immeuble mitoyen. C'était le siège de la Mission des citoyens, fondée par une organisation de confession protestante, et que gérait d'une poigne de fer un honnête conseiller municipal (dont le nom m'échappe, alors que j'entends encore papa se promettre, lorsqu'il lui arrivait de se rêver un avenir, d'aller voir – comment déjà ? – disons « machintruc » à la Mission, qui lui dégotterait un boulot à temps plein… – mais non, voilà, j'y suis, il s'appelait Val Higgins !). Matin et soir, cette Mission distribuait petits déjeuners et dîners à près de deux cents nécessiteux, et en retour son bihebdomadaire office religieux était des plus fréquentés, une affluence dont se vantaient également ses concurrents les plus proches sans que je comprenne pourquoi, puisqu'ils ne donnaient rien à manger. Dans les deux années suivantes, un peu plus haut sur Larimer, au coin de la 24e, la Mission du Divin Seigneur commença elle aussi à offrir des repas. Uniquement des déjeuners, tout aussi savoureux, si bien que lorsque cette mission ouvrait ses portes les gars y allaient d'un vibrant hip hip hourra !, tant ils supportaient difficilement ce creux entre le petit déjeuner et le dîner. Mais, à ce point de mon récit, il n'existait que la Mission des citoyens, dont je fus, pendant une bonne douzaine d'années, le plus jeune membre.

Le jaune vif de la façade en faux marbre s'accordait plutôt mal avec sa fonction. Une grande porte à double battant s'ouvrait sur un auditorium garni de bancs en bois massif – de quoi asseoir une centaine de personnes. Dans le fond, se dressait une estrade avec au centre un piano mal accordé et quelques chaises disposées en demi-cercle autour d'une table. Il y avait encore depuis la rue deux portes plus petites, celle de droite conduisait à l'administration, mais je ne l'ai jamais empruntée, à la différence de celle de gauche, derrière laquelle s'alignaient en bon ordre les affamés, et en compagnie de qui je descendais lentement un escalier de fer aboutissant à un réfectoire surchauffé, aux odeurs mêlées, et tout bruissant du cliquetis des couverts. Chacun de nous prenait un plateau, une cuillère, un grand bol et une tasse en aluminium, puis avançait le long du mur, comme dans un self, attendant patiemment d'être arrivé devant les chauffe-plats. La première serveuse en tablier blanc – le personnel n'était composé que de femmes à l'immuable sourire, comme possédées par la « cause » – déposait sur chaque plateau deux morceaux de pain, la deuxième versait une grosse louche de flocons d'avoine dans notre bol, tandis qu'une troisième nous servait du café brûlant. La crème manquait, mais pas le sucre, et on avait droit à une deuxième tasse. Ensuite de quoi, gagnant en file indienne de grands bancs en acier chromé, on prenait place autour de tables faites du même alliage sonore que l'entrechoquement de nos couverts faisait résonner si fort que j'en étais, petit garçon sensible, totalement assourdi. Il y avait foule dans ce sous-sol engorgé et, à cause du manque d'espace, nous étions obligés de manger épaule contre épaule. De temps à autre, mes voisins m'adressaient la parole, mais pas toujours. Il va de soi que la plupart, je le compris vite, étaient des ivrognes, et nombre d'entre eux paraissaient être dans un sale état, mais on trouvait également autour de ces tables des retraités indifférents aux plus jeunes qui les côtoyaient, et que la Crise avait brisés.

À gauche de la Mission, il y avait le *Manhattan*, ce restaurant devant lequel Shorty travaillait. Dès que les faibles rayons d'un soleil d'hiver commençaient de balayer le rebord du trottoir il rejoignait son poste, implorant alors de son regard triste les passants, le dos appuyé à une fontaine d'eau potable, gros bloc de fonte au style tarabiscoté dont les deux robinets, s'ils étaient taris depuis longtemps, s'ornaient toujours de petits Amours qui paraissaient, ô saisissant contraste, danser sur le crâne de Shorty. Lorsque je passais devant lui, remontant vers la 17e, il hochait la tête d'un air abattu qui – contraste aussi saisissant – n'avait rien à voir avec la grimace comique à laquelle il m'avait habitué au Metropolitan, mais j'avais compris que son métier l'exigeait.

*

Quoique en zigzag, mon itinéraire jusqu'à l'Ebert School obéissait à une certaine logique. Je m'étais ainsi fixé pour règles du jeu de trouver les meilleurs raccourcis et de ne jamais faire un pas de trop, ne fût-ce qu'en ratant l'un des rebonds de cette pourriture de balle de tennis avec laquelle je ne cessais de dribbler. De sorte que je m'efforçais d'éviter le moindre trou dans le trottoir, façon toute personnelle de jouer, du moins en théorie, au « trottoir maudit », le genre d'exercice qui me permit plus tard, lorsque je me rendrais à l'école en traversant des quartiers plus chics, de faire preuve d'une maîtrise inouïe. Or donc, je devais dépasser sur Larimer la longue file de bars et de boutiques de prêts sur gages, puis remonter la 17e jusqu'à la toute nouvelle Banque fédérale avec son parvis recouvert de marbre pur et ses fenêtres protégées par d'élégants barreaux d'acier. Au contraire des banques environnantes, ses énormes portes de bronze aux riches bas-reliefs (la plupart représentant des archers sur des chariots antiques) demeuraient obstinément fermées, si bien que je me demandais ce que ses coffres recelaient de si mystérieux. Encore un virage sur la gauche et j'atteignais Arapahoe Street et ses bordels, dont je devins, des années après, un client assidu. Puis, à droite, direction la très animée 18e Rue avec ses bruyants ateliers de carrosserie, ses commerces de motos et ses garages. Et maintenant Curtis Street avec sa petite fabrique de confiserie, son parking, son hôtel de deuxième ordre et son restaurant de bas étage, et toujours tout droit jusqu'à Champa Street et sa Poste aux imposantes colonnades. Tiens, voilà que me reviennent à la mémoire les crissements d'un violon sur lequel un adolescent faisait avec application ses gammes tandis que, du fin fond des friperies, s'échappaient des relents de moisissure. Mais quasiment à l'angle de la Poste je m'accordais une ou deux gorgées d'eau à la fontaine publique, la seule à Denver qu'on ne mettait pas hors circuit l'hiver, en sorte que, dès les premiers frimas, l'orifice de son robinet de métal argenté s'ornait de cristaux de givre avant que la vasque et le tuyau d'évacuation ne soient, les jours de grand froid, pris par les glaces. En temps normal, il me fallait éviter que l'eau ne rebondisse hors de la vasque, tout en sautant assez haut pour happer au vol de quoi mouiller ma bouche et, dans la seconde d'après, battre en retraite avant que mes chaussures ne soient mouillées. Autre chose encore à propos de cette poste, quand l'absence de neige me privait de glissades, je m'offrais un petit galop sur un banc de pierre si gigantesque que même les grandes personnes ne parvenaient pas à l'occuper tout entier. L'énigmatique aphorisme gravé dans son granit – « Désire le repos, mais n'abuse pas de tes désirs » – me paraissait paradoxal puisqu'il mettait en garde quiconque aurait voulu s'y délasser trop longtemps alors que ce banc n'avait été posé là que pour cela. Bon, bref, je bondissais ensuite sur les marches bordant la Poste, côté 18e Rue, et ce afin de profiter de la chaleur de son couloir transversal… mais, lorsque le temps s'adoucissait, je faisais fi de cette minute de bien-être et choisissais de slalomer à grande vitesse autour des énormes colonnes cannelées ornant sa façade sur Stout Street, superbe piste d'au moins quarante mètres d'un bout à l'autre. M'envolant alors par-dessus les trois marches qui me séparaient de la 19e Rue, je me réceptionnais tel un chat sur l'étroite arête d'un parapet en biseau, ce qui réclamait de ma part un sacré sens de l'équilibre. La « corde raide » sur laquelle je m'aventurais ceinturait, à une quinzaine de centimètres du sol, la pelouse du futur bâtiment fédéral. Aussi me forçai-je souvent à m'immobiliser, ne serait-ce qu'un instant, sur mon perchoir en pente raide afin de jeter un œil sur l'immaculé et majestueux édifice en voie de finition, et qui ferait bientôt pendant à la masse substantielle de la poste. Une fois à terre, je m'engouffrais dans California Street avant d'emprunter l'allée qui se trouve derrière le chevet de l'église du Saint-Esprit (dans laquelle je servirai, une année durant, comme enfant de chœur sans jamais rater un office), puis, passant sous un panneau publicitaire inoccupé, je me hâtais de rallier un rond-point en étoile d'où partaient, entre autres, Welton, Broadway et la 20e Avenue. Là, il me fallait faire attention, car la 20e était, à cause de son manque de largeur, en sens unique, et il y avait de la voiture. L'un des trottoirs, entre lesquels s'écoulait le flot de la circulation, aboutissait au Crest Hotel, un triangle de dix étages luxueux, tandis que l'autre trottoir réunissait pêle-mêle un drugstore, une boutique de fleuriste, un salon de beauté, un restaurant et deux grandes épiceries. Au-delà de ces commerces se dressaient des hôtels qui n'auraient formé, pour s'être agglutinés les uns aux autres, qu'une seule façade s'il n'y avait eu les allées réservées aux fournisseurs. À peine avais-je franchi ce canyon de béton, plutôt rare à Denver, que je montais en courant vers une autre curiosité. En l'occurrence, une hernie de la chaussée, extraordinairement dilatée en son centre, que je n'avais d'autre ambition que de gravir. Avec à la clé une condition sine qua non : retenir mon souffle, sans tricher, jusqu'à son noir sommet, et donc, sous peine d'échec, courir à fond de train non sans avoir préalablement fait le plein d'oxygène. Sauf que depuis la ligne de départ, près de Welton Street, jusqu'à l'arrivée prévue, en haut de Sherman, la 20e Avenue laissait place, sur au moins deux blocs, à un grand vide. C'était comme si un demi-hectare, voire davantage, avait été inconsidérément rasé afin que les voitures puissent bifurquer à leur aise dans n'importe laquelle des trois directions qui s'offraient à elles sans qu'on eût pensé à canaliser leur flot par un terre-plein. Au vrai, il y avait bien quelque chose, une sorte de triangle délimité par de petites buttes de ciment, qui n'aurait protégé aucun piéton mais qui était censé empêcher les fous du volant de faire n'importe quoi dès qu'ils abordaient une telle étendue d'asphalte. Je me suis moi-même, des années plus tard, amusé à rouler à tombeau ouvert autour de ce triangle. Aussi, à l'époque, mon ambition retombait-elle quand, à ce stade de ma course, j'évaluais l'immense espace à traverser. Regagnant alors, mais sans changer de rythme, le trottoir de Glenarm Street, je dépassais une école de commerce (qui dépendit plus tard de l'université de Denver), puis les premières maisons du centre-ville. Elles se blottissaient entre une magnifique église catholique, surmontée de deux élégantes flèches taillées dans le même bloc de rocher, et l'institut biblique de Denver, dont le curieux beffroi, alourdi par l'ajout de bardeaux, disparaissait dans les hautes branches des arbres de l'institut. Passé cette frontière, bien réelle, s'étendaient à perte de vue les beaux quartiers, et hormis une minuscule confiserie, rien, entre la 21e et la 22e Rue, ne venait contrarier l'alignement de ces maisons inextricablement entrelacées. Après un ultime virage à la corde, il ne me restait plus qu'à pénétrer dans l'Ebert School par l'arrière de sa grande cour de gravier que je traversais à toute vitesse, même si ce sprint final ne me permettait pas toujours de battre la cloche qui ne m'attendait généralement pas pour sonner le début des cours.

De mes quelques semaines au jardin d'enfants, avec ses cubes et ses perles, je garde un souvenir des plus vagues ; il en va de même pour le cours préparatoire, si j'excepte le mal de chien que j'ai eu à écrire mon nom. Située dans le milieu du bâtiment, notre salle de classe dominait la cour de récréation ; longeant nos fenêtres, il y avait une voie réservée aux camions de charbon et aux différents véhicules de livraison ; à deux pas de l'entrée de ce passage, on avait installé un toboggan pas très haut et une rangée de balançoires pour les plus petits. Quelque temps après, on monta tout autour un rail de sécurité, grâce à quoi les balançoires connurent un regain d'intérêt, les grands ayant en effet constaté qu'avec une poussée suffisante il leur devenait possible de franchir ce bout de ferraille. Longtemps, je m'en tins, par crainte autant que par admiration, à la position de spectateur, jusqu'au jour où je me lançai à mon tour ; mais, malgré toute mon énergie, je ne parvins qu'à frôler ce rail de sécurité, sans compter que, parfois, tel un arc se détendant piteusement, j'ai fini à califourchon sur l'obstacle. À trente mètres l'un de l'autre, deux vieux arbres se faisaient face au centre de la cour. Sous leurs branches dénudées, on avait accroché deux paniers de basket, le terrain lui-même étant délimité par les troncs mutilés et rendus stériles par les initiales que chacun y avait, au fil du temps, gravées. Vers la 22ᵉ Rue, côté Tremont, on trouvait encore toute une série d'anneaux, un autre toboggan et des balançoires en plus grand nombre. Un terrain de base-ball, plutôt rudimentaire, jouxtait le tout. Au-delà, en allant vers Glenarm, une imposante barrière en bois, qu'il nous était interdit d'escalader, isolait complètement de la cour de récréation les cinq ou six pièces qui composaient la maison du concierge. La cour elle-même était clôturée par un grillage à fines mailles de près de deux mètres de haut qu'avait fabriqué une filiale de l'US Steel, comme l'attestait, tous les cinq mètres environ, son poinçon de garantie.

Avec ses deux étages, l'Ebert School imitait la forme d'un I, les salles de classes occupant la barre centrale, quoique le proviseur se fût, à côté du grand escalier, réservé pour lui et son secrétariat un assez grand espace. Quant aux deux extrémités du I, elles abritaient un superbe gymnase et un auditorium. Comme la plupart des enfants rentraient chez eux pour déjeuner, la caféteria du sous-sol n'ouvrait ses portes que lorsque, voulant profiter de ses bancs, les louveteaux, les délégués d'élèves ou les représentants d'autres associations décidaient de s'y réunir. Reste qu'une grosse vingtaine d'entre nous mangeaient sur place ; la mairie avait alloué une petite somme d'aide aux enfants dans le besoin à condition que leurs parents en aient fait la demande (mon père, le contraire eût été étonnant, avait choisi de différer la sienne pendant des semaines) ; moyennant quoi, on nous distribuait du lait et des biscuits salés à base de farine complète.

Quand sonnait l'heure de la sortie, loin de réadopter l'allure du matin, je prenais le temps de flâner, en multipliant les détours et les plaisirs. Mais avant toute chose j'étais guidé par ma balle de tennis, en perpétuel mouvement, qu'il ne s'agissait pas de laisser filer, surtout lorsque, trompé par son rebond, je l'avais loupée et qu'il me fallait, d'un coup de rein énergique autant que désespéré, la sortir du caniveau avant que la bouche d'égout ne l'avale. Si je ne saisissais pas cette ultime chance, ou si des conditions indépendantes de ma volonté, tel un trop-plein de circulation, m'interdisaient de la sauver, c'était tout un travail alors que de soulever la plaque d'égout, puis de descendre avec précaution sa répugnante échelle de fer, tout en m'appliquant à ne pas respirer par le nez, et enfin de récupérer ma balle qui semblait danser sur l'eau putride. Souvent, mes battues me conduisaient jusque sur les sommets, comme lorsque j'avais incorrectement apprécié l'effet de rebond sur la pente d'un toit et, à moins qu'un incommode chien-assis ne m'empêchât de manœuvrer à ma guise, aucune escalade, même périlleuse, ne me dissuadait de partir à l'assaut d'une inhospitalière gouttière afin d'en ramener ma proie. Mieux, dans le but de me constituer un arsenal de rechange – de quoi me permettre quelques pertes –, je prospectais les collecteurs d'eaux pluviales, mettant au jour, dans les moins accessibles d'entre eux, de véritables nids de balles perdues dont je tirais grande fierté.

*

À la Mission des citoyens, le service du dîner démarrait dès 17 heures. Aussi, il valait mieux être parmi les premiers arrivés si l'on souhaitait s'éviter la longue attente qu'entraînait le flot sans cesse grandissant des affamés. D'autant que la queue, quel que soit le moment, n'avançait pas vite et qu'a fortiori le retardataire perdait, avant de pouvoir s'attabler, la plus grosse partie de sa soirée à faire le pied de grue. Si j'étais seul, la totalité de l'opération me prenait moins d'une demi-heure, car il se trouvait toujours de braves types pour me permettre de passer devant eux. À telle enseigne que, dans cette longue marche vers la nourriture, j'ai souvent pu contourner jusqu'à vingt âmes charitables qui se contentaient, complices de ma fraude, d'échanger avec leurs voisins force clins d'œil malicieux et bruyants gloussements d'autosatisfaction. Ces entorses toutes personnelles au règlement, je ne les commettais que lorsque, pour avoir trop traîné sur le chemin du retour, il m'était impossible de repasser au Metropolitan prendre papa, ou bien alors parce que je l'y avais trouvé ivre mort. Sinon, d'ordinaire, nous allions dîner ensemble, et docilement j'attendais à ses côtés que vienne notre tour d'être servis.

Tout compte fait, ce sont sans doute les soirées au Metropolitan qui m'ont le plus amusé. Le grand hall était couvert, sans souci d'un quelconque agencement, de chaises à dos rond dont le vieux bois faisait, sous le poids des chairs exténuées, entendre des craquements de désapprobation. Dans ce salon de toutes les détresses, haut de plafond et plein de courants d'air, s'était déposée la lie de la terre qui, privée d'emploi, s'employait à dilapider les heures lugubres d'un temps à jamais tyrannique. Mais personne ne s'asseyait trop près du poêle ventru installé, vu l'état du plancher, sur une plaque de fer au centre de la salle, car, à cause de l'absence de chauffage dans les étages supérieurs et du froid vif de la rue, on ne cessait de le bourrer, en sorte que par sa petite porte toujours ouverte, telle une bouche incandescente et furieuse, s'échappaient d'agressives bouffées d'une chaleur proprement infernale.

Il y avait un deuxième hall, de moins grandes dimensions, et autrement plus accueillant. À la différence du premier avec ses verrières encrassées, sur lesquelles étaient affichés les tarifs pour un lit, celui-ci ne présentait, mis à part une porte étroite, aucune ouverture sur ses murs d'une saleté répugnante. Mais à cause des fauchés, tassés autour des tables pour tuer le temps en tapant le carton, il se dégageait de cette tanière une plaisante intimité qui faisait défaut à la grande salle. Dans les deux années qui suivirent, lorsque le Metropolitan hébergea encore davantage de laissés-pour-compte, ses propriétaires – exécuteurs testamentaires d'un plombier qui, grâce à d'habiles et discrètes opérations immobilières, avait fait fortune dans la tuyauterie industrielle – vidèrent ce hall de tout mobilier et y installèrent des lits pliants afin de le transformer en dortoir pour les « oiseaux d'une seule nuit ». Mais, pour l'instant, du gin-rummy au poker, en passant par tous les jeux de cartes possibles et imaginables, on se serait cru dans le *saloon* de la dernière chance. Voilà donc l'endroit où j'ai appris, plutôt bien, à donner, contrer, bluffer et ramasser, sans oublier les nombreux tours de cartes vachards dont je suis particulièrement friand. L'endroit aussi où, jusqu'à tard dans la soirée, j'ai lancé et relancé la fléchette que je m'étais, non sans peine, fabriquée… – une aiguille à coudre fichée dans le bois d'une allumette de ménage dont j'avais incisé l'extrémité non soufrée pour la garnir de plumes en papier journal que j'avais ensuite solidement emmaillotées de fil de nylon afin que ça tienne. Malgré la puérilité de mon pauvre bidouillage, le résultat me donna toute satisfaction tant qu'on ne se fût pas avisé de le piétiner. Bien sûr, la fragilité de l'aiguille m'obligeait en permanence à la redresser, et de surcroît que de fois ai-je dû défroisser ses ailerons de papier si indispensables à la réussite d'un jet. N'importe, je l'aimais, cette arme si vulnérable que le gaucher que je suis lançait vers la cible – pas toujours avec adresse mais sans jamais marquer de temps mort, sinon pour vite la rafistoler –, et je me fichais alors pas mal des mines renfrognées des vieux qui se trouvaient empêchés, par mes galopades, de bien suivre les parties, tandis que j'essayais de planter ma fléchette sur tout ce qui s'y prêtait. Et des cibles, il n'en manquait pas dans cette pièce remplie à ras bords d'hommes assis : taches de moisissure sur les murs au-dessus de leurs têtes, fentes dans le plancher, chaises inoccupées, et plein d'autres choses – encore merci de m'avoir laissé m'ébattre en toute liberté ; reste que c'est ce manque de vraies cibles autant que ma recherche fiévreuse de tout ce qui pouvait en faire office qui, chaque fois, me conduisaient à laisser tomber ce jeu.

Dans le fond du grand hall d'entrée, juste à côté des premières marches de l'escalier plongé dans les ténèbres, se tenait le caissier, ce que semblait vouloir indiquer la peinture dorée, encore légèrement perceptible, de la grille de son guichet. Derrière, on y trouvait le classique tabouret haut sur pattes et le coffre-fort noir de belle contenance sur lequel venait s'écraser le chétif faisceau d'une ampoule électrique qui n'éclairait, au mieux, que son système d'ouverture. À la tombée de la nuit prenait place, dans cet espace réduit, un type, pas antipathique, qui n'avait d'autre fonction que de collecter les pièces de monnaie contre lesquelles il attribuait un lit. En même temps qu'il payait, chaque nouvel arrivant griffonnait nom et lieu de naissance sur un énorme registre, véritable pièce de musée. Quand fléchette et jeux de cartes me sortaient par les yeux, je prenais, avec l'accord du caissier, plaisir à poser sur mes genoux ce grand livre dont j'explorais alors les centaines de pages maculées de taches d'encre. Ce devint même bientôt un rite pour moi que d'examiner tous ces gribouillis, déchiffrables ou non, puis, en me concentrant dessus, de les lire à mi-voix pour deviner rien qu'à l'oreille lesquels dissimulaient une fausse identité, ou encore quel genre d'individus ils désignaient : avaient-ils été de grands gaillards ou des nabots ? des malins ou des demeurés ? depuis quand étaient-ils morts ? et avaient-ils eu le temps de s'enrichir ? Comme les premières pages du registre dataient d'une époque où j'étais loin d'être né, les noms de ces clients, partis depuis longtemps, me fascinaient, autant d'ailleurs que la longue énumération des villes et des États qu'ils avaient prétendu être les leurs, si bien qu'en m'aidant de la grande carte murale aussi dégoûtante que le reste de l'hôtel, je sombrais dans de douces rêveries ; plus particulièrement, encore, lorsque je mettais en parallèle noms de famille et origines. Déjà, l'inconnu se confondant avec le destin de chacun de ces hommes, déjà, en imaginant l'extrême complexité du sort qui leur avait été réservé, déjà je heurtais de plein front, et pour la première fois, la vraie vie.

*

Aujourd'hui, en bas de Larimer, entre la 17e et la 18e Rue, il n'existe plus qu'un seul *Zaza*. Dans mon enfance, il y en avait deux, mais le cinéma qui autrefois portait également ce nom est devenu le *Kiva*. Tout à côté de lui, l'autre *Zaza*, un salon de coiffure pour hommes, n'a jamais, depuis toutes ces années, changé de nom, de même qu'il a conservé, outre son propriétaire, le même garçon. Charley aura dirigé son affaire avec un calme et une dignité qu'on n'a pas l'habitude de voir dans ce genre de quartier. Durant les vingt années où il m'a été donné de le rencontrer, ni déplaisir ni mauvaise humeur n'ont troublé son visage émacié et olivâtre de coiffeur italien ; et peut-être plus étonnant encore, il n'avait, la dernière fois que je lui ai serré la main, perdu aucun de ses cheveux noirs, à croire que l'âge n'a pas de prise sur lui. De même paraîtra-t-il surprenant que le Mexicain, à la langue bien pendue, qui l'a toujours secondé, n'ait pas lui-même changé, quoique sa tendance à s'empâter soit allée grandissante. Vous l'avez compris, je n'ai fait la connaissance de ces gentlemen que parce que mon père, lorsque nous échouâmes sur Larimer Street, obtint de Charley l'« intérim du samedi ».

Chaque samedi donc, c'était le même topo ; après avoir quitté le Metropolitan, on avalait notre petit déjeuner et on filait chez Charley qui estimait, ce jour-là, que son troisième fauteuil ne resterait pas inoccupé, et pendant que papa s'activait sur l'un des rares clients de la matinée ou qu'il se laissait tomber, après en avoir fini, sur la moleskine écaillée afin de se détendre les jambes, je dévorais tout ce qui était à ma portée dans *Liberty Magazine* et *Rocky Mountain News*. Je me rappelle aussi ma perplexité devant les gros caractères que j'avais, curieux de tout, découverts au bas des repose-pieds de chacun des trois fauteuils. On y lisait, sans qu'il y eût la moindre ponctuation, « The O A KNOX CO CHICAGO », en sorte que je me suis toujours demandé si cela signifiait « The O. A. Knox Co. » ou « Theo. A. Knox Co. ». Bien que la première interprétation eût plutôt ma préférence, la seconde me paraissait tout autant plausible car le « O » était plus proche du « The » que du « A ». Il est tout de même drôle que je n'aie jamais demandé ni découvert ce que ça voulait dire. Oh, et puis quelle importance, revenons à nos moutons...

Si journaux et énigmes tempéraient quelque peu mon besoin de m'agiter et si, calé sur ma banquette, je me laissais envahir par le parfum capiteux des lotions capillaires et de la poudre de riz qu'exhalaient ces hommes à demi renversés sur leurs fauteuils, et dont on frictionnait le cuir et massait le visage, pour autant, je n'en languissais pas moins après l'autre *Zaza* qui tardait à ouvrir, de sorte que la satisfaction de passer une heure chez Charley était constamment battue en brèche par l'attente du plaisir à venir. Je vous l'accorde, ce cinéma était sans conteste le pire de Denver, aussi avait-il été adopté par une clientèle idoine. À condition de débourser dix *cents* (mais il n'en coûtait qu'un *nickel* aux enfants), n'importe qui pouvait venir s'enfermer entre ses quatre murs immondes et s'en évader grâce à la magie de Hollywood, sans revoir, double programme exige, le même film avant quatre heures de temps. S'il y a une chose qui ne s'est pas effacée de ma mémoire en passant d'un *Zaza* à l'autre, c'est le saisissant contraste des odeurs entre les deux lieux. J'avais encore les narines dilatées par les suaves lotions d'après-rasage, que je me retrouvais immergé dans une puanteur ineffable, comme si montait vers le plafond, emportant tout sur son passage, l'universelle saleté. De fait, je pourrais sans doute qualifier l'un ou l'autre des multiples composants de cette Grande Odeur, mais sans être capable, je l'avoue, d'en distinguer la cause ; disons que ce qui dominait dans ce mélange sans pareil s'apparentait à une sorte de musc d'origine humaine, comme si, sous le plancher noir de crasse, on avait dissimulé des fosses septiques. Rebondissant d'un mur à l'autre, pareillement inapprochables, la fétidité s'élevait par vagues, sans que rien pût y faire obstacle, jusqu'à la balustrade du petit balcon. Et le remugle de chaque spectateur s'ajoutant à cette déferlante méphitique, il s'en dégageait un complexe amalgame de pourritures diverses qui imprégnait avec tant de force nos odorats qu'obligé de m'y habituer je ne respirais plus que par la bouche, et encore le moins possible.

Les westerns composant évidemment l'essentiel des programmes, je m'étais choisi, parmi tous ces cow-boys de cinéma, Tim McCoy pour modèle, mais, parce que je préfère la musique, je me souviens encore mieux des comédies musicales, telles que *Carioca* avec Fred Astaire et Ginger Rogers, *Ziegfeld Follies*, et une petite série B dans laquelle Bobby Breen, alors tout jeune soprano, glorifiait le Mississippi tout en arpentant ses rives. Dans un genre différent, il y avait aussi les inoubliables *King Kong* et *Fils de King Kong*[1] avec ses terrifiants primates d'un autre âge… on comprendra donc que, des mois et des mois après les avoir vus, je ne me lassais pas de chantonner un petit refrain improvisé pour la circonstance : « Quand King Kong joue au ping pong, on entend un gros ding dong… »

Mais hélas, lorsque la séance s'achevait, l'éblouissement visuel cédait le pas à l'inconfort olfactif, et je me dépêchais de réintégrer le salon de coiffure afin de faire partager à mon père mes terreurs d'enfant en lui narrant par le menu les séquences choc. Charley et le Mexicain semblaient apprécier, plus que papa, la façon dont je reconstituais le film, si bien que, stimulé par leur attention, je ne leur épargnais aucun détail de l'intrigue telle que je l'avais, en principe, comprise.

Mes exposés cinématographiques prenaient fin dès que mon père jugeait possible de s'absenter pour aller déjeuner. Pas question en effet de rater une coupe, ou un rasage, puisqu'il était payé à la pièce, et il avait donc pour principe de différer l'heure de passer à table jusqu'à ce qu'il ait une marge de sécurité d'au moins un fauteuil de libre. Souvent, alors que j'étais au cinéma, il y avait eu un tel afflux de clientèle que l'après-midi était déjà bien entamé quand nous attaquions notre repas du midi. Mais, tôt ou tard, papa finissait par se débarrasser de sa blouse et, me prenant par la main, geste qu'il accompagnait d'une de ces grimaces censées exprimer l'affection, nous passions vite fait la porte, direction le *Mac's* de la 18e et de Market, avec obligation pour moi d'allonger le pas si je voulais rester à

---

1. Respectivement films de Merian C. Cooper et Ernest B. Schoedsack, avec Fay Wray dans le rôle de la jeune actrice au chômage dont tombe amoureux King Kong, et du seul Schoedsack. Tous deux datent de 1933. (*N.d.T.*)

sa hauteur. À peine étions-nous assis dans ce rendez-vous des paumés que nous donnions libre cours à notre voracité avant de regagner dare-dare le salon. En dépit de cette course contre la montre, ou peut-être grâce à elle, se rendre au *Mac's* le samedi n'était pas un mince événement, car c'était l'une des rares fois où nous mangions au restaurant.

Abandonnant papa à ses ciseaux, je partageais alors le reste de ma journée entre le hall du Metropolitan et les ruelles avoisinantes. Jusqu'à ce que l'obscurité m'en empêche, j'allais de poubelle en poubelle, y cherchant avec ardeur les bouteilles vides ou n'importe quoi ayant la moindre valeur. Ces modestes débuts dans Larimer suscitèrent en moi un tel attrait pour l'« art de faire les poubelles » que j'y consacrerais, dans les années suivantes, l'essentiel de mes fins de semaine, explorant un à un tous les recoins de Denver. Sauf qu'en ce temps-là, n'ayant à piller ni décharges ni incinérateurs d'immeuble, et devant me contenter des petits trésors enfouis dans les énormes poubelles du centre-ville, il me fallut attendre de vivre dans les beaux quartiers pour que la fleur, qui n'était qu'un bouton dans Larimer, s'épanouisse et tienne ses promesses. Or donc, en mes débuts, c'est en peinant sous le poids de mon sac de jute gonflé, mais pas trop, de tout de ce que j'avais pu récupérer que je m'en repartais, guère satisfait, et les pieds gelés, vers le Metropolitan et que, marquant une pause, mon désappointement ne résistait pas longtemps au bonheur d'assister au spectacle du soleil se couchant derrière les sommets enneigés, comme si l'on avait voulu tirer lentement les rideaux sur ce globe parfait. Après quoi, au Metropolitan, je priais quelque chic type de se risquer à évaluer, même sommairement, mon butin afin que, sur la base de cette estimation, je puisse calculer de combien les chiffonniers allaient me refaire. Assez vite, mes

« conseillers » du Metropolitan et parfois mes acheteurs eux-mêmes m'apprirent à distinguer ce qui ne valait rien parmi les nombreuses choses que j'aurais pourtant d'instinct crues dignes d'être mises en vente. Bien que ce savoir m'eût évité par la suite de me charger indûment, il ne se révélait d'aucune utilité lorsque, l'estomac noué par l'excitation, je fouillais, sans épargner mon temps, les containers, ou que je passais au crible, jusqu'à en être recouvert, les cendres des incinérateurs, et tout cela pour dénicher en leur fin fond ma si familière Némésis sur laquelle je pouvais lire : « La loi fédérale interdit toute revente ou réutilisation de cette bouteille. » D'ordinaire, quand j'en avais fini avec mon tri, je planquais la marchandise sous l'escalier du Metropolitan, préférant qu'elle s'y accumule afin de ne pas couvrir pour des clopinettes la distance assez longue qui séparait Larimer de mes acheteurs, puis je filais jouer dans le hall jusqu'au moment où je retournais au salon de coiffure.

Les lois du Colorado mettant Charley dans l'obligation de fermer boutique à 21 heures, c'était à peu près dans ces eaux-là que je repassais la porte de son salon, et à chaque fois, ça ne ratait pas ; finie la grimace du déjeuner, mon père se fendait d'un large sourire, l'Amour Vrai irradiait ses pupilles ; mais on se tromperait en attribuant cette marque d'affection à ma seule apparition – car plus l'après-midi s'écoulait, et plus il souriait de toutes ses dents – ou au fait qu'il était heureux d'en avoir fini, ou encore à la perspective, réjouissante, de pouvoir enfin toucher sa paie. Pas du tout ! Ces clins d'œil à répétition, ces regards où l'envie se lisait en grosses majuscules, autant que cet embrasement progressif de son visage, signifiaient, en réalité, que l'heure approchait où il allait enfin assouvir son inextinguible soif. Et ce, d'autant plus que, le samedi, toutes les conditions, quoique contradictoires, étaient remplies. Primo, le matin de ce jour-là, il se réveillait sans gueule de bois car, comme chacun a pu le vérifier, jamais, durant les années noires, il n'a manqué une seule journée de travail quand il s'en voyait proposer une ; et, secundo, aurait-il ou non gagné quelque argent le reste de la semaine et pris de l'avance sur l'horaire, ce n'était vraiment que le samedi soir qu'il se noircissait en conscience.

J'ai très vite compris que je ne parviendrais pas à convaincre papa d'arrêter de boire, et pourtant que de fois m'a-t-il juré qu'il allait le faire, mais c'étaient des serments d'ivrogne puisque au même moment je le voyais mettre la main à la poche pour s'offrir du pousse-au-crime. Avec le temps, comme j'avais grandi, il se sentit obligé d'adopter une attitude plus susceptible de me convaincre de sa bonne foi et fit donc quelques tentatives d'abstinence, en apparence sincères mais généralement assorties d'une tacite dérogation que je résumerai par ces mots : « Fils, juste un petit ! » Oh, et puis, lorsque le manque d'alcool annihilait son reste de volonté, la nostalgie de ses anciennes beuveries en arrivait à lui arracher des larmes, de sorte que je me trouvais entraîné des heures durant dans un face-à-face geignard, et gênant, qui me faisait le fuir. Il n'empêche que ni ses larmes d'apitoiement sur le sort qui était le sien, ni ses bruyantes protestations d'amendement ne l'aidèrent à tenir ses engagements, et voilà pourquoi je finis par me convaincre qu'il lui était impossible de pouvoir s'arrêter ; aussi de plus en plus cessai-je de le lui demander et lui-même m'en fit de moins en moins la promesse jusqu'au jour où il me déclara abruptement qu'il ne renoncerait jamais à la bouteille. Puisqu'il avait capitulé, et qu'il reconnaissait son impuissance à changer de ligne de conduite, je laissai moi aussi tomber, me contentant d'un accord sur la quantité à ne pas dépasser. Bien sûr, ce compromis, pas plus que les autres, ne fut respecté par mon père, et mes récriminations n'y changèrent pas grand-chose ; d'ailleurs, lorsqu'en désespoir de cause nous en arrivâmes à nous entendre sur une bouteille par jour, il en était à un tel degré d'imprégnation qu'un dé de whisky lui ôtait illico toutes ses facultés. Mais – nouveau retour en arrière – au tout début de notre installation au Metropolitan il en était encore à me cacher que la bouteille lui tenait lieu de viatique.

Ainsi donc, lorsque le dernier client avait débarrassé le plancher, que papa avait empoché ses dollars, et que nous étions de nouveau ensemble, et heureux de l'être, nous quittions sans attendre le *Zaza* de Charley et descendions vers les lumières de Curtis Street qui nous étaient si chères. Après avoir avalé quelque chose de chaud dans une cafétéria, et nous être un court instant arrêtés dans une confiserie, nos pas nous portaient ensuite vers un drugstore où, tandis que je me pesais sur une balance à un *cent*, mon père, profitant de ce que je lui tournais le dos, achetait l'objet de tous ses désirs, qu'il tentait, mais sans succès, de glisser avec discrétion dans l'une des poches de son manteau. Outre que son cafouillage n'échappait jamais à ma vigilance, et que j'en avais le cœur serré, il mettait un tel sérieux à vouloir avec autant de maladresse me donner le change que ça en devenait tristement risible. Mais j'avais retrouvé mon enthousiasme quand m'incombait, dans les minutes suivantes, le choix du film (alors que papa se fichait de savoir ce qu'il allait voir) et, à travers le hall bondé, je le tirais furieusement vers les escaliers qui conduisaient au balcon (ainsi lui serait-il possible de fumer), où là, parmi les couples d'ouvriers lestés de leurs derniers-nés pleurnichards, parmi les amoureux qui étaient évidemment seuls au monde, parmi les jeunes durs chahuteurs qui sifflaient grossièrement les filles de leur âge, si effarouchées qu'elles ne gravissaient qu'en pouffant, et en groupes, les escaliers, et parmi enfin toutes sortes d'oiseaux de nuit, mon père pouvait se laisser aller à lamper son vin qu'il accompagnait de cacahouètes. Quant à moi, je succombais, blotti contre lui, sous le poids d'émotions jusqu'alors insoupçonnées. Ce que je découvrais sur l'écran magique me transportait si fort que je faisais ainsi peu cas de l'excellent chocolat que j'étais en train de mâchonner, ni même de la force avec laquelle j'agrippais, de mes doigts poisseux, l'accoudoir de velours.

*

Ce fut à cette époque-là, ou un peu plus tard, que je découvris, aux côtés de mon père, le film le plus impressionnant qu'il m'ait été jusque-là donné de voir, *Le Comte de Monte-Cristo*[1]. Je me souviens, comme si c'était hier, de chacune de ses scènes, de l'excitation proche de l'ivresse qui me submergea, et de mon hébétude à la sortie du cinéma, puis de ma rage de devoir attendre non sans souffrance que s'écoule le week-end avant que je puisse emprunter à la bibliothèque de l'école le roman dont s'était inspiré le film. Quand lundi arriva enfin, je me plongeai aussitôt dans la lecture des aventures de Monte-Cristo mais, dans mon souci de ne pas en sauter une ligne, je ne parvins pas à terminer ce gros roman dans les délais prescrits, c'est-à-dire

---

1. Il s'agit vraisemblablement de la version que réalisa en 1934 Rowland V. Lee, avec Robert Donat, Elissa Landi, Louis Calhern, Sidney Blackmer, Raymond Walburn. (*N.d.T.*)

quatorze jours, et il me fallut renouveler ma demande de prêt. Et tout de suite après ce fut la catastrophe car, pour ne jamais le lâcher, mon encombrant héros m'accompagnait partout, si bien que j'appris même à lire en marchant. Le ciel me tomba donc sur la tête un après-midi alors que je venais de m'arrêter dans l'arrière-cour de la maison d'un de mes riches condisciples pour y observer les tortues d'eau qu'il élevait dans un bassin où, par ailleurs, ne manquaient pas d'autres espèces tout aussi curieuses. Afin de ne rien rater du spectacle de ces affreuses créatures, je posai mon Dumas en équilibre au creux d'un arbuste et, libre de mes mouvements, je m'agenouillai au bord du bassin. Après les avoir saisies par le cou et les pattes, je n'avais pas manqué de tirer sur les plis de leur répugnant épiderme, ni de tambouriner sur leurs carapaces, histoire de les voir faire disparaître leurs têtes larmoyantes, mais une fois que je les eus obligées à prendre le large, mon intérêt pour la gent tortue retomba, et je décidai de m'en aller. Seulement, à peine m'étais-je éloigné de quelques pas que je m'aperçus de mon oubli, et aussitôt, fou d'inquiétude, je rebroussai chemin. Or le livre n'était plus là où je l'avais posé, ni où que ce fût dans l'arrière-cour. Le propriétaire des tortues, Freddy, nia l'avoir jamais vu et prétendit même que, lorsque j'étais arrivé chez lui, je ne portais rien sous le bras et que donc, à supposer que ce livre existât, j'avais dû le laisser traîner ailleurs. Sa tranquille assurance ne me convainquit qu'à moitié et, les larmes aux yeux, je m'obligeai à passer au peigne fin les endroits les plus divers de son arrière-cour jusqu'au moment où, comme s'il ne supportait plus que je refuse l'évidence, il m'ordonna de fiche le camp. Pour le moins bouleversé par son brusque changement d'attitude – lui qui s'était montré plein de sang-froid en m'assurant d'un ton catégorique que je me trompais, ne voilà-t-il pas qu'il venait de laisser éclater sa colère, comme s'il cherchait à m'intimider, voire à me faire sentir combien mon comportement était insultant à son égard… –, je me sentis si humilié de me voir rabaisser de la sorte que, le cœur au bord des lèvres, je ne sus plus quel parti adopter. La honte au front, je parvins néanmoins à rengorger mes protestations de bonne foi, et c'est en trébuchant que je sortis de chez lui, tenaillé par le remords de n'avoir pas su prendre soin de mon livre mais espérant, contre toute logique, que Freddy avait raison de penser que je l'avais oublié ailleurs. Refaisant alors tout le chemin en sens inverse jusqu'à mon casier à l'école, je me lançai dans une battue frénétique qui n'eut d'autre résultat que de me confirmer que j'avais bien ce livre avec moi quand la fatalité m'avait poussé à rendre visite à Freddy. Au bout du compte, un sombre désespoir ayant succédé à ma terreur panique, j'acceptai ma défaite et rentrai au Metropolitan, persuadé tout au fond de moi que Freddy m'avait volé mon roman, et d'ailleurs n'était-ce pas parce que je m'étais incidemment rapproché de l'endroit où il avait dû en hâte le dissimuler qu'il m'avait hurlé de décamper, de peur que je ne découvre son larcin et, par la même occasion, quel prodigieux menteur il faisait.

À cause de son manque de caractère, mon père n'aurait jamais pu plaider ma cause en s'en allant affronter la puissante famille de Freddy, il avait déjà tant de mal à supporter sa propre condition d'opprimé qu'il ne me fallait pas espérer qu'au surcroît de son malheur il voulût bien se charger du mien. Aussi, ne comptant que sur mes propres forces, me faufilai-je dès le lendemain, et plusieurs fois encore par la suite, dans l'arrière-cour de Freddy, afin d'y mener mon enquête, dont je n'attendais rien puisque, à moins de croire au père Noël, le livre avait dû être, sitôt mon départ, rangé en lieu sûr. Or je me trompais, comme je me vis plus tard obligé de l'admettre – je me rappelle que j'allais sur mes dix ans –, lorsque le mystère se trouva éclairci par le simple jeu du hasard.

Je situe la scène : j'étais en train de déambuler dans l'allée qui se trouvait derrière la maison de Freddy. À mes côtés, mon demi-frère, Jimmy, le nez au vent. Dans le décompte de ses tendances sadiques, sa haine toute-puissante pour les animaux tenait une place de choix. En cela, il n'avait fait que copier son modèle, Ralph, l'un de nos deux aînés. Mais, à quatorze ans sonnés, l'élève avait dépassé le maître qui n'avait jamais trouvé mieux, dans son désœuvrement, que de fourrer des chatons dans la cuvette des W.-C. et de tirer la chasse dessus, et désormais Jimmy avait su donner toute son ampleur à sa barbarie innée. Je n'en fournirai qu'un exemple : l'été qui précède cette promenade, Ralph et Jimmy s'entraînèrent à la carabine 22 Long Rifle dans un terrain vague de l'est de Denver en tirant sur les chats errants qu'ils avaient capturés dans la matinée. L'un de mes frères lançait vers le ciel l'une de ces créatures hurlantes, après l'avoir fait tournoyer par la queue afin de l'envoyer le plus haut possible, tandis que le second se chargeait de la cribler de balles avant qu'elle s'écrase au sol. Jimmy en avait surtout après les chats noirs, or ce jour-là, près de chez Freddy, comme par un fait exprès, il en passa un devant nous, et aussitôt Jimmy se lança à sa poursuite avec l'idée bien arrêtée de lui faire un mauvais sort. L'ayant vite rattrapé, il l'éleva au-dessus de sa tête en le tenant par cette queue – hélas ! si pratique –, puis il l'envoya valdinguer de toutes ses forces sur l'incinérateur de Freddy ; après quoi, sautant à pieds joints sur le chat hébété pour l'empêcher de recouvrer ses esprits, il commença de le cogner furieusement contre le béton. Mais la malheureuse bête se refusait à mourir et, quoique des fragments de sa cervelle, maintenant à vif, se mélangeassent au magma sanglant de sa tête informe, ses yeux empreints de majesté – ils nous accusent, pensai-je – continuaient de cligner, mais de plus en plus faiblement à chaque nouvel impact contre l'incinérateur. Sur la fin, comme vaincu par sa propre sauvagerie, Jimmy relâcha sa prise et, au lieu de rebondir sur le béton, le malheureux animal, voué à un tragique destin, vint s'encastrer dans le mince espace séparant l'énorme incinérateur du mur du garage, et là, son corps tout à la fois désarticulé et gonflé fut pendant quelques secondes agité de spasmes silencieux avant de se figer dans la mort. Tout le temps que Jimmy s'était acharné sur cette bête, je n'avais cessé de hurler et de le tirer par le bras pour l'empêcher de continuer, mais sans y parvenir ainsi qu'on vient de le voir. Je m'agrippais encore à lui quand il essaya, en s'y reprenant à plusieurs reprises, de décoincer le chat agonisant comme si le massacre ne devait jamais prendre fin, mais lorsqu'il se rendit compte qu'il luttait contre un cadavre il abandonna tout aussi soudainement la partie et, remâchant sa colère, recula, puis, le temps de reprendre des forces et de se remettre les idées en place, il s'éloigna à grandes enjambées, à croire que rien de ce qui s'était passé ne le concernait. Trop effrayé pour lui emboîter le pas, je m'absorbai dans la contemplation d'un arbre, le plus loin possible de cette scène. Mais sitôt que Jimmy eut tourné les talons, après un regard dédaigneux doublé d'un haussement d'épaules, je m'avançai pour regarder, malgré mes larmes et mon écœurement, la carcasse disloquée ; c'était comme si, en proie à une curiosité morbide, je ne pouvais m'empêcher de fixer cette chair martyrisée que recouvrait petit à petit la bave mousseuse du sang. Il jaillissait du noir pelage à gros bouillons, dessinant des rigoles qui se frayaient un chemin vers le mur de brique émaillée, et voilà comment ce flot épais, stoppé dans sa course, commença de former une mare noirâtre sur… mon Dumas ! ! !

De retrouver Monte-Cristo si longtemps après, j'en eus le souffle coupé, et mes larmes s'arrêtèrent de couler. Il était exactement là où Freddy avait dû par pure méchanceté le jeter mais, pour avoir été pendant trois ans exposé aux rigueurs climatiques de Denver, mon livre adoré gisait, aussi mutilé que lui, auprès de ce cadavre qui achevait de le souiller. Évitant non sans mal tout contact avec le chat, je glissai mon bras le plus loin possible jusqu'à ce que mes doigts étreignent sa couverture et ramènent à l'air libre ce vieux compagnon. Avec toute la minutie que requérait un tel acte d'amour, j'en grattai, malgré ma répugnance, le sang frais et les fragments de boyaux, puis, avec autant de soin, je défroissai ses pages décolorées par les éléments, avant de le presser contre ma poitrine reconnaissante.

Quoiqu'il eût piteuse figure, ce à quoi je tenais le plus avait donc resurgi du néant, et avec lui était revenu ce plaisir qu'on avait voulu me faire payer si cher du jour où j'avais déclaré sa perte. La relecture de Dumas me persuada en effet que le plus petit moment de félicité que me procuraient ces merveilleuses aventures du génie humain ne pourrait jamais s'échanger contre la tranquillité de l'esprit qu'auraient pu me donner, si je les avais eus, un dollar et soixante-huit *cents*, car durant ces trois années j'avais été, quasiment tous les jours, harcelé par la bibliothécaire de l'Ebert School afin que je la rembourse du prix que ce livre lui avait coûté, soit un dollar et soixante-huit *cents*. Si je n'avais été porté par le souvenir des exploits de Monte-Cristo je n'aurais jamais pu affronter le supplice périodique de ces face-à-face avec Mme Utterback quand, le rouge au front, je lui avouais, dans son bureau tapissé de livres enchanteurs, ne pas pouvoir disposer de cette somme. Or il me fallut la trouver, dès lors que l'école décida de ne m'accorder mon diplôme de sortie que si quelqu'un réglait ma dette. Et ce fut Rita, la femme de mon frère Jack, qui se porta, un midi, à mon secours en prélevant ce dollar et quelques *cents* sur ses pourboires de serveuse.

Quand j'y réfléchis, il est certain que ma première vraie incursion dans le domaine des jeux de l'esprit, je la dois au *Comte de Monte-Cristo* ainsi qu'à un film, *L'Homme invisible*[1], grâce à quoi mon imagination put prendre son envol. Plus d'une fois, en rentrant de l'école, je me suis égaré pour m'être laissé envahir par ces longues rêveries, prétextes à autant d'interminables intrigues que d'incessantes féeries, jusqu'au moment où, sous le poids du nombre, tout ce monde imaginaire s'écroulait de lui-même.

Dès l'instant où j'en ai eu la révélation, cet amour de la littérature n'a pas connu le moindre refroidissement, mais si je m'appliquais désormais à glaner ici ou là tout ce qui embellissait ma solitude, je n'ai jamais manqué de me tourner vers mon père afin qu'il éclaire ma lanterne à propos des figures si mystérieuses que le cinéma me dévoilait. C'était le mettre à rude épreuve, lui qui n'avait guère de certitudes ; disons que s'il était en mesure de me fournir un semblant de solution concernant un certain nombre de choses, il préférait ne pas avoir à le faire, car il en était arrivé, à force d'adopter

---

1. Film de James Whale, avec Claude Rains, William Harrigan, Gloria Stuart, Dudley Digges, sorti aux États-Unis en 1933. (*N.d.T.*)

une prudente neutralité dans n'importe quelle conversation, à se défiler lorsqu'il craignait de se tromper. Depuis qu'il avait commencé à boire, il s'était forgé un système d'auto-défense, à base d'opinions passe-partout, qui correspondait à son besoin de s'accorder avec le monde entier. Et, paradoxe, c'était encore plus flagrant quand il était sobre ; fondamen-talement irrésolu, et cela pour avoir depuis toujours réprimé un moi déjà pas très affirmé, son esprit inhibé se refusait à trancher sur quoi que ce soit et usait d'habiles faux-fuyants dès qu'on l'engageait à prendre position, y compris sur les sujets les plus banals. Un exemple de cette régression, qui vérifie de façon indéniable les effets de la pusillanimité sur l'intelligence, me fut administré le jour où je lui demandais de m'expliquer le sens du mot *kill* dans le titre du film, *Four Hours to Kill*[1]. Après m'avoir répondu que cela voulait dire « tuer quelqu'un », il lui vint à l'esprit que ce pourrait être tout simplement « tuer le temps » et, comme confronté à un cas de conscience, il fut dès lors incapable de se décider pour l'évidence ; après quoi, les tendances perverses de sa nature profonde le portèrent à vouloir extraire de la nébuleuse de ses pensées un possible troisième sens qu'il jugea, tandis que les minutes s'écoulaient sans le moindre résultat, préférable de continuer à rechercher plutôt que d'avoir à faire acte de courage en choisissant entre les deux seules acceptions admissibles.

Sa docilité faisait bon ménage avec l'ordinaire indéter-mination intellectuelle de l'ivrogne. Par mollesse, mon père avait accepté d'être sous la dépendance absolue de

---

1. Datant de 1935, ce film de Mitchell Leisen est sorti en France sous le titre de *L'Ultime Forfait*. Nous avons donc choisi de garder le *kill* original – tuer – de préférence à *forfait*. (*N.d.T.*)

son vice et, sous une telle poigne de fer, il lui était venu une sorte de sainte douceur dont il n'était pas avare dans ses moments de sobriété. Profondément gangrenée par les effets destructeurs de son intempérance viscérale, son âme assumait l'étendue de sa faute – laquelle devait, à ses yeux, légitimer la souffrance qu'il endurait –, et lui-même acceptait, sans manifester une quelconque amertume, l'existence tourmentée qui était la sienne, comme s'il avait oublié qu'il aurait pu ne pas y consentir. Cette vertu chrétienne qui consiste à « tendre l'autre joue » n'était pas, chez mon père, de l'hypocrisie, car la piètre estime dans laquelle il tenait l'ivrognerie l'avait acculé à un sentiment d'infériorité quasi organique envers son Péché et donc, bien qu'il eût intériorisé sa faute, il s'interdisait de juger, préférant fermer les yeux sur les fautes des autres. Voilà pourquoi, s'exagérant sa déchéance, il baissait la tête en face de l'adversité, et lui que, des années durant, mes frères, et singulièrement Jack, battirent et calomnièrent avec une totale absence de retenue, n'a jamais parlé d'eux, j'en témoigne, qu'en termes fort élogieux. Mais il ne faut pas voir dans ces compliments absurdes et dégradants la sournoise expression de sa peur ; il ne réagissait de la sorte que parce que, les jugeant supérieurs à lui, il estimait tout à fait exactes les horreurs qu'ils débitaient sur son compte.

Forcément, à se comporter en carpette, papa parvint à se faire apprécier par presque tout le monde, car il aurait fallu être aveugle pour ne pas remarquer sa servilité. Même parmi les moins violents des clochards qui composaient notre société, il n'était pas rare d'entendre des commentaires du genre de « Neal ne ferait pas de mal à une mouche » ou « Donne à boire au coiffeur – il est si timide qu'il n'ose pas réclamer ». Même réaction du côté de ma mère et des quelques femmes qui lui ont succédé : « Neal est le plus chic, le plus affectueux et le plus prévenant des hommes, ah ! si seulement il arrêtait avec la bouteille. » Et mes frères de faire chorus : « Neal est O. K. quand il n'a pas un coup dans le nez, dommage que ça ne lui arrive pas plus souvent. »

En ce qui me concerne, j'avoue que, dans un premier temps, j'ai plus d'une fois bouillonné d'exaspération quand il cédait à son besoin de triturer sa matière grise avant de se décider, quel que soit l'objet de ma question, à laisser tomber un simple « oui » ou « non ». Ce n'est que plus tard que je n'ai vraiment plus su, indigné qu'il jouât les souffre-douleur, par quel bout le prendre, surtout lorsqu'il se contentait de m'opposer sa masse inerte et que, aussi stupide que peut l'être un gringalet qui ignore tout de la vie, j'allais d'un extrême à l'autre, tantôt le houspillant, tantôt le suppliant de ne pas se laisser faire. Mais ce qui m'a essentiellement démoralisé au début de notre association tenait à l'incompréhensible engourdissement qui s'emparait de ses membres dès qu'il était soûl. Ainsi, pour autant que je me souvienne de la fin de nos soirées du samedi, après la séance de cinéma – laquelle se terminait invariablement sur les bourrades que j'étais contraint de lui donner pour le tirer de sa torpeur éthylique, tandis que les lumières se rallumaient dans la salle et que les regards furtifs des spectateurs, filant vers la sortie, me mettaient mal à l'aise –, je me revois en train de le ramener au Metropolitan, souffrant le martyre que sa démarche chaloupée prolongeât inutilement un trajet qui constituait déjà à lui seul, dans ces rues trop bien éclairées, un motif de honte, encore qu'au fond de moi je me disais qu'il n'y avait aucune raison de me sentir humilié. Et d'ailleurs, en vérité, il y avait peu de piétons dans les rues, et leurs réactions m'indifféraient, mais comme je ne digérais pas la lenteur de mon père, eh bien, je m'inventais tout simplement des émotions.

D'une certaine manière, il était tout aussi encombrant le dimanche mais, comme il n'avait pas besoin de moi pour marcher droit, je ne faisais qu'ouvrir la voie au lieu d'avoir à supporter son poids, en sorte que sa lenteur si irritante pouvait passer pour de la flânerie tandis que je gambadais devant lui. Et, de fait, l'excitante perspective de partir à l'aventure pouvait se lire aussi bien au rouge de mon visage qu'à mon allure fébrile, ce qui expliquait peut-être en retour, mais sans que je m'en soucie, le pas alangui de mon père. Ce n'est qu'aujourd'hui que je peux, outre ses maux de tête et de ses brûlures d'estomac qu'accompagnaient les terribles « tremblements » de l'après-boire, interpréter rétrospectivement son sourire las, par lequel il sollicitait qu'on marquât une petite halte, comme la grimace de douleur d'un homme qui ne manquait pas de courage. Car il n'était pas question de le ménager le dimanche – c'était « mon jour » –, pas question de ne pas lui faire arpenter, du lever du jour jusqu'au soir, les kilomètres qui me permettraient de découvrir les innombrables merveilles dont regorgeait le vaste territoire s'étendant au-delà de Larimer Street, et dans lequel je rôderais si souvent dans mon enfance. J'admets que mon père le connaissait infiniment mieux que la plupart des habitants de Denver, mais pas aussi bien que moi, qui, une fois le secteur passé au peigne fin, m'épuiserais à y traquer ses bizarreries, toujours aussi neuves et foisonnantes. La température ne s'y prêtant pas, mon père ne me fit découvrir ce pays féerique qu'après les premiers quatre-vingt-dix jours, ou presque, au Metropolitan, que nous avions passés, du moins le dimanche, à ce qui occuperait plus tard toutes nos soirées d'hiver sans exception – les jeux de cartes. C'est donc durant ces dimanches de février, de mars et d'une grosse partie d'avril que j'appris, pour l'essentiel, les ficelles du gin-rummy, en prêtant une oreille, tantôt polie, tantôt émue, à nos compagnons d'infortune qui ne faisaient que ressasser leur vie de traîne-misère et de crève-la-faim. Puis, quand vint le printemps, et avec lui les beaux jours, mon père me conduisit vers de nouveaux horizons, au-delà desquels commençait ce pays des merveilles dans lequel il me fut permis, pour la première fois, de me promener en toute liberté, c'est-à-dire d'avoir l'entière maîtrise de mes divertissements – entendez par là que je ne mettais un pied devant l'autre que pour m'amuser, alors que jusqu'alors, quand je fonçais vers l'école, je ne me distrayais que par ricochet. Bref, lorsque mon père se sentait encore assez d'énergie, mais elle retombait vite, pour se consacrer charitablement à un autre que lui, il réussissait à s'extraire de son lit avant qu'on arrête de servir les petits déjeuners à la Mission. Après quoi, nous revenions sur nos pas, descendant la 16e Rue, un vrai désert le dimanche, mais mon excitation – quoique mon père, pas très bien réveillé, traînât la patte – ne faisait, on l'aura deviné, que grandir au fur et à mesure que nous nous rapprochions de mon terrain d'aventures. En repassant devant le Metropolitan, un arrêt s'imposait, histoire de tailler une bavette avec les potes, foule maladive, prostrée sur les marches couvertes de crachats, qui exhibait son moi nauséabond en espérant que le soleil consentirait à l'irradier de ses bienfaisants rayons, et c'était, dès qu'il faisait beau, tous les jours comme ça, tant ils étaient persuadés que leurs corps imbibés d'alcool en avaient besoin pour se nettoyer de leur déchéance nocturne et se redonner un semblant d'apparence.

Au bout d'un moment, abandonnant nos curistes à leurs problèmes de santé, nous filions directement sur Union Station et, de là, sur Platte River et ses abords rocheux. À l'époque, sur les quatre petits blocs séparant Market de Wynkoop Street, on ne comptait qu'une station-service, un commerce de graines, un entrepôt de la Compagnie du mobilier américain, une succursale des machines à coudre Singer, plus l'atelier de plomberie Crane et le hall d'exposition des moteurs diesel Cummings. Encore qu'il ne faudrait pas oublier l'habituelle poignée de bars, de restaurants et d'hôtels borgnes. Sans quitter le trottoir de droite, nous passions ensuite sous le pont autoroutier et, tandis qu'au-dessus de nos têtes grondait le flot ininterrompu des voitures, nous longions un pâté de maisons immuablement englué dans la pénombre humide que lui imposaient les hautes façades des buildings de la Société des sucres de l'Ouest et des Cafés Bonne Réussite. Puis, toujours sur la droite, se profilait, au pied de la 17e Rue, Union Station, mais, à moins que papa ne fût saisi d'un besoin pressant qui nous obligeât à faire un détour par ses toilettes, nous évitions la gare, car c'est de ce côté-là qu'aboutissaient les voies, et qu'elle se terminait en cul de sac. Aussi, prenant par la gauche, on contournait les porteurs, qui se dépêchaient d'entasser sacs postaux et bagages dans les wagons déjà accrochés à des locomotives hennissantes, et on empruntait alors le trottoir défoncé de la 15e Rue pour traverser les voies. À partir de là, en parallèle et sans quitter notre gauche, on suivait un talus d'au moins un kilomètre qui nous amenait jusqu'au viaduc de la 14e Rue, en dessous duquel, comme écrasés par ses huit mètres de haut, on trouvait plein de petits dépôts de charbon, eux-mêmes pris en sandwich entre les amoncellements de voitures promises à la casse que ne protégeait qu'un simple grillage suffisamment éventré pour que je cède à la tentation d'aller y voir. Dommage cependant que cette voie aérienne trop fréquentée masquât à notre vue ce qu'il y avait de mieux entre les 1re et 14e Rues, à savoir les boutiques de la Santa Fe Railroad avec leurs irréprochables étalages d'articles les plus divers, la rotonde des chemins de fer cernée par un fascinant cimetière de locomotives, les ateliers de menuiserie, dont on avait condamné les fenêtres avec des planches, et aussi quelques dépôts, pas très grands, de matériel de peinture, de grains et même de mazout – le tout parsemé de tas d'ordures annonçant la Jungle des Trimards.

Mais nous, nous allions droit devant nous, dépassant bientôt les terminaux de fret de *C. B. and Q.* où plus tard, stupéfait qu'on me fasse confiance, je régnerais en despote solitaire – ce serait l'un de mes premiers boulots – de minuit à 8 heures du matin. Derrière ces bâtiments, que flanquaient plusieurs wagons frigorifiques accolés aux butoirs des voies de garage, il y avait un quai de déchargement et une grande grue, et puis plus rien sinon des rails qui se déployaient en éventail vers le néant.

À l'endroit où coule la South Platte River sous le pont de la 15e Rue, amalgame de bois et de ferraille qui protestait haut et fort de se voir ainsi maltraité par les autos roulant à grande vitesse, nous nous laissions glisser jusqu'à son lit de gravier au bord duquel j'ai passé tant de dimanches après-midi, sillonnant sans relâche les centaines de mètres qui formaient comme une espèce de longue plage entre les 15e et 17e Rues. Mais c'est à faire des ricochets et à comptabiliser scrupuleusement le nombre de leurs rebonds que j'occupais l'essentiel de mon temps. Au fil des ans, d'ailleurs, ce passe-temps devint une véritable passion et, tant que je vécus à Denver, il en alla de même avec toutes sortes de lancers, même s'il me fallut pendant quelque temps interrompre mes exploits à la suite d'une déchirure musculaire à l'épaule gauche que je m'étais faite durant un match de football. En prenant soin de bien choisir, et c'était capital, les cailloux adéquats, autant pour leur profil que pour leur poids, puis en veillant à leur donner l'angle de frappe souhaité, et là encore c'était autrement plus important que la force avec laquelle je les lançais, j'atteignis bientôt, à pas même sept ans, le chiffre record de dix rebonds, et avec l'adolescence j'en vins à accumuler des scores encore plus faramineux. Ainsi passaient en étroite harmonie avec mon père nos dimanches – il s'asseyait au bord de l'eau, je faisais des ricochets, il applaudissait, puis il m'aidait à remonter et, de son allure toujours aussi nonchalante, il me ramenait jusqu'à la Mission pour le service de 18 heures, ensuite nous réintégrions le hall du Metropolitan avec ses parties de cartes et ses parlotes, et enfin le lit.

Dans les quelques années qui précédèrent ma puberté, c'est la ville tout entière qui se plia à mes désirs – en me permettant aussi bien de satisfaire ma passion grandissante pour la brocante que d'élargir à l'infini mon besoin de liberté –, car il m'aura suffi de suivre le Cherry Creek, souvent réduit à un filet d'eau tant les chercheurs d'or l'ont remué par le passé, de le remonter sur des kilomètres et des kilomètres (et cela depuis la 14e Rue où il s'unit à la Platte River, avant de traverser le trépidant centre-ville, puis, le long de Speer Boulevard, les beaux quartiers jusqu'à University Avenue, et au-delà, quand enfin il n'y a plus de routes, jusqu'aux hauteurs qui marquaient autrefois les limites de Denver, sur son flanc sud-est, là où l'on trouvait encore des laiteries, des élevages de poulets, des haras et même des night-clubs de style western), pour nourrir mon imagination des images les plus ensorcelantes que puisse receler une mine d'or invisible à tout autre que moi, en l'occurrence les caches des trimards – riches pour la plupart de bouteilles de vin et de bière vides (cibles de choix pour un lance-pierres) – aménagées sous une bonne douzaine de ponts, et qu'enserraient de vieux pneus, mais qui me tentaient si fort que je profitais toujours des arbres qui dépérissaient à leurs pieds pour franchir les quatre ou cinq mètres de rives cimentées m'en séparant. Mais, pour ma première saison, je me contentai d'explorer, le plus souvent seul mais parfois en compagnie d'un ou deux copains, tout le territoire compris entre le centre et le nord de Denver. Et c'est en empruntant neuf fois sur dix les berges de la Platte que je m'ouvris un passage des plus sinueux vers les confins de la ville ; je partais toujours du même endroit (le courant y était encore rapide, presque impétueux), pas très loin d'une toute récente briqueterie dont l'immense cheminée rouge dominait la 8e Avenue, et je m'aventurais jusqu'à l'endroit où la rivière s'asséchait, à deux pas d'une gigantesque accumulation de briques, tout ce qui restait de la plus haute cheminée qu'on ait pu voir sur le continent américain en 1890, et encore sans rivale à l'ouest du Mississippi quand on s'était résolu, en la bourrant de dynamite, à la détruire quelques années auparavant, à cause d'une fissure qui n'avait fait que s'élargir durant deux décennies. Du demi-million d'habitants que comptait alors Denver, il en vint près des deux tiers pour assister à l'explosion qui nécessita une grosse journée de préparation. Quand à mon tour je découvris ce qui n'était plus qu'une montagne de briques, à la hauteur des locaux de l'Union Pacific sur la 38e Avenue, je rêvai aussitôt d'en dévaler les pentes à bicyclette, et d'ailleurs, un an plus tard, à l'âge de huit ans, c'est là que, pour ma première fugue, je courus me réfugier. Plus tard, j'en fis même l'un de mes points de chute préférés mais, dans cette période où je ne songeais qu'à prospecter fiévreusement la ville, je traînassais à droite à gauche, allant jusqu'à apprendre à nager (mais pas à plonger, car gêné par ma nudité je préférais entrer dans l'eau en marchant) sous le viaduc de la 14e Rue, là où le Cherry Creek opère sa jonction avec la Platte qu'alimentent, à cet endroit précis, de nombreux égouts, et du coup, si la centrale électrique intercommunale y puisait un regain d'énergie, il me fallait quant à moi ne surtout pas boire la tasse. Je la revois bien, cette centrale, que je ne quittais pas des yeux quand s'ouvraient ses lourds vantaux de fer afin qu'y pénètre un convoi de wagons chargés de charbon étincelant d'humidité, et je me souviens de mon ébahissement devant ce que je découvrais de son intérieur démesuré – passerelles, chaudières, tuyauteries, altimètres, etc., qui, bien que reluisant de cette propreté par laquelle se distinguent les centrales électriques, semblaient néanmoins recouverts d'une fine pellicule d'huile. Pareillement, j'ai encore dans l'oreille le fracassant vrombissement de ses dynamos que j'aurais pu écouter jusqu'à la transe. Plus loin, à la limite de la 16e Rue, il y avait aussi un authentique château de pierre, aujourd'hui désaffecté, mais que les cheminots utilisaient alors pour se changer, attendu que c'était le dépôt de la Moffett Line. Quand je me tenais sur cette voie ferrée, je n'étais pas peu fier de penser qu'elle traversait le plus long tunnel d'Amérique – le Moffett, qu'on venait de terminer, approchait les treize kilomètres de long – et qu'en franchissant le Continental Divide, dans les Rocheuses, elle laissait loin derrière elle toutes ses concurrentes des autres compagnies. Puis, tandis que je la remontais en trottinant (d'ici à une ou deux années cette manie d'allonger le pas à tout bout de champ deviendrait si forte que je me ferais une règle de ne jamais marcher quand je vadrouillerais, à moins d'y être contraint par la présence d'un adulte), je ne cessais, de-ci, de-là, de dépasser de petits tas de boîtes de conserve noircies de fumée et de bouteilles de vin vides dont on s'était servi pour boire de l'eau, jamais loin généralement de l'inévitable cercle de pierres, plutôt bien disposées afin de soutenir un gril parfois bricolé à partir de l'armature métallique d'un cintre, ou mieux la grille intérieure, voire la lèchefrite, d'une rôtissoire. Voilà pourquoi je fus bientôt tout à fait capable de me débrouiller dans cette jungle, à l'instar de tous ces drôles de voyageurs qui hantaient l'Ouest, ayant même appris à me dénicher un coin tranquille pour la nuit, l'essentiel était qu'il y eût tout près un point d'eau et du bois pour le feu. Mais, d'ordinaire, je ne m'occupais pas moi-même de mettre en place ce campement de fortune, préférant en découvrir un qui avait déjà été installé et abandonné afin qu'avec papa et un ou deux de ses potes (en compagnie desquels il allait faire la manche pendant que je cherchais) nous puissions nous y poser loin de tous. Aussi évitions-nous les grands rassemblements de vagabonds quand nous tombions sur eux aux abords des nœuds ferroviaires, peut-être parce que mon père, s'imaginant que je constituais une prise de choix, craignait pour notre sécurité. À chaque fois d'ailleurs, les trimards ne manquaient pas d'interroger mon vieux sur ma présence à ses côtés, mais, si je doutais de mon importance, je n'ignorais pas qu'ils tapaient systématiquement tous ceux qui leur paraissaient en fonds, or je m'étais tout de même rendu compte que nous ne manquions jamais de nourriture alors que les autres en étaient privés, ou n'en disposaient qu'en faible quantité, et j'ajoute qu'il est d'usage dans un campement que chacun rapporte à la communauté le produit de sa mendicité afin que tout soit partagé. Plus d'une fois, papa et moi avons été assez chanceux pour regagner notre bivouac les poches gonflées mais l'estomac dans les talons, d'où notre pas vacillant. En revanche, les vagabonds, tenaillés par la faim, dévoraient immédiatement tout ce qu'ils trouvaient, sauf ce qui devait se cuire, aussi ne rapportaient-ils au campement que des haricots et des patates avec lesquels on tirait au mieux un maigre *mulligan*[1].

Sur Denver, le campement de hobos[2] auquel je songe toujours avec nostalgie, probablement parce que j'y ai passé tant d'heures agréables, ne s'étalait pas, contrairement aux autres, le long d'une route. Et pourtant il s'était incrusté en plein cœur d'un inextricable dédale de voies ferrées et de bretelles autoroutières, à peu de distance de la rotonde de l'Union Pacific et du viaduc de la 24e Rue, mais sa solitude n'était nullement affectée par ce grouillant environnement – univers en pleine mutation où les rails posés sur des chevalets, et déjà accrochés au câble des treuils, attendaient, tels des squelettes en mal de chair, d'être posés sur leurs supports de ciment barbouillés d'une foule d'obscénités dont le sens, bien qu'elles fussent brutales et plutôt bien dessinées, m'échappait. Car, à l'âge que j'avais, ces mots

1. Le *mulligan* est le nom que les S.D.F. des années 30 donnèrent à un ragoût à base de restes de viande et de légumes. (*N.d.T.*)
2. Dès la fin du xixe siècle, on désigna par ce mot le vagabond qui ne se déplace qu'en voyageant clandestinement à bord des trains de marchandises. Mais, contrairement au clochard, le hobo cherche à s'employer partout où il débarque. On ignore l'origine du mot. Peut-être découle-t-il du « Oh boy » que criaient les premiers employés des wagons postaux, mais peut-être aussi de « Hoe-boy », travailleur agricole saisonnier dans l'Ouest. (*N.d.T.*)

et ces images – grivoiseries que par la suite je ne dédaignerai pas – ne pouvaient être appréciés à leur juste valeur, et je préférais de beaucoup les enivrantes escalades que m'offraient les charpentes métalliques des viaducs, excepté bien sûr celui de la 16e Rue (cent pour cent béton) dont les arches étaient trop élevées pour que je m'y risque, si bien que les regards qu'il m'arrivait de lui jeter reflétaient ma frustration, mais j'étais prêt à admirer quiconque s'y lancerait ou, mieux, s'avancerait en dansant lentement le *shimmy*[1] le long de ses terrifiantes mais sublimes arcades.

Revenait souvent dans mes rêves de cette époque (dans plus d'un, à l'éblouissant et puissant réalisme, je devenais maître dans l'art de passer au peigne fin les wagons de marchandises, vides de toute cargaison et échoués sur les voies de garage des cinq principales compagnies de Denver) la découverte que j'avais faite en rôdant dans ce labyrinthe ferroviaire : la minoterie Fierté des Rocheuses, dont j'avais à plusieurs reprises exploré les longs couloirs laissés à l'abandon avant qu'un gardien ne m'en chasse. Puisqu'on m'en avait notifié l'interdiction, je me suis abstenu pendant longtemps d'y retourner, car je n'ai jamais désobéi à un ordre officiel avant d'avoir atteint mes dix ans et décroché mon diplôme de sortie de l'Ebert Public Grammar School. Par parenthèse, il me semble que mon caractère ne s'est modifié qu'au fur et à mesure de mes changements d'école, et que je note pour ne pas les oublier : j'avais donc onze ans lorsque après avoir quitté l'Ebert, où j'étais entré à l'âge de cinq ans, j'ai intégré le Cole Jr. High (le plus grand collège à l'ouest du Mississippi), et quinze ans quand on m'a inscrit

1. Le *shimmy* était à la mode à la fin des années 20, on le dansait en faisant trembler les épaules. (*N.d.T.*)

à l'East Denver High. Or donc, ces rêves étranges sur la minoterie, pas moins troublants que ceux qui m'entraînaient du côté des wagons de marchandises, s'articulaient autour de sa topographie. De belles dimensions, le sous-sol abritait un gigantesque système d'étuvage qui s'élevait sur trois niveaux avec, à intervalles réguliers, des sorties de vapeur en ciment armé et, sur ses flancs, une myriade d'échelles de fer. Et, comme suspendus dans le vide, on trouvait à chacun des étages d'énormes demi-cylindres si imbriqués les uns dans les autres qu'ils formaient une suite de goulets très étroits, même pour un garçon de ma taille. Des ouvertures avaient été percées dans le béton afin de permettre à de grosses courroies crantées de transmettre leur puissance à toute la minoterie, mais vingt années de poussière s'étaient accumulées sur ce château au grain dormant, et sur ses machines brisées (pas un fragment déchiqueté qui ne fût moins lourd qu'une enclume, pas un morceau de courroie lacéré qui pût être manipulé, et il en allait de même des monstrueuses caisses, pour la plupart encore solidement cerclées de rubans d'acier, qui recelaient pourtant une multitude de pièces de rechange, de ressorts, de roulements à billes, de boulons…). La poussière elle-même était morte, et cela ajoutait à la beauté envoûtante du lieu ; quoiqu'on s'y enfonçât jusqu'aux chevilles, je marchais dedans comme en état de somnambulisme, sans en soulever le moindre nuage et sans qu'aucune de ses particules s'infiltrât dans mes chaussures. Tout paraissait frappé de paralysie, rien ne bougeait, pas le plus petit bruit, mis à part le bourdonnement de centaines de mouches, stimulées par le soleil de juillet. Il n'empêche que je me faisais l'impression d'être enterré vivant, tant l'épaisseur des murs m'isolait du grondement du viaduc de la 20e Rue qui passait cependant à une dizaine

de mètres de là. Autre sensation, infiniment plus oppressante, et encore liée à la chaleur de l'été : il me semblait
que la température ne cessait de grimper et qu'elle allait
bientôt atteindre des hauteurs telles que je brûlerais dans
cette minoterie.

2

Dès le lendemain de notre incorporation dans la petite armée des va-nu-pieds de Larimer Street, mon père commença de compter, avec une impatience grandissante, les jours qui nous séparaient de l'été, et donc de la fin des classes, moment choisi pour entamer notre virée vers l'est, vers ce Missouri dont il me faisait, semaine après semaine, miroiter les agréments, ne serait-ce que par l'excellente nourriture qui nous y serait en abondance prodiguée. À la mi-juin 1932, le grand jour arriva, et illico presto mon père plia et rangea soigneusement du linge de rechange dans son sac de couchage qu'il passa à son épaule, avant de m'entraîner en direction des quartiers nord de Denver, là même où se trouvait le dépôt de l'Union Pacific. Nous devions, avait-il prévu, attraper l'un des convois de marchandises qui partaient assez tôt le matin depuis les environs de la 38ᵉ Rue, mais encore aurait-il fallu ne pas être en retard sur l'horaire et ne pas, comme nous le fîmes, le rater ; il n'empêche qu'au lieu d'attendre, découragés, le suivant, nous nous dépêchâmes de gagner l'autoroute où, coup de chance, nous embarqua, à peine l'avions-nous rejointe, un type qui filait sur Cheyenne.

Un point de théorie maintenant : en acceptant de monter dans cette voiture, mon père donnait corps aux deux principes (quoiqu'il y ait aussi du bon dans leur contraire absolu) qui guidèrent ma propre pratique de l'auto-stop durant ma fiévreuse adolescence. Premier principe : toujours marcher, même la nuit, plutôt que d'attendre le miracle – dans l'exemple ci-dessus, on aura remarqué que, lorsque la voiture s'arrêta pour nous prendre, nous étions en mouvement, et non plantés à quelque endroit adéquat. Et second principe qui, à l'image du précédent, découle de cette bible du voyage à peu de frais (« la Providence raccourcit les distances ») : mieux vaut un bon petit détour qu'une ligne droite déserte – en l'occurrence, et pour en revenir à mon père, il avait eu raison de ne pas hésiter une seconde à sortir de l'autoroute n° 6 (quitte, en filant sur Cheyenne, à nous déporter légèrement vers la gauche, car à hauteur de Fort Collins nous pourrions toujours rattraper la deux-voies vers Sterling et le sud du Nebraska, et de là la 30, c'est-à-dire l'autoroute de Lincoln qui dessert le Missouri). En agissant de la sorte, mon père démontrait que l'essentiel était de bondir sur l'occasion et de prendre le large, même si on s'écartait de la route directe vers Unionville, notre point de chute dans le Missouri, car, je le répète, depuis Cheyenne, cent soixante-dix kilomètres plein nord, il nous faudrait encore couvrir plusieurs centaines de bornes avant de pouvoir rejoindre l'intersection entre la 6 et la 30, quasiment au beau milieu du Nebraska. Et d'ailleurs, le hasard faisant bien les choses, nous avalâmes les kilomètres en sautant, sans le moindre temps mort, d'une voiture dans l'autre. Sans doute à cause de mon extrême jeunesse qui dissipait la peur instinctive des conducteurs et les portait à se montrer compatissants, nous n'essuyâmes que fort peu d'échecs ; résultat, en dépit de l'optimisme béat de mon père – ainsi stoppait-il n'importe où, par exemple en rase campagne sur le coup de minuit –, tout s'enchaîna à une allure invraisemblable.

D'entre les brumes de ma mémoire surnagent encore aujourd'hui quelques-uns des moments forts de cette première escapade loin de Denver. Je me souviens en particulier d'un carnaval près de Grand Island, dans le Nebraska, auquel mon père me permit gentiment d'assister. À l'identique, je n'ai pas oublié la tension nerveuse que je ressentis dans cette cabine de semi-remorque alors que je m'efforçais de garder la tête bien haute afin de pouvoir suivre, par-dessus le tableau de bord, le faisceau bondissant des phares qui transperçaient la nuit noire, puis, en harmonie avec le vrombissement du moteur, la douce torpeur qui s'empara de moi après que je me fus niché dans l'énorme couchette qui se trouvait derrière le chauffeur. Sans compter toutes ces heures remarquables durant lesquelles, sous mes yeux émerveillés, défilèrent des paysages d'une infinie variété. Au vrai, je n'ai éprouvé une telle ivresse que durant le voyage aller, tandis que nous foncions vers l'est ; deux mois plus tard, sur le chemin du retour, ni le Missouri, ni le Kansas, et ni le nord du Colorado ne m'offrirent de moments aussi délicieusement mémorables. C'est que nous réintégrâmes Denver à bord de trains de marchandises, monstres terrifiants en comparaison des véhicules auxquels je m'étais accoutumé, si bien qu'il m'arriva par la suite, et des années durant, de faire des cauchemars rien qu'à me rappeler leur tonnerre d'acier, et il suffisait même que j'entende siffler un train pour que je disparaisse, épouvanté, sous les couvertures.

Or il me fallut juguler cette terreur enfantine dès mon premier train, juste avant qu'il ne prenne son élan, et alors que je trottinais les bras chargés de poulet froid que tante

Eva m'avait elle-même préparé dans sa ferme proche d'Unionville. Avec son camion-citerne, cousin Ryal nous avait avancés jusqu'à Kansas-City où nous pûmes, heureuse fortune, nous glisser à bord de cet interminable convoi qui, mettant à profit la nuit, était censé rouler à grande vitesse. Et pourtant, dans une ville du centre du Kansas, il marqua soudain un arrêt. Aussitôt, sur la douzaine de hobos qui s'étaient entassés dans notre wagon, il se trouva une large majorité pour supposer, non sans raison, que la locomotive avait dû épuiser sa réserve d'eau, de sorte que, pendant qu'on procédait au remplissage du tender, une poignée d'entre eux, dont mon père, disparurent le long de la voie enténébrée pour s'en aller promptement chercher de quoi étancher la soif de tout un chacun. Bien qu'ils sachent que la machine serait prête à repartir dans un court laps de temps, ils étaient cependant décidés à ne pas laisser passer cette occasion, peut-être unique, de ramener de l'eau potable, ne fût-ce que pour moi, « le pauvre gosse ». J'étais, en effet, littéralement altéré pour m'être empiffré de ce poulet bien trop salé, et mes gémissements plaintifs m'avaient attiré la bienveillance de ces boit-sans-soif auxquels ma présence avait temporairement rendu dignité et compassion, tant et si bien que, percevant à quel point mes récriminations pleurni-chardes les empêchaient de s'attendrir sur eux-mêmes, j'en étais venu à me persuader de mon importance et, partant de là, à envisager de sécher mes larmes.

Tout à coup, le wagon ondula sous mes fesses. En un clin d'œil, j'en oubliai ma résolution, il ne s'agissait plus de faire bonne figure au reste de mes compagnons, et je me précipitai, le cœur battant, pour guetter malgré l'obscurité le retour de mon père. Mais je ne vis rien venir et, la locomotive accélérant de plus en plus, je me retrouvai dans l'encadrement de la porte coulissante à hurler de douleur. Bientôt la vitesse du train fut telle qu'il ne me fallut plus espérer que quiconque pût surgir de la nuit et grimper dans notre wagon ; constatant cela à leur tour, et dans la crainte que je ne saute sur le ballast, les hobos m'empoignèrent comme un seul homme afin de m'écarter du vide. Après avoir piqué une crise de nerfs confinant à l'hystérie, avec braillements, lamentations, et tout le saint-frusquin, je me réfugiai dans un coin du wagon et, tandis que se tarissaient mes larmes, j'en vins à réfléchir sur ma situation puisque, ayant perdu mon père et convaincu qu'il ne réapparaîtrait plus, je ne pouvais désormais compter que sur moi-même.

Se chevauchant l'une l'autre, deux questions de première importance commencèrent de me torturer l'esprit : comment rejoindre tout seul Denver, et comment me disculper de ma faute pour avoir été à l'origine de cette catastrophe ? Recroquevillé sur le plancher, je m'efforçais de décrisper mon petit cerveau de garçonnet, afin qu'il me soit possible d'imaginer, au moins dans un premier temps, quelle route suivre jusqu'au Metropolitan. Mais, malgré tous mes efforts, je n'arrivai à rien de concret. D'ailleurs, mes connaissances géographiques ne m'auraient permis, au mieux, que d'esquisser un mauvais plan ; en plus je continuais d'être en proie à tout un tas de regrets tels que « Si seulement il n'était pas descendu… Mais qu'il revienne, et plus jamais je ne lui réclamerai une seule goutte d'eau, dussé-je en avoir le gosier en feu ». Je n'ignorais pas le peu de pertinence de ma promesse car alors je serais mort de soif, mais d'évidence je préférais cela, estimant même qu'un tel jusqu'au-boutisme ne pouvait que favoriser la réapparition de mon père. Et puis, je ne voyais pas d'autre moyen d'expier ce que je jugeais être un crime abominable, à savoir de l'avoir obligé à descendre du train pour apaiser la pépie d'un garnement. Bien évidemment, les autres hobos essayèrent de me consoler, mais, alors que leur attitude était des plus naturelles, je refusai qu'ils s'approchent de moi, de sorte qu'après plusieurs heures de morne résistance, il se dégagea paradoxalement de cet ensemble d'airs butés, et de mimiques dédaigneuses, un sentiment d'orgueilleuse autonomie qui finit par se substituer à mon effroi, et c'est ainsi que je succombai à un lourd sommeil.

Durant des kilomètres et des kilomètres, long ruban interminable, notre convoi poursuivit sa course à travers la plaine désolée, et une journée s'était presque déjà écoulée lorsqu'il atteignit une autre gare du Kansas, Goodland. Depuis le lever du jour, j'avais passé le plus clair de mon temps ballotté sur des cartons d'emballage empilés à l'une des extrémités du wagon et, quelque effort que les hobos, avec lesquels je partageais cet espace de couchage, eussent fait pour m'apprivoiser, je n'avais pas cédé, me refusant toujours à leur adresser la parole, et tout semblait indiquer que j'étais sur le point de replonger dans mon sommeil agité. En réalité, malgré mes paupières qui se fermaient, j'étais encore suffisamment lucide pour caresser, depuis maintenant trois minutes que le train s'était arrêté, le projet de fiche le camp ; ne me retenait que l'appréhension d'avoir à enjamber ces corps affalés et bavassants. Si bien que je ne m'y étais toujours pas résolu quand, après avoir silencieusement mais promptement rampé jusqu'à moi afin de me surprendre, mon père me souleva dans une étreinte maladroite et, les larmes aux yeux, me couvrit de baisers ! Pas une seconde il ne m'était venu à l'esprit que le départ inopiné du train, s'il l'avait empêché de remonter dans notre wagon, n'avait pas été assez rapide pour lui interdire de se hisser sur le toit du fourgon de queue, et qu'ainsi, durant tout ce temps, il n'avait été distant de moi que de quelques dizaines de mètres. Toutefois, soit par crainte de sauter de toit en toit chargé comme il était, soit parce qu'il me savait en sécurité avec ses camarades qui avaient dû comprendre qu'il n'était pas resté sur la voie, il avait jugé préférable de ne pas tenter le diable – encore aurait-il fallu qu'il réussisse à rejoindre notre wagon – et de prendre son mal en patience tant que le train roulait. Voilà pourquoi, dans les minutes qui avaient suivi cet arrêt fatidique, j'avais été privé du moindre petit signe rassurant. Jamais mon père n'aurait pu supposer que les hobos se comporteraient aussi bizarrement, et qu'au lieu de me dire qu'il se trouvait à coup sûr dans une des voitures de queue ils se contenteraient de déployer des trésors de bonne volonté dans le seul but de me convaincre que je finirais bien par le retrouver. Qu'ils n'eussent pas, un seul instant, évoqué la possibilité de sa présence à bord, et que moi-même je n'y eusse pas songé, m'effara, mais je fus plus encore consterné quand je les entendis par la suite en discuter et se chercher de bonnes raisons pour excuser cette faute collective.

Mais il ne s'écoula guère de temps avant que, de nouveau, je crus avoir, mais cette fois pour de bon, perdu mon père, et, parce que j'en fus le témoin visuel, cette terrifiante mésaventure me fit l'effet de vivre en direct un film d'angoisse. Il me semble que cela s'est passé dans les entrepôts de Sterling, au Colorado, à moins que ce ne fût en descendant du train à Denver, dans la gare de triage de l'Union Pacific. Quoi qu'il en soit, alors que nous traversions les voies, mon père posa le pied sur un aiguillage, au moment précis où un machiniste depuis le poste de contrôle en actionna le mécanisme. Surpris de s'être aussi bêtement laissé piéger, papa jura (chose rare, car d'ordinaire la sobriété lui évitait d'être grossier) et, plus en colère qu'en proie à l'inquiétude, il se mit à secouer son pied jusqu'au moment où, comme dans les meilleures tragédies, une motrice fit, à une cinquantaine de mètres de là, son apparition et commença de se rapprocher. Aurait-il été un cheminot averti que papa se serait tout de suite rendu compte si la machine était en mesure de freiner, mais tel n'était pas le cas, et donc, dans un premier temps, il essaya frénétiquement de se dégager en s'aidant de tout le poids de son corps, puis, le désespoir venant, il s'acharna non sans maladresse sur le lacet de sa chaussure, tout en me criant de courir vers la motrice afin qu'elle s'immobilise, alors que jusqu'à cet instant, trop affolé pour bouger, je n'avais su que trépigner et larmoyer. Imaginez la scène : à deux pas de lui, j'étais dans les transes, incapable d'appeler au secours tant la peur me rendait muet, de sorte que la voix de mon père, dans son impérieuse brutalité, me fit l'effet d'une douche froide, mais comme j'allais enfin, piqué au vif, me précipiter vers l'engin de mort, ne voilà-t-il pas que la tragédie se dénoua aussi rapidement et inexplicablement qu'elle avait commencé : en y laissant sa chaussure, papa venait en effet de libérer son pied et, aussitôt, comme pour contrebalancer et minimiser les minutes horribles que nous venions de vivre, il se campa au bord de la voie ferrée tel un iceberg regardant venir le *Titanic*. Reste que la motrice et ses wagons continuaient d'avancer – il se peut d'ailleurs que ce fût un convoi tout entier, quoique je sois enclin à penser que non, car le trafic de jour sur les voies de garage ne concernait, à quelques exceptions près, que de petites unités (c'est-à-dire une locomotive, ou deux, couplées l'une à l'autre, avec ou sans wagons, et jamais en tout cas de voitures de voyageurs), ou alors ce pouvait être une tout-électrique traînant à vitesse réduite une rame sur le rail conducteur pour ensuite répartir les wagons sur leurs voies respectives, ou encore une machine haut le pied rentrant au dépôt, ou plus simplement deux motrices et un tender manœuvrant, mais dans ce cas le mécanicien (qu'on appelle une « tête de cochon ») aurait sûrement freiné à temps –, reste donc que quelque chose continuait d'avancer et que papa, paralysé par l'indécision, paraissait ne pas savoir comment le faire arrêter – peut-être parce qu'une émotion rétrospective l'en empêchait, ou parce que, trop content d'avoir échappé à un sort fatal, il jugeait dérisoire, juste pour sauver une pauvre chaussure, d'essayer de stopper la motrice –, moyennant quoi, il reprit la pose et assista, impuissant, à l'agonie de ce qui jusqu'alors avait protégé son pied.

Mais alors que je revois, comme si c'était hier, ces quelques minutes atroces où il faillit perdre la vie, et que je ressens avec autant de netteté l'immense soulagement qui suivit – images qui hantent encore mon esprit –, je suis en revanche dans l'impossibilité de me rappeler en quelles circonstances mon père se procura de nouvelles chaussures ; certes, en dépit de ma mémoire qui se refuse à me dire où, quand, comment, j'entends néanmoins la petite voix de la logique me répondre : « Surplus de Goodwill Industries, à l'angle de la 23e et de Larimer. » Ce dont je suis certain, c'est que la chaussure fut complètement broyée, car je me souviens de l'avoir ensuite examinée ; autre chose aussi qui me repasse par la tête, alors que le mystère des nouvelles chaussures résiste à tous mes efforts, et qui s'impose comme une évidence à mes neurones défaillants : mon père, et bien qu'il fût passablement choqué par ce à quoi il venait d'échapper, se pencha tout à coup pour essayer une dernière fois de sauver sa chaussure emprisonnée, et ce quelques secondes avant que la motrice ne le force à se reculer.

Dans un tout autre ordre d'idées, ces deux mois chez tante Eva (bien qu'ayant récemment perdu George, son époux, dans un accident de la route, elle n'en continuait pas moins de veiller aux destinées du clan, lequel, au surplus de toute une parenté de péquenauds, comprenait son beau-frère Henry et ses propres père et mère, encore vaillants bien que séniles, John et Sadie Simpson) m'avaient permis de toucher du doigt deux importantes sources de plaisir qui allaient orienter ma vie future, l'une prenant progressivement le pas sur l'autre. Commençons par la première : presque tous les jours, il m'avait été donné de jouer avec les filles d'Eva, du moins avec celles qui avaient à peu près mon âge, à des jeux grâce auxquels l'enfant découvre le sexe. Longtemps, le souvenir de ces nymphettes, qui subsiste au plus profond de moi, me titilla agréablement les sens à chaque fois qu'un objet de désir similaire s'offrait à ma vue, et ce jusqu'à l'adolescence où, perdant de son intensité par la force du temps et de subtiles modifications dans mes pratiques sexuelles, mais sans jamais s'effacer, il cessa de m'influencer, puisque alors je devins presque indifférent aux fillettes ; mais il n'en demeure pas moins que j'ai, chez tante Eva, pleinement satisfait aux joies de l'exhibitionnisme, que cela vous paraisse normal ou non. À présent, ma deuxième découverte, de loin la plus importante : à savoir la folle ivresse de la liberté que me procurèrent, en compagnie de mes cousins, tous ces grands jeux qui, sexuels ou non, se déroulaient, afin d'échapper à la vigilance des adultes, dans le secret de l'immense étable. (Je tiens à faire remarquer que ce goût du jeu ne cessa de s'amplifier, si bien que, des années plus tard, il me valut d'être souvent rossé par mon tuteur légal, en l'occurrence mon frère Jack, car j'en arrivais, malgré la peur qu'il m'inspirait, à oublier, dans l'excitation du jeu, l'heure limite que ce dictateur avait fixée pour mon retour à la maison.)

En résumé, et quels que soient les autres menus plaisirs dont je suis redevable à ma chère tante Eva – comme ces assemblées dans la véranda où se rencontraient, du lever du jour au coucher du soleil, parents proches ou éloignés (la plupart, je le précise, fumaient la classique pipe en épis de maïs), ou comme encore ces cousins, cousines, rencontrés à chacun de mes passages en ville, et qui s'y promenaient sans chaussures aux pieds et engoncés dans des vêtements trop petits pour leur âge –, mon cœur ne s'illumine de joie que lorsque je repense à ces petites filles et à ces jeux que ne frappait aucun interdit.

*

Il fallut en passer par un compromis : désormais, je passerais l'été avec mon père et l'année scolaire chez ma mère car, suite à leur réussite dans le trafic d'alcool, Ralph et Jack, devenus soutiens de famille, avaient en notre absence installé maman, Jimmy, et la petite Shirley, dans un immeuble situé au coin de la 26e et de Champa Street, où ils occupaient un appartement, certes plus grand mais dont le confort laissait presque autant à désirer. L'accord fut appliqué dès le lendemain de notre retour au Metropolitan quand les Frères Teigneux en franchirent les portes – indubitablement, pour la première fois – afin de constater par eux-mêmes de quelle façon je vivais. Et aussitôt mon père fut pris à son propre piège. Debout dans le hall au milieu de ses compagnons de beuverie, et conscient qu'ils ne voulaient rien perdre de sa confrontation avec ces deux grands gaillards, il leur ressortit son couplet sur le bonheur d'avoir un fils tel que moi, un refrain qu'ils avaient déjà pour la plupart entendu – mélange de fierté, qui faisait peine à voir, et de pittoresque grotesque, le tout parfaitement décousu –, et qu'il consacra, ce soir-là, à la force d'âme dont j'avais fait preuve dans les diverses péripéties de notre triomphale odyssée de plus de trois mille kilomètres. D'évidence, il se méprit sur le silence des Frères Teigneux qui se contentaient, l'air détendu, d'afficher un sourire quasiment filial, le laissant radoter de la sorte pendant quelques minutes – spectacle unique d'une parfaite harmonie familiale. En ayant terminé avec l'éloge de mon juvénile courage, papa entama dans la foulée un monologue, du genre délire éthylique, sur le poulet de tante Eva, lorsque soudain il fut tiré de son innocente divagation par ses beaux-fils qui, changeant d'emploi, passèrent de la déférence à la sauvagerie et commencèrent, censément au nom de la vertu outragée, à le frapper chacun à son tour. Après l'avoir expédié au tapis, le premier le relevait afin que le second l'y renvoie, et tous deux, ensemble, le poussaient vers la sortie sans cesser de l'injurier, ne s'interrompant que pour ricaner bêtement ou grogner sous l'effort. Et s'ils s'arrêtèrent, ce ne fut pas parce mon père était depuis longtemps sans connaissance, mais parce qu'à bout de souffle, les mains en sang, ils étaient, eux-mêmes, vidés. Après un dernier coup de butoir qui avait étendu mon père en travers de la porte, mes demi-frères balayèrent de leur regard vide tous ses prétendus amis, pantins sans vie, lâchement pétrifiés sur place, les yeux exorbités, et, tout en continuant de s'indigner que de tels endroits puissent exister, ils m'entraînèrent sans ménagement jusque chez ma mère.

Et voilà comment, à quelques mois de l'âge de raison, je me retrouvai dans cet immeuble locatif, surnommé la Maison de l'Entôleur, en hommage, si je puis dire, à son propriétaire, un vieux débauché qui n'en poussait la porte que pour encaisser les loyers. Avec ses quatre étages sur la rue, mais seulement trois sur la cour, ce pachyderme de brique rouge s'étalait en plein cœur des bas-quartiers de l'East Side de Denver, avec lesquels j'entretiendrais, dès que s'achèverait ma petite enfance, les rapports les plus familiers. De l'autre côté de la rue, il y avait *The Bakery*, où l'on pouvait, pour des prix défiant toute concurrence, acheter aussi bien du pain que des produits d'épicerie, et dans lequel on m'envoya, si souvent, faire les courses, sans compter les nombreuses heures passées à jouer devant ses vitrines, car, image même de la prudence, ma mère m'interdit, au moins la première de mes trois années dans cette Maison de l'Entôleur, d'aller traîner ailleurs mes guêtres, et je l'entends encore me claironner aux oreilles : « Surtout, ne dépasse pas le coin de la rue ! » Mes parents avaient vécu leurs derniers mois de vie commune à deux pas de *The Bakery*, quasiment à l'angle de la rue, dans ce salon de coiffure qui n'était qu'un clapier malsain et crépusculaire, mais dans l'arrière-boutique duquel, en compagnie de ma sœur Shirley, censée jouer le rôle de mon épouse, j'avais, tel Lindbergh, fait décoller plus d'une fois notre vaillant *Spirit of Saint Louis*, me servant de la barre d'appui de notre lit pliable comme d'un manche à balai. Sur la gauche de *The Bakery*, en allant vers la 25e Rue, se dressait ce que j'appellerais ma première Maison Hantée, bien que, pour être tout à fait franc, cette maison m'évoquât d'abord une expérience sexuelle dont j'avais été l'acteur l'année précédente, alors que mon père tenait encore son salon de coiffure. Un après-midi, contre le mur putride de cette maison de bois à deux étages, depuis longtemps inoccupée, dans l'ombre profonde de son toit de bardeaux qui surplombait *The Bakery*, et tandis que les passants se pressaient sur le trottoir contigu, un grand garçon, pour le moins bizarre, m'embrassa le sexe, puis le prit dans sa bouche afin de boire, dit-il, mon pipi. Après quoi, nous avions, pendant un assez long moment, parcouru un à un les étages délabrés et branlants de cette maison dont nous avions, malgré le plancher crevassé, atteint le toit sans trop de mal et sans que j'éprouve un seul instant la moindre angoisse, sans doute parce que mon compagnon m'effrayait déjà suffisamment. Aussi n'est-ce qu'après avoir promptement déménagé du Metropolitan que cette maison me terrorisa. Tout commença une fin de journée lorsque j'entendis, et c'était une première, quelqu'un raconter une histoire de fantômes, mais, comme je n'y avais accordé que peu de crédit, je me hasardai dans l'heure suivante, et sans trop y réfléchir, dans l'allée qui donnait dans l'arrière-cour de cette maison de bois, et c'est ainsi que, la découvrant sous un aspect que je ne lui connaissais pas, je me mis en tête de renouveler mon exploit, mais cette fois de nuit. Or sa masse sépulcrale et enténébrée autant que sa déroutante et inquiétante silhouette qui se découpait sur un ciel d'hiver chargé de nuages galopants me glacèrent les sangs, si bien que tremblant de tous mes membres je rebroussai illico chemin. N'empêche que je remis ça assez vite, et de nuit, peu de temps avant que les démolisseurs, me semble-t-il, ne transforment ma Maison Hantée, sinistre et déserte, en un terrain vague des plus exigus, borné au mètre près par les anciennes fondations de béton qui servirent, au fil du temps, de décharge collective, et dans laquelle, comme je l'ai constaté, s'entassèrent, jusqu'à effleurer le sol, toutes sortes de déchets, du tesson de bouteille à la carcasse de voiture, sans oublier les excréments humains (dans les coins) et animaux (n'importe où), de quoi vous soulever vite fait le cœur. Encore un peu plus sur la gauche, en retrait d'une vingtaine de mètres sur Champa Street, trônait *The Crescent Arms*, avec son superbe mur d'un mètre cinquante de haut si propice aux jeux de balle et si facile à escalader, bien que trop large pour que mes petites mains puissent s'y agripper une fois parvenu au sommet. À chacune des extrémités de ce chouette ouvrage de maçonnerie venait s'appuyer l'une des ailes d'habitation, le tout aligné assez loin du rebord du trottoir – de sorte qu'on pouvait, entre *The Crescent Arms* et *The Bakery*, tabler sur une surface de ciment longue de cinquante mètres et large de vingt, et que, si l'on ajoute que les aires de jeux faisaient cruellement défaut dès que tombait la nuit, on peut comprendre que tous les garnements du secteur s'y rassemblassent pour de brèves mais excitantes récréations d'après-dîner, d'autant plus appréciées qu'on y bénéficiait d'un double avantage contradictoire, à savoir les brillantes illuminations de *The Bakery* (de quoi se voir comme en plein jour) et l'obscurité du mystérieux jardin qui se trouvait derrière le mur (et grâce auquel nous échappions à la vue des adultes, en particulier à celle des mères soucieuses de récupérer leur progéniture). En son centre avait été percée une entrée qu'encadraient deux gros piliers, de plus de deux mètres de haut et faits de la même brique rouge. Ces sortes de tours quadrangulaires, dont le chapiteau de béton s'ornait de câbles électriques depuis longtemps hors d'usage, offraient une base assez large pour que je m'y tienne quelques instants dessus, tel le Roi de la Montagne, après être sorti victorieux de la mêlée générale. Tout à côté de *Crescent Arms*, il y avait *Hubbard's*, encore plus imposant, et plus chic, un immeuble réservé aux friqués du quartier. Mais n'oublions pas *The Avery*, théâtre de plusieurs événements marquants – j'en fus par exemple chassé par un gérant irascible –, et auquel se rattachent nombre d'épisodes de notre saga familiale : mon frère Ralph et les siens y habitèrent, puis ma sœur Betty et son mari, et moi-même, jeune homme, je vins, cigare au bec et cheveux calamistrés, y faire ma cour à une donzelle qui, après m'avoir longtemps fait lanterner, me claqua la porte au nez et épousa un nabot en costard répondant au nom d'Orville Farris (et ce uniquement à cause de la taille, supposée spectaculaire, de son pénis, se hâta-t-elle de me préciser, dans le but, je l'imagine, de me rendre envieux). Enfin et finalement, le quartier n'aurait pas été complet sans, à l'un des angles du carrefour entre la 25ᵉ et Champa Street, son garni miteux que hantaient tous les laissés-pour-compte – les trois autres angles étant occupés par une station-service, un grand immeuble en copropriété et, sur un demi-bloc de long (on passait devant pour rejoindre au plus vite Stout Street), par une rangée d'horribles logements (jamais, et Dieu sait qu'on a bourlingué, mon père et moi n'avons trouvé moins cher qu'ici). Il me revient à l'esprit que c'est dans ce trou à rats que mon vieux prit l'habitude de commencer la journée du dimanche par une pincée de bicarbonate de soude. Tout cela pour dire que, les années s'écoulant, je ne pus qu'en arriver à nouer un rapport étroitement personnel avec la plupart des immeubles de ce bloc et des blocs avoisinants, si bien que chacun d'entre eux me parlait comme un livre, soit parce qu'il s'y était passé quelque chose, à moins que ce ne fût à proximité immédiate, soit parce que y habitaient X, Y ou Z, qui ne m'étaient pas inconnus.

Reste que s'il existe un endroit que j'ai connu comme ma poche, c'est bien la Maison de l'Entôleur, le château de mon enfance qui attira, comme en témoigne ma famille, tant de ménages brisés par la Crise, et il en alla longtemps ainsi jusqu'au jour où, l'Entôleur succombant à une crise cardiaque, un nouveau propriétaire résolut – ce devait être en janvier 1937 – de le remettre en état une fois que ses locataires en auraient été expulsés (qu'importent le nom et les mobiles de ce personnage, bien qu'il me semble parfaitement représentatif du marché immobilier) ; aussitôt après, on abattit les cloisons, on repeignit, on réaménagea mon château, puis on le rebaptisa *The Queen City* (coïncidence, ce n'était pas sans évoquer la ville où mon père était né), et on n'y accepta plus que des gens pouvant acquitter un loyer nettement plus élevé. Mais, à l'automne 1932, lorsque je quittai les clochards léthargiques du Metropolitan, la Maison de l'Entôleur était plutôt mal famée, connue surtout pour être une plaque tournante du trafic d'alcool, mais tout autant célèbre, même dans ce quartier qui n'en manquait pas, pour ses figures hors du commun : anciens taulards, pervers de tout poil, musiciens de jazz (jamais plus de deux), prostituées (en nombre, mais, pour la plupart, sans maquereau), intoxiqués (par l'alcool, pour la majorité d'entre eux), et natures violentes (plutôt très jeunes). Dans ce repaire de têtes brûlées et d'arnaqueurs, on dénombrait aussi – et ma mère en était le vivant exemple – un petit noyau de gens vertueux qui se battaient pour assurer la survie de leur marmaille, et peut-être même l'habituelle poignée de vieux garçons et d'anciennes servantes décaties par l'usure du temps. Vingt-quatre heures sur vingt-quatre, cette accumulation de misère humaine se manifestait par un boucan infernal, à croire qu'indigence ne rime pas avec silence, et que le bruit lui est un état naturel ; l'atmosphère y était en permanence chargée de sifflets impératifs, de jurons tonitruants, de hurlements de terreur et de rires de femmes qu'on troussait – cela, je ne risque pas de l'avoir oublié. Rares étaient les moments où ça ne dégénérait pas, sans doute parce que, comme je l'ai souvent constaté, les parties de poker (découvert ou non) se succédaient dans les taudis du sous-sol, et parce que les couples se bécotant dans les couloirs n'arrêtaient pas de se faire bousculer par des ivrognes que leurs épouses poursuivaient de leur hargne, ou encore parce que des gamins affamés voulaient, dès 7 heures du soir, oublier leur assiette vide en se jetant à corps perdu dans des jeux plutôt dangereux au pied du grand escalier de l'entrée principale.

À l'image de quelque gigantesque Corne d'abondance, cet escalier de belle taille en son début allait en se rapetissant au fur et à mesure qu'il s'élevait dans les étages. Aussi renflées que le dos d'un éléphant, et façonnées au tour, deux balustres flanquaient ce qui s'apparentait, vue du rez-de-chaussée, à une bouche béante dont, telles des lèvres lippues, les marches s'infléchissaient vers le vide, débordant même les puissants barreaux sculptés qui supportaient une rampe d'acajou trop large pour la main, et presque trop haute pour un garçon de ma taille. Et donc, ce rappel de ce qu'avait été la victorienne splendeur de la Maison de l'Entôleur s'amenuisait au fil des marches, si bien qu'une fois parvenu au dernier étage on avait le sentiment que celui-ci avait été construit avec des matériaux de récupération, à la va-comme-je-te-pousse, presque sans plan directeur, précipitamment et en se moquant de sa solidité, ou comme si, conçu pour desservir un seul appartement, on avait supposé que peu de gens l'emprunteraient, d'où la conclusion qui s'imposa à moi : c'était de propos délibéré que les ébénistes l'avaient ainsi fabriqué en dépit du soin qu'ils avaient apporté à ses marches inaugurales. Tout branlant et dangereux qu'il était, il aboutissait à une chambre isolée (à moins qu'il n'y en eût deux) qui, faisant une saillie au-dessus du toit, couronnait l'immeuble à la manière d'un tipi sioux, juste recouvert d'un linceul de tôle brillante, mais à l'intérieur duquel, moyennant un dérisoire loyer, vivaient le premier copain que je me fis en débarquant dans cette Maison de l'Entôleur, et sa mère, une femme splendide si l'on ne tenait pas compte de son nez en pied de marmite.

Bobby entra dans ma vie à l'occasion d'une rivalité amoureuse dont l'enjeu, une ravissante blonde, notre aînée d'un an ou un peu plus, avait de quoi éblouir même les plus aveugles qui ne se privaient pas, quand elle passait par le hall d'entrée, de réflexions aussi finaudes que « Celle-là, dans dix ans, elle les fera tous crever ! » ou « Suffit qu'elle grandisse pour qu'elle se ramasse la grosse galette ! ». Elle nous apprit, à Bobby et à moi, le sens et l'exacte prononciation de *ce mot* que nous découvrîmes, comme nous étions en train de jouer ensemble, fraîchement griffonné sur l'un des murs de clôture de notre immeuble, au sommet duquel, et quoiqu'il ne dépassât pas un mètre, j'essayais toujours sans l'aide de personne de me percher, mais rarement avec succès, à moins que la présence de la jolie blonde ne m'inspirât. Très peu de temps après ce cours théorique, mon égérie me proposa, par une douce journée, de me montrer le sien si je lui montrais le mien. Afin d'échapper aux regards indiscrets, nous choisîmes les toilettes du sous-sol mais pour aussitôt le regretter. Car, preuve que nous maîtrisions mal les règles du jeu, notre commune excitation nous avait fait oublier que c'étaient les plus fréquentées et les plus sales de la maison, étant donné que les joueurs de poker de passage et les buveurs de bière ne pouvaient trouver mieux pour s'y vider la vessie et, parfois même, y vomir tripes et boyaux (en réalité, il se peut qu'on l'ait su, mais nous étions trop jeunes pour soupçonner à quel point de telles odeurs pestilentielles seraient préjudiciables à notre désir). Aussi, et quoique nous nous serions contentés, peu soucieux à notre âge d'y mettre les formes, d'un furtif attouchement, cette effroyable puanteur nous contraignit à abréger notre mutuelle exhibition, tout en nous lamentant de notre mauvais choix, et comme un malheur n'arrive jamais seul il n'y eut pas de séance de rattrapage car elle tomba amoureuse de Bobby et ne voulut plus me voir, à cela près que, sa famille ayant décidé dans les semaines suivantes de déménager, cette inconstante avant l'heure consentit, mais quand ça lui chantait, à renouer avec moi, de sorte qu'il me fut malgré tout possible d'oublier la jalousie que m'avait inspirée Bobby. Et de devenir son meilleur ami. C'est-à-dire que nous fûmes désormais des rivaux liés par l'amitié dès lors que n'entraient pas en ligne de compte les petites filles, et d'ailleurs, même après que j'eus moi-même quitté la Maison de l'Entôleur, nous n'avons cessé de nous rencontrer. En particulier les mercredis et samedis soir où nous nous croisions assez régulièrement dans cette piscine située à l'angle de la 20e et de Curtis Street, un endroit idéal pour se récurer, sous la douche, tout en échangeant des obscénités, pour nager jusqu'à l'épuisement, pour faire de la gym, pour jouer aux palets et au ping-pong, tous plaisirs que la Ville dispensait gratuitement à des gens dans notre situation, et voilà comment un jour, quasiment au terme de ces douze années de vies parallèles, je découvris – mais sans me soucier d'en tirer une quelconque conclusion ni même de voir à quel point une pareille coïncidence tenait du miracle – que le hasard avait voulu que nous ayons passé les tristes années de la Crise dans des salles de billard que ne séparaient, entre Glenarm et Curtis, que six blocs dans cette partie est de Denver, Bobby fréquentant *Bagnell* et moi *Peterson*.

Comme pour me permettre de supporter l'admiration, teintée de détestation, que je portais à Bobby qui, plus grand que moi, ne me le cédait en rien quant à la beauté, et qui, de surcroît – mais cela, je ne le compris qu'à la toute fin de ma jeunesse, n'éprouvant dès lors que mépris pour ces questions de « norme » –, était infiniment moins déviant que je ne l'étais (ainsi sa mère, que j'adorais du temps où, à l'aube de sa trentaine, beauté brune à la chair satinée, croupe et gorge bien rebondies, elle ne ratait aucun des spectacles du Tivoli, toujours au bras d'un homme qui lui offrait à dîner avant le show, plus quelques verres ensuite, et que je continuerais à désirer lorsque, plus tard, beaucoup plus tard, subissant les premiers outrages de la quarantaine, son visage se fana, sans que son charme affriolant aille déclinant – et d'ailleurs les hommes la courtisaient tout autant –, car à l'innocence des amours enfantines avait succédé l'ado-lescence que l'attente du sexe rend si douloureuse surtout quand on rêve de pénétrer la nudité d'une femme aussi belle), oui, pour faire contrepoids à notre relation, je me mis, durant l'hiver 32-33, à frayer avec un autre garçon, mais cette amitié fut, sous bien des aspects, fort différente de celle qui me liait à Bobby, en sorte que, toutes les deux se développant parallèlement, rien ne m'empêcha, jusqu'à l'âge adulte, de continuer de voir Bobby. Ce nouvel ami s'appelait Art « Sonny » Barlow, il était le fils unique de « Blackie » Barlow qui avait, alors que le trafic d'alcool battait son plein, employé mes frères Ralph et Jack, et qui, maintenant que ça rapportait moins, venait de se recycler dans des activités plus légales en rachetant une station-service (la dernière fois que j'ai entendu parler de Blackie, il était à la tête d'une grosse entreprise de camions-citernes et ne possédait pas moins de dix ou quinze stations Texaco à Denver). En vérité, Sonny et moi, nous nous étions déjà croisés avant que je vienne vivre chez ma mère ; je me souviens encore de cet après-midi où, ayant accompagné l'un de mes frères jusqu'au magnifique ranch de Blackie, là-haut dans la montagne, je dus, devant le refus de Sonny de m'associer à son jeu, m'armer, non sans mérite, de patience et attendre, les bras farouchement croisés, qu'il en ait assez de s'amuser avec sa pelleteuse à chenilles dont la taille m'avait tout de suite impressionné, car figurez-vous qu'on pouvait s'y asseoir et la manœuvrer comme une vraie. Ce n'aurait pu être qu'une de ces banales guéguerres entre enfants de trois, quatre ans autour d'un jouet de prix – sur lequel le propriétaire, estimant avoir tous les droits, ne renonce à s'en servir que parce que le quémandeur affecte par un effort de volonté, digne d'un adulte, de s'en désinté-resser –, mais il y eut plus, son veto me parut inacceptable, et ce fut donc, en vérité, l'une des rares occasions où, si ma mémoire ne me trahit pas, mon âme d'enfant se départit de sa sérénité, sans doute parce que, pour la première fois, j'avais désiré suffisamment fort une chose pour vouloir aller jusqu'au bout, même si, en m'obstinant, je n'avais cessé d'entrevoir que je ne l'emporterais pas. Peut-être est-ce d'ailleurs cette injuste défaite qui engendra chez moi mon futur esprit de résignation et qui contribua – de cela, je suis sûr – à saper mon intrépidité, de sorte que je ne sus jamais, tout au long de ma petite enfance, affronter les périls avec l'assurance qui convient et qu'au moindre signe de résistance de qui que ce fût je renonçais à me battre pour obtenir l'objet convoité. Mais, du jour où ce gosse odieux passa de l'état de petit gâté à son papa, couvert de joujoux, bien nourri et bien logé, à celui de rejeton d'une ivrognesse crasseuse, Peggy Barlow, je ne lui trouvai plus aucune qualité et ne me gênai plus pour remarquer, avec le plus complet dédain, qu'il était plus petit, plus laid et, comme je l'avais pressenti, plus bête que moi. Il n'empêche que si, avec cette cruauté qui n'appartient qu'aux enfants, je le harcelais de taquineries au motif qu'il était orphelin – du moins en étais-je persuadé pour avoir entendu dire, au cours d'une conversation entre grandes personnes, que Peggy et Blackie l'avaient adopté, alors qu'ils filaient encore le parfait amour –, je lui servais, sitôt que nous étions en public, le numéro du grand frère protecteur et lui témoignais hypocritement la plus vive cordialité, jusqu'au jour où, lassé de mon double jeu, mon aversion initiale se mua en authentique bienveillance, et j'ajoute que, percevant de mieux en mieux ce que ses attitudes devaient à la timidité, j'admis progressivement qu'il pouvait me surpasser sur un certain nombre de points, par exemple côté pénis – parole, ses érections frisaient l'exploit, et je me rappelle encore avec netteté le choc que je ressentis lorsque, sous mes yeux ébahis, il m'en administra la preuve –, mais aussi en matière de natation : de tous les écoliers qui se pressaient à la piscine municipale, il était le plus audacieux, n'hésitant jamais à prendre un maximum de risques, tant il souhaitait que tout un chacun l'admirât alors que personne, à cette

149

époque ni d'ailleurs par la suite, ne se souciait de son existence, à l'exception, je l'imagine, de la fille respirant la santé qui, pour cette bonne raison, n'a pu qu'en tomber folle amoureuse.

Sonny devait souffrir la présence d'un certain « Red », abominable raté qu'on avait ainsi surnommé à cause de la rougeur excessive de sa trogne et de sa tignasse, et qui passait le plus clair de son temps au pieu, bichonné par Peggy, son esclave d'amour, laquelle, l'encourageant à ne pas bouger le petit doigt, s'occupait de tout, sauf lorsqu'elle gisait, ivre morte, aux côtés de son crétin de rouquin dont le seul plaisir était d'exercer son autorité de beau-père en prenant, à tout bout de champ, Sonny comme tête de Turc – c'est d'ailleurs au cours d'une de ces séances de dressage que j'aperçus, enfin, les dents de Red. De quoi, à tort ou à raison, en déduire que ce pisse-froid pouvait grimacer un sourire, lui qui distribuait remarques cinglantes et revers de la main avec le flegme d'un joueur de poker (d'où ma surprise en entrevoyant sous l'ignoble rictus ce qui s'apparentait à des dents), de quoi encore en déduire que, bien avant que je débarque dans cette Maison de l'Entôleur, la timidité du petit vaniteux qui m'avait refusé de toucher à sa pelleteuse n'avait pu que se muer en une craintive inhibition.

Le caractère de Peggy s'accordait avec sa mollesse physique et, si tant est qu'elle eût été autrefois une bonne mère, son regard las et égaré indiquait qu'elle avait abdiqué ; pourtant, elle s'évertuait toujours à vouloir protéger Sonny, mais la plupart du temps elle lui prodiguait le navrant spectacle d'une tendresse plaintive ; et même si sa détresse s'expliquait par sa rupture douloureuse d'avec Blackie – parti avec une femme plus jeune, plus riche, donc mieux à même de le séduire en mettant tous les atouts de son côté – et par sa morne dépendance à la bouteille et à son amant, il y avait belle lurette que Peggy avait sombré dans un profond fatalisme. Aussi la plus grande preuve d'amour qu'elle était encore en mesure d'offrir à Sonny se résumait à un geignard : « Il faut se contenter de ce que la vie nous donne ! » En revanche, la mère de Bobby Ragdale – Alma, Thelma, ou ce que l'on voudra qui y ressemble – était tout autre : ferme mais douce, veillant à ce que son casse-cou de fils ne manquât de rien quand il le fallait, et quoiqu'elle-même ne se privât pas de compagnie masculine (avec le temps, je m'en rendis compte quand, frappant à sa porte, souvent close, je me faisais répondre d'aller voir ailleurs si Bobby y était) elle se débrouilla pour que son fils ne lui chipotât jamais son respect, si bien que, même après qu'il fut devenu un jeune homme, elle continua à lui en imposer. Quant à ma propre mère, avec un Jim qui ne lui obéissait pas, avec sa petite Shirley qui n'arrêtait pas de pleurnicher, puis, quand elles sortirent de l'orphelinat de la Reine du Ciel, avec les accaparantes Mae et Betty (bien qu'adolescentes, elles continuaient de mouiller leurs lits), sans compter cette kyrielle d'amères tracasseries sentimentales, financières, et de santé, qui marquèrent les dernières années de sa chienne de vie, elle eut trop à faire pour me manifester de façon sensible son affection. Certes, je me doutais qu'elle m'aimait, mais je comprenais mal qu'elle me privât de caresses. Trop hébétée de fatigue pour être sensible à mon besoin de tendresse, elle se montra avec sa progéniture aussi chiche d'émotions que Peggy avec son fils ; que m'importe que l'une fût sobre et l'autre alcoolique, le résultat est là : ma mère jugea parfaitement inutile de s'occuper, voire de se préoccuper, d'un « bébé » qui poussait si gentiment. Et voilà, pourquoi, après sa mort, je n'ai pas davantage réclamé de marques d'attention, et pourquoi j'ai continué, sous l'empire tyrannique de mon frère Jack, à incarner ce type d'enfant en tous points conforme à la dure loi du « fais-toi voir mais ne l'ouvre pas ». En résumé, et bien qu'elle fût la plus aimable, la plus douce des femmes que j'aie connues dès lors que j'oublie son indifférence et que je ne tiens compte que des compliments que j'ai entendus sur son compte, il n'en demeure pas moins que je n'ai pas eu ma part d'affection ; reste qu'il est incontestable, je le répète, que jamais personne n'a médit de ma chère mère.

Parce que notre trio était le seul de son âge – les autres garçons avaient plus de douze ans –, Bobby, Sonny et moi-même, nous fûmes, comme seuls les enfants peuvent l'être, les témoins privilégiés de la folle animation qui régnait dans la Maison de l'Entôleur, même si cette vie en autarcie ne manqua jamais de susciter entre nous la plus acharnée des compétitions. Par chance, s'agissant princi-palement de savoir lequel était le plus agile, le plus fort, et le meilleur grimpeur, je les devançais en tout, ne leur laissant neuf fois sur dix d'autre possibilité que de se battre pour la deuxième place ; ainsi à la barre fixe où j'arrivais à faire trente-cinq ou quarante tractions, et seule la trop large section des tuyaux du sous-sol, que nous utilisions à défaut de traverses adéquates, m'empêchait, en réduisant à presque rien ma prise de main, d'atteindre un score plus élevé, car, très peu de temps après, sur le terrain de sports de l'école, j'ai souvent dépassé les cinquante.

Il y avait aussi une échelle d'incendie dont le premier barreau était trop haut pour que nous puissions, depuis le trottoir, l'atteindre et grimper ensuite jusqu'au sommet, mais, heureux hasard, cette échelle passait à proximité de la chambre de Peggy, et pendant quelques semaines on entendit plus d'une fois Red laisser exploser sa colère et nous hurler de lui lâcher la grappe. Mais, lorsque la nécessité l'obligeait à secouer sa flemme, comme pour aller se nourrir (ce qui lui arrivait assez souvent), ou pour se traîner, en maudissant la terre entière, jusqu'aux toilettes qui se trouvaient sur le palier, la voie était libre et, bondissant par-dessus le foutoir de son lit, nous passions alors par la fenêtre et sautions sur la palpitante échelle, direction le toit et ses sensations fortes. Une fois que j'y étais monté tout seul et que j'en redescendais après m'être laissé aller à la béate contemplation de Denver enfoui sous la neige, d'où ne surnageaient que les cimes déplumées de quelques grands arbres, il me sembla plus prudent de jeter un œil à l'intérieur de la chambre avant de m'y introduire. Je fis bien car Red et Peggy étaient en train de s'en donner à cœur joie, et j'en fus si perturbé que c'est seulement après avoir joué les voyeurs, assez longtemps pour être frigorifié, que m'obligeant à rassembler tout mon courage je me résolus, en serrant les dents, à sauter d'un bond énorme par-dessus l'immonde spectacle de ces chairs si convulsives que le lit ne parvenait pas à les contenir. Ni Bobby ni Sonny n'imitèrent jamais mon geste héroïque ; mieux, ils doutèrent de sa véracité ; n'empêche que j'avais désormais conscience de les dominer non seulement en sautant mieux que n'importe lequel d'entre eux mais aussi en étant le seul du trio à avoir été le témoin d'une partie de jambes en l'air, à moins que, bien sûr, ils n'eussent, eux aussi, assisté, quoique j'en doute, à un accouplement et qu'ils ne me l'eussent caché – moi même, d'ailleurs, je m'étais refusé à leur raconter en détail ce que j'avais vu depuis la fenêtre.

*

C'est à peu près à cette époque, début 1933, qu'une autre fille (la deuxième ou la troisième) entra dans ma vie et que j'établis avec elle une liaison qui s'avéra durable, et beaucoup plus fructueuse que n'importe laquelle de ce type, ne serait-ce que parce qu'elle influença en profondeur ma sexualité, en me permettant de compléter mon instruction ; par l'ascendant qu'elle eut tôt fait d'exercer sur moi, elle se comporta en initiatrice exigeante, m'associant épisodiquement jusqu'à la puberté à un certain nombre d'expériences révélatrices que peu de gamins de mon âge auront connues. Tout commença avec les grands froids quand il nous fut impossible, le soir, d'aller jouer dehors : réfugiés dans le hall de l'immeuble, assis l'un contre l'autre au pied du grand escalier, nous chantions de nos voix fluettes, quoique avec entrain, *The Red River Valley*, mais sitôt après « On dit que tu vas quitter cette vallée », maîtrisant mal ma joyeuse surexcitation, je filais me tapir sur les marches qui conduisaient au petit coin. Et de là, après qu'elle en fut arrivée au couplet sur ce cow-boy qui jure n'en chérir qu'une seule, laquelle lui répond de « descendre de cheval et de venir la rejoindre s'il dit vrai », il ne me restait plus qu'à sauter au bas des marches et, suivant à la lettre ses instructions, à la renverser en arrière. Au fil des années, cette petite comédie en entraîna d'autres, à l'intrigue de plus en plus embrouillée, si bien que nous devions faire attention de ne pas en omettre un détail quand l'envie nous prenait de les rejouer. L'essentiel était qu'elles se terminent par ces irrésistibles enlacements que son génie ne cessait d'inventer. D'un ou deux ans mon aînée, et bien moins inhibée que je ne l'étais, elle possédait une imagination si fertile qu'elle pouvait varier à l'infini nos furieuses étreintes à même le sol, et aujourd'hui encore c'est l'esprit en feu que je repense, sans avoir besoin de fouiller dans ma mémoire, à la plupart de ces figures complexes – mais en dresser la liste prendrait trop de place, et le temps presse. Disons qu'au mieux il aurait fallu les noter au fur et à mesure que nous les expérimentions, or nous avions mieux à faire ; aussi suffira-t-il de préciser que, dans notre extrême jeunesse, nous puisions notre inspiration dans des chansons telles que *There's a Tavern in the Town, Side by Side, Rainbow 'Round My Shoulder, Home on the Range, Moonlight and Roses, Around the Corner* (à cause de « et sous l'arbre un sergent-major me fait l'amour »), etc.

Fille unique d'une nouvelle locataire, Ann Sheehan, ma petite amie s'appelait Vera Cummings. Ann fut l'une des rares femmes (d'instinct, je dirais qu'il n'y en eut que deux) à lier amitié avec ma mère et à vivre, de ce fait, si près de nous qu'on aurait pu nous croire parents. Avant d'avoir Vera, cette femme d'assez bonne condition, d'ailleurs pleine encore de simagrées, avait accouché d'un fils handicapé. Venant tout juste d'avoir vingt ans, Harold était si horrible à voir qu'il me terrorisait même lorsque je m'y fus, autant que faire se peut, habitué : quand on saura qu'il n'arrêtait pas de se baver dessus (ses grosses lèvres crevassées convulsivement retroussées sur d'énormes canines jaunâtres – toutes poisseuses de restes de biscuit – que soutenaient mal des gencives qui dégouttaient de sang à force de se contracter) et qu'il n'avançait qu'en traînant ses pieds mal formés tandis que ses bras atrophiés brassaient l'air dans un effort désespéré, on ne s'étonnera pas que, de le sentir près de moi, j'en perdis toute contenance, trop troublé pour prêter attention à son regard implorant ou même pour faire semblant d'écouter ses grognements gutturaux et vides de sens, d'autant que, l'aurait-on voulu, on n'aurait rien discerné d'intelligible dans les sons qu'il se forçait soudain à émettre. Harold était né de l'union de la toute jeune Ann avec son premier mari, « le seul homme qu'elle ait vraiment aimé », et qu'elle évoquait avec respect d'un œil mouillé, probablement, je l'en suspecte aujourd'hui, parce qu'il était mort avant qu'elle fasse son ordinaire de la marijuana et du gros rouge, et d'ailleurs, en revenant à tout propos sur ce décès pathétique, elle justifiait, par ce qui n'apparaissait plus que comme un enchaînement de cause à effet, l'inéluctabilité de sa dégringolade.

Vera n'avait vu le jour que douze ans plus tard d'un père irlandais et « bon à rien » qu'Ann rendait responsable de sa chute définitive, si bien qu'elle l'accablait d'ordurières – « Crèverait-il de soif devant moi que je ne lui pisserais même pas dessus ! » – ou de fielleuses invectives – « Comme je voudrais le voir rôtir en enfer ! » Résultat : à Vera le nom de ce maudit, à Harold et à sa mère (ce qui s'expliquait moins), celui du regretté Sheehan. Avec ses grosses lunettes et ses cheveux clairsemés, à la couleur changeante (tantôt normalement gris, tantôt, sous l'effet d'une mystérieuse teinture, d'un bleu argenté, voire d'un extravagant blond doré), Ann ressemblait désormais à une vieille corneille revêche. Elle croassait du matin au soir, ne manquant pas une occasion, de sa voix éraillée par l'alcool, mais aussi sentencieuse qu'un prédicateur, de nous détailler, à Vera et à moi, toute une litanie d'*interdits* (jamais le moindre propos positif) et, bien que, selon sa conviction maintes fois réaffirmée, l'expérience instruisît plus sûrement que le conseil, elle n'avait de cesse de nous indiquer, en faisant montre d'une autorité illégitime (quitte à couvrir avec obstination la moindre objection de ma mère par un flot de criailleries), ce qui pour nous était le meilleur, puisque, pour avoir vécu assez longtemps (mais *pas trop*, n'est-ce pas ?), elle connaissait tout ce que les enfants ignoraient.

*

Mes frères Ralph et Jack m'avaient déposé devant la porte du 38, la première sur la gauche après le grand escalier dont ils m'avaient fait grimper la douzaine de grosses marches de brique et de ciment. C'est donc dans cet appartement – pas des plus engageants même en comparaison de ce qui était le lot commun des autres locataires de la Maison de l'Entôleur – que maman, alors âgée de quarante-trois ans, Jimmy, qui allait sur ses douze ans, Shirley, tout juste trois ans, et moi, bientôt sept, avons vécu la turbulente année scolaire 32-33. Nettement mieux cependant que le Metropolitan, ce nouveau foyer comptait, en plus d'une kitchenette où se caser tous à la fois tenait du prodige, une grande pièce commune, haute de plafond et moquettée malgré ses murs en piteux état, et c'est d'ailleurs sur l'un d'entre eux que s'ouvrait la porte vitrée d'un placard, à l'intérieur duquel on trouvait un panneau de bois rectangulaire orné en son milieu d'une poignée que l'on tirait pour en faire sortir, en dépit de ses roulettes toujours coincées, un grand lit sur lequel nous dormions tous, excepté Jimmy, qui avait une paillasse dans un coin, et les quelques visiteurs nocturnes généralement éméchés. Bien malgré moi, j'ai souvent dû faire un autre usage de ce lit, étant donné que Jimmy n'a jamais hésité à m'y emprisonner, mais en se gardant bien de laisser éclater sa joie satanique car il se doutait que ses rires n'auraient pas manqué de révéler à notre mère ses mauvais instincts. Lorsqu'il lui prenait la fantaisie de repousser sans me prévenir le lit, celui-ci venait s'encastrer dans le mur, ne me laissant dès lors qu'une petite quarantaine de centimètres au-dessus de ma tête ; aussi, outre l'impossibilité de me redresser, je me trouvais condamné dans l'obscurité la plus totale à contenir ma respiration, mais ce n'était pas tout, deux autres motifs d'inquiétude me tenaillaient : primo, si j'appelais au secours, Jim m'aurait à coup sûr filé une déculottée, et, secundo, à supposer que malgré tout je me mette à crier, le peu d'oxygène dont je disposais se serait vite volatilisé.

Sur la mort par asphyxie, j'en connaissais un rayon depuis le film que j'avais vu en compagnie de mon papa. L'intrigue reposait sur un scélérat qui avait drogué, Dieu sait comment, des jeunes filles afin de les photographier dans des poses compromettantes et de les faire ensuite chanter. Par inadvertance, mais sans doute le jouet de sa cupidité, il s'était laissé enfermer dans la chambre forte, aussi vaste que celle d'une banque, du père de l'une de ses victimes, et on le voyait suffoquer, se presser la gorge, comme s'il avait voulu garder encore un peu d'air dans ses poumons, quoique, dans les cinq dernières minutes, il en réchappât. Mais il ne le devait qu'à l'intervention du héros, fiancé de l'une des filles photographiées à demi dévêtue (languissamment étendue, après avoir été bernée, droguée et violée), qui s'était démené pour convaincre le père, traumatisé, ivre de vengeance et, comme de bien entendu, farouchement antipornographe (le seul aussi à connaître la combinaison de la chambre forte), d'en ouvrir la porte, pour le salut de son âme mais également pour ne pas avoir d'ennuis avec la police, et cela en dépit du fait que cette canaille de maître-chanteur aurait mérité de mourir afin que les bonnes mœurs et la loi du talion fussent respectées.

Autre chose encore : alors que, ruisselant de sueur, j'étais coincé dans ce piège étouffant duquel Jim ne me laissait parfois sortir qu'après des heures d'asservissement muet (il fallait alors le voir, masquant sa jubilation sous des airs atrocement méprisants), mon imagination continuait de travailler : ainsi je tremblais de peur à l'idée que l'immeuble s'écroule et m'écrase sous l'effet, par exemple, d'un incendie (car je n'ignorais tout de même pas que Denver n'était pas situé dans une zone sismique).

Il arrivait aussi que, dans ma claustrophobie, intervienne un facteur si original que je ne sais comment le définir sinon par un chambardement de mon horloge intérieure, comme si un rouage, hors de son pivot, tournait à contresens dans un recoin de mon crâne, et dont la vitesse montait progressivement jusqu'à évoquer la vibration d'un ventilateur, lui-même tourbillonnant en sens contraire, et de plus en plus difficile à supporter. Au vrai, c'était tout bonnement la conscience que mon temps intérieur avait, par degrés successifs, vu son rythme multiplié par trois, et tandis que s'opérait cette transformation, je ne pouvais, n'étant pas en mesure de la comprendre, que me la figurer sous l'apparence d'un objet virevoltant à l'intérieur de ma tête, ce qui n'était cependant pas le plus mauvais moyen de visualiser cette vertigineuse sensation. Mais, à bien y réfléchir, je vivais ce moment exactement comme il fallait le vivre – une étrange, et agréable, accélération de ma sensibilité, quoique assez dérangeante et illogique, en particulier lorsque je m'efforçais de la nier et de renouer avec la réalité. Tout au long de ma première année dans la Maison de l'Entôleur, cette intempestive modification de la marche du temps se joua de moi sans que je puisse échapper à son étourdissante spirale (toutefois, je n'en ressentais les effets qu'à l'intérieur de ma prison matelassée, et pas toujours qui plus est). Ce n'est qu'une bonne vingtaine d'années plus tard que j'ai retrouvé de telles vibrations (mais déclenchées par d'autres stimuli, telle la marijuana), sauf que j'ai pu alors les supporter, les cerner, et que j'ai découvert, en me concentrant au maximum, de quelle façon interrompre, voire circonscrire, mais hélas ! que quelques instants, cet emballement du temps. Et voici comment : il me fallait faire le mort afin de ne rien perdre du bourdonnement grandissant de mon oreille interne, à croire qu'on manœuvrait un levier de vitesses et que s'engrenaient, par quelque mystérieux mécanisme, les pignons de mon cerveau, et ce jusqu'à ce que le flux torrentiel du temps, maintenant déchaîné, fît surgir de fulgurantes images kaléidoscopiques, aussi nettes que le permettait leur rapide succession, et d'ailleurs tout allait si vite qu'au mieux je parvenais à en identifier une seule avant que la suivante ne la chasse – raison pour laquelle il m'était si difficile de prolonger de telles séances, car n'importe quelle agression extérieure, fût-ce un bruit, remettait en cause mon inertie musculaire, et m'empêchait de rationaliser ces bouffées délirantes, de sorte que j'ai dû me satisfaire d'avoir pu conserver dans ma mémoire la trace évanescente de ces visions pénétrantes et singulièrement lapidaires, à défaut d'en avoir diagnostiqué la cause, saisi le processus et imaginé le remède.

Je signale que, sur ce sujet, de nombreux écrivains, parmi lesquels Céline et William Burroughs, ont rapporté avoir été, dans leur petite enfance, la proie de fièvres (?) aussi inexplicables qui exacerbèrent pareillement leurs sens. Peut-on envisager que des médecins se penchent un jour sur ces visions foudroyantes, à jamais inoubliables, et qui tiennent de l'hallucination ? Peut-être qu'il s'agit, en concluaient-ils, d'une banale fièvre infantile comme il existe la colique des trois mois ? Peut-être, mais si on passait à autre chose ?

D'accord, mais pas avant de vous avoir, concernant mes séjours en cellule capitonnée, livré un dernier détail (moins significatif, je le concède, que les précédents, mais que n'explique pas le hasard seul). Sachez donc que, dans cette même période, j'ai eu la gale, dont on dit qu'elle accompagne parfois l'âge de raison, et, bien qu'elle se fût pour l'essentiel localisée entre le pouce et l'index de ma main droite, dans une zone des plus étroites, je peux vous certifier qu'elle m'a fait, malgré les applications de benzoate de benzyle, autant souffrir que si j'avais été brûlé jusqu'à l'os.

Et pourtant mon caractère, et donc mon courage, a été soumis à plus insupportable, plus éprouvant, que cette fièvre hallucinatoire (appelez-la différemment si ça vous chante) ou ces démangeaisons, et là encore, je le dois à Jim qui m'aura sous la menace obligé à m'en prendre plein la gueule. Mon principal adversaire était un Mexicain de neuf ans, plutôt petit pour son âge. Il s'était mis d'accord avec mon frère – en réalité, c'est Jim qui, profitant de sa timidité, avait tout manigancé – pour m'enseigner l'art et la manière de placer quelques coups défendus, et tandis que je dégustais, droit sur mes jambes (car sitôt que je pliais les genoux pour aller au sol, il me redressait d'un uppercut), je n'étais hanté que par une seule et unique question : « Pourquoi Jim fait-il ça ? »

Voilà maintenant deux ans, comme je passais par Kansas City où ce cher frère mène la typique existence du courtier d'assurances qui a tout raté (rejoignant en cela Neal senior, son beau-père), je la lui ai enfin posée, cette question, au cours de notre bref, et orageux tête-à-tête, le premier depuis une éternité. Il m'a répondu qu'à compter du jour de ma naissance il m'avait viscéralement détesté pour l'avoir détrôné, lui qui allait sur ses cinq ans, de l'enviable position du petit dernier qu'on adore, et que jamais il ne me l'avait pardonné.

« Écoute, mec, chaque fois que maman se montrait gentille avec toi, il fallait que je te le fasse payer, et je l'ai toujours fait. » Ainsi donc son manque de maturité l'avait empêché de sentir que notre mère, de plus en plus débordée par les difficultés quotidiennes, s'était montrée avare de tendresse avec chacun de nous, et avec moi plus encore. Cependant, sa réponse m'a de nouveau convaincu qu'il avait, à l'instar de mes autres demi-frères, Ralph et Jack, développé très tôt ce penchant immodéré pour la violence physique – il n'y aura eu, soulignons-le, que l'aîné, Bill, pour y avoir échappé (alors que ses frères étaient la plupart du temps hargneux et prompts à donner du poing, lui, il respirait la joie de vivre et l'humour, que n'entachait que son cynisme de barman), grâce sans doute au fait qu'il aura été le seul à pouvoir passer son enfance au sein d'une famille alors puissante, aux côtés d'un père, maire d'une grande ville, Sioux City, et d'une mère tendrement éprise de son époux. Oh, autre chose qui me revient en mémoire : Jim a fait une belle petite carrière de boxeur ; champion de son centre d'éducation surveillée (que je fréquenterai moi-même plus tard), puis numéro un des poids moyens, 75 kilos pour 1,88 mètre, à l'armée, dans l'équipe de Joe Louis, quand il a rejoint Fort Riley, au Kansas. (Je l'ai vu remporter un superbe combat une fois que j'avais fait un détour pour le saluer – de fait, je ne m'étais résolu à interrompre mon périple en auto-stop que pour assister à la rencontre.) Quand une bagarre éclatait dans un bar, il pouvait s'en prendre trois ou quatre à la fois et les mettre K.-O., comme me l'a raconté, avec gestes à l'appui, mon frère Jack, des années après. Sur ce plan-là, j'ai toujours admiré et jalousé Jim, mais je l'ai tout autant détesté quand il donnait libre cours à son abominable sadisme. Bien sûr, ce trait de sa personnalité était des plus logiques, si l'on tient compte qu'il y avait été poussé par le spectacle de ses frères, et plus particulièrement par Ralph, qu'il souhaitait alors imiter en toutes choses. (Il y a d'ailleurs eu entre Jim et moi, quand nous étions enfants, de véhémentes discussions pour savoir lequel de nos aînés était le mieux bâti. Ma préférence allait à Jack tandis que Ralph fascinait Jim qui avait à l'emporte-pièce qualifié Jack de « vieux toquard », se vantant même de pouvoir le dérouiller, ce que jamais il ne fit car, avant d'avoir atteint l'âge où il aurait pu se mesurer à lui, Jim s'était détourné de « Ralph la grande gueule » et ne jurait plus que par ce « bon vieux Jack ».) De surcroît, Jim avait une excellente raison de ne pas déplaire à ses aînés en adoptant leur bestialité : dans la Maison de l'Entôleur, les frères Daly ne comptaient pas pour du beurre, on les craignait comme la peste, voilà tout.

Ralph, le meneur, occupait au sous-sol l'appartement n° 3 avec sa femme, Mitch la trouillarde, et le premier de leurs enfants, un garçonnet de quatre ans, choyé comme pas deux, qui répondait au prénom de Robert (mais qu'on aura, sans qu'on sache pourquoi, appelé, sa vie durant, Murphy), et qui, pour s'être cassé la jambe, s'ingéniait à semer la pagaille avec son plâtre aussi redoutable qu'une machine de guerre. Mais la fête n'aurait pas été complète sans Jack, le fidèle second, sauf qu'il préférait en règle générale aller dormir dans un immeuble voisin quand il ne traînait pas en ville au bras d'une certaine Lois Chamber, grande blonde ravissante et sœur aînée d'une dénommée Rita qui finit, l'année d'après, par le lui piquer et l'épouser avant même de se laisser culbuter (du moins, si l'on se fiait à Jack, qui tirait la langue devant sa poitrine hors norme – plus de cent un centimètres). Les deux frères avaient réussi à rassembler une petite bande de jeunes voyous, assez bêtes ou assez paumés pour admirer leur force et vouloir leur ressembler, tant et si bien qu'ils considérèrent bientôt comme un immense honneur de participer aux descentes armées sur les tripots « ritals » qui n'étaient tout au plus que des arrière-salles de bistrot, situées pour la plupart dans le quartier italien, c'est-à-dire en dehors des limites nord de Denver – et là, tandis que les gamins faisaient voler en éclats les portes, Ralph, fier comme un coq, braquait sur les joueurs de craps son fusil à canons sciés. Le plus jeune de la bande, une petite frappe du nom de « Red » Bennett, se prit d'amitié pour Jim et devint, des années plus tard, son professeur de prédilection. C'était une brute, pas franchement antipathique, qui m'apprit, je m'en souviens, les paroles de deux vieux airs de jazz, *Chinatown* et *Dinah*.

Il y avait encore, collant à Jack comme à son ombre, un autre Jack – Halverson de son nom de famille – dont la mère n'arrêtait pas de reprocher à mes frères, ce en quoi elle ne se trompait pas, « d'exercer sur son bébé une détestable influence », et dont la jeune sœur, dite « Patte folle », fut la meilleure amie de la mienne, Betty, dès sa sortie de l'orphelinat. N'oublions pas non plus Clinton Frank, le plus sauvage d'entre tous, sans doute parce que le destin s'acharnait contre lui, l'expédiant impitoyablement en prison entre deux intérims dans un fast-food. (N'avez-vous d'ailleurs pas remarqué qu'on s'arsouille volontiers dans un tel milieu ? Et que du fourneau à la fauche la voie est des plus étroites ? Toutes choses étant égales, il se peut que cette tendance découle du sentiment de se faire avoir quand, harcelé par la clientèle, on passe ses journées le nez dans les bacs à friture.) Alors que je venais d'avoir dix ans, j'entendis, nature toujours aussi impressionnable, Clinton confesser, les larmes aux yeux, à mon frère Jack sa profonde mélancolie quand il lui arrivait de chantonner dans sa cellule, là-bas en Californie, un air alors tout récent de Duke Ellington, *In my Solitude*, que j'avais moi-même découvert et aussitôt adopté. Clint devait prématurément terminer sa triste et imparfaite carrière au fond d'un ravin des Rocheuses, écrasé sous le poids de la voiture qu'il avait volée et que, dans son ivresse, il n'avait pas su redresser à la sortie d'un virage en épingle à cheveux.

Sur la méthode Daly, voici encore du saignant : parce que Mitch s'était sentie insultée par les regards lourds de concupiscence d'un « gros nègre vicelard », Ralph et un de ses hommes, Seth Thompson, un frappé intégral – justement surnommé, à cause de ses dingueries, « Dem » (pour dément) – décidèrent d'aller faire un carton dans Five Points, le ghetto noir de Denver, qui n'était pas très loin de chez nous. Partis pour châtrer le bouc malfaisant, leur expédition tourna au fiasco par la faute de Seth qui, image même de la surexcitation, la bave aux lèvres et incapable de tenir en place, n'arrêtait pas, à l'arrière de la vieille Nash Touring, de caresser la détente de son shotgun ; aussi arriva-t-il ce qui devait arriver : une assourdissante détonation en pleine course. La décharge laboura le dossier du siège avant sur lequel avait pris place le petit Murphy, à moins que ce ne fût Mitch, car Ralph avait insisté pour qu'elle les accompagne dans leur raid punitif afin qu'elle identifie le satyre (tâche manifestement au-dessus de son intelligence) avant qu'ils l'embarquent pour « une ultime balade ». Et si, par bonheur, personne ne fut blessé, c'est parce que les sièges de cette vieille Nash avaient été pourvus d'une plaque de blindage qui stoppa net la progression des chevrotines. À la même époque (début 1933), Ralph fut suspecté de meurtre et arrêté, car il correspondait assez bien au portrait-robot de l'assassin : 90 kilos pour 1,83 mètre, forte carrure, cheveux noirs et yeux marron, visage tanné mais traits réguliers, et ainsi de suite. Après deux ou trois jours d'interrogatoires serrés, où les flics lui en firent voir de toutes les couleurs, on trouva le vrai coupable, et Ralph fut relâché. « Le cul bordé de nouilles », telle fut sa conclusion.

Quant à ma deuxième année de scolarité, il ne m'en reste guère de souvenirs, sinon trois incidents, d'importance inégale, tous liés à l'itinéraire que j'empruntais pour relier mon nouveau domicile à l'Ebert School. De mon séjour au Metropolitan, j'avais conservé l'habitude de ne jamais prendre le chemin le plus court. Et donc, depuis la 26e, au bas du bloc faisant angle avec Champa Street, et que j'ai déjà décrit, je commençais par contourner une suite de garnis lézardés. Puis, laissant sur ma gauche, en retrait de l'*Avery*, un terrain vague, je me dirigeais vers la 25e jusqu'à la hauteur d'une gargote, *The Style Inn*, au coin de Stout Street que je descendais, sans un regard pour ses façades, avant d'arriver à l'angle de la 24e, avec son épicerie, ses immeubles-dortoirs et son bistrot mal famé. De là, je mettais le cap sur un autre terrain vague, après lequel on découvrait le grand dôme moderne, sur California Street, d'un temple réservé aux Noirs, puis, derrière sa pelouse, l'énorme masse, près d'un demi-bloc, du réservoir de gaz naturel, et, encore derrière, le terrain de base-ball où, dès que j'aurais un moment de libre, je reviendrais, au fil des années, jouer. Quoiqu'il fût souvent boueux, cela ne m'a jamais empêché de mettre à profit son absence de clôtures pour couper à travers et rejoindre le carrefour de la 23e et de Welton, et de là passer devant la fabrique de meubles modern style avec sa cheminée puante et sa ruelle adjacente, au fond de laquelle se trouvaient, vous l'avez deviné, la fameuse échoppe du vieux cordonnier et le premier salon de coiffure de papa. Venaient ensuite un entrepôt de réfrigérateurs et un immeuble inoccupé, si ce n'est, sous ses arcades, par toute une série de boutiques qui avaient pris, comme à Paris, la place d'anciennes maisonnettes desquelles avaient été conservés les encadrements de bois aux fenêtres et jusqu'aux petits toits mansardés, que je ne longeais que pour rattraper, d'un bon pas, une ruelle, et n'accordant d'intérêt qu'à une seule de ses vitrines, la plus importante à mes yeux (et pour n'importe quel gosse normalement constitué), une confiserie que tenait, en compagnie d'une centaine de chats, une vieille femme puante, qui souvent me chargea, par la suite, d'aller lui chercher du foie pour ses animaux et qui m'en récompensait tantôt avec des sucreries hors d'âge, sans saveur, et si dures qu'un requin y aurait perdu ses dents, et tantôt avec des bâtons de réglisse décolorés et véreux. Quoi qu'il en soit, il ne me restait plus qu'à dépasser un demi-bloc de maisons bâties à l'identique pour atteindre Glenarm Street et mon école. Au total, j'avais à parcourir la distance d'une demi-douzaine de blocs ; le matin, ça me prenait le double de minutes, et le soir, en rentrant, il m'est arrivé de multiplier par quatre ce chiffre, en particulier lors des trois incidents qu'il me faut à présent vous relater.

Les deux premiers ne sont que de simples péripéties – et je ne les rapporte ici que parce que je ne me souviens pas de grand-chose d'autre concernant cette année scolaire à l'Ebert –, le troisième, d'ailleurs, n'est guère plus exceptionnel, sauf qu'il s'associe, par le dégoût et la peur qu'il a fait naître en moi, à l'épisode le plus pénible de mon enfance. Qui sait d'ailleurs si, en ne gardant à la mémoire que ces trois petites choses, somme toute banales, excepté, je le répète, la dernière (et encore, je n'en jurerais pas), je n'ai eu d'autre souci que de pouvoir montrer de quelle façon un Américain de sept ans faisait, au début des années 30, son entrée dans la vie ?

Entre Stout et California, sur la 24e Rue, en bordure de l'allée (je suppose que vous avez compris qu'à Denver on trouve, au milieu de chaque bloc, une allée de six à dix mètres de large – c'est d'ailleurs une des rares grandes villes des États-Unis à offrir une telle particularité mais l'enfant que j'étais, loin d'avoir encore sillonné le pays, pensait que partout ailleurs il existait des endroits comparables, si propices à la flânerie, et ne pouvait en apprécier la rareté à sa juste mesure), s'apercevait une masure où ne logeaient que des Noirs, et que flanquaient de misérables W.-C. dépourvus de la moindre porte. Un après-midi, alors que je rentrais chez moi, ne voilà-t-il pas que, saisi d'une colique aiguë, il me fallut dénicher de toute urgence un endroit où vider mes entrailles. Mais je me voyais mal pénétrer dans les immeubles avoisinants et utiliser leurs toilettes, et je ne savais plus trop où aller tandis que je traversais, à grands pas précipités, le terrain de base-ball, soudain trop vaste. Comme par miracle, j'entrevis alors la solution et, sans hésiter, je fonçai vers ces W.-C. ouverts à tous les vents, de sorte qu'angoissé de devoir satisfaire là ce besoin pressant, je fis, en me bouchant le nez, ma première découverte, à savoir le peu de commodité de ces cuvettes à l'ancienne dont le siège ne s'abaissait que grâce à un contrepoids, ce qui entraînait un torrent d'eau tout le temps qu'on y restait assis. Ma crainte d'être surpris par les Noirs qui habitaient le taudis contigu autant que l'irritation que me causait ce jet continu sur mes fesses me dégoûtèrent longtemps des chasses d'eau, surtout quand j'étais tranquillement installé sur le trône, et cela dura jusqu'à ce que Jack cessât de s'occuper de moi.

Ma deuxième expérience se rapporte à une journée d'hiver, et au froid que je m'étais résolu à stoïquement affronter en ne fourrant pas mes mains dans les poches, afin de me prouver que je pouvais le faire sans pleurnicher. Et si, malgré tout, il me vint l'envie de gémir (quoique à mes yeux ça comptât moins que de se plaindre), je ne desserrai pas les dents, de sorte que j'atteignis la Maison de l'Entôleur, fier d'avoir respecté mon pari. Une fois chez moi, ma mère, sans réfléchir aux conséquences, me passa les mains sous l'eau chaude pour les dégeler, et seule l'intervention providentielle d'un tiers, qui se précipita pour fermer le robinet, m'épargna d'abominables hurlements. Voilà comment ce deuxième incident m'apprit que mieux vaut traiter le froid par le froid.

C'est en revanche par une belle journée de mai que j'eus ma troisième révélation, de loin la plus importante. Comme je débouchais du terrain de base-ball et que je m'apprêtais à traverser la pelouse, derrière laquelle se profilait le réservoir de gaz, je fus interpellé par un maniaque sexuel assis sur le rebord du trottoir. La quarantaine longiligne, il me posa d'emblée la question suivante : « Ça te dirait que je te donne quelque chose à sucer ? » « Quelle chose ? » lui demandai-je. « Une chose qui te restera longtemps dans la bouche », dit-il. « D'accord. » « Mais d'abord, enchaîna-t-il, laissons passer tes copains d'école, inutile de faire des jaloux. » Ça me parut logique, aussi m'assis-je à côté de lui et, pendant une demi-heure, l'écoutai-je me vanter les qualités de cette chose merveilleuse que tous les enfants aimaient sucer, en particulier les gosses de Curtis Street. À l'en croire, elle avait le goût de la fraise quoique sa grosseur la rendît difficile à lécher ; à ces mots, je l'interrompis, voulant savoir si elle coûtait plus cher qu'un penny, et aussi, me semble-t-il, comment il pouvait m'offrir une chose qu'on ne trouvait pas à la confiserie de Welton ; à quoi il rétorqua que la sucette extra-large dont il allait me régaler ne se comparait à rien de ce qui se vendait dans le commerce. Cette conversation se poursuivit ainsi jusqu'au moment où, prenant conscience de l'heure et impatient de reprendre ma route, je lui réclamai mon dû. (Entre parenthèses, il est clair que je n'avais pas une seconde deviné le genre de douceur qu'il me réservait.) Comprenant que je n'attendrais pas plus longtemps, et jugeant en conséquence qu'il était temps de passer à l'acte, il me confia que la chose en question était bien à l'abri dans un box, juste derrière le temple réservé aux Noirs, et il se proposa de m'y conduire. Mais à présent j'hésitais, craignant qu'en ajoutant du retard au retard je ne me fisse enguirlander, et pourtant je le suivis jusque dans un endroit reculé où, sitôt la porte claquée, il m'entraîna dans un recoin, comme s'il voulait éviter que ma mauvaise volonté ne se transformât en farouche résistance. Puis, d'une voix nouée par l'émotion, il commença de me bercer de paroles lénifiantes mais, se rendant compte que j'y étais insensible et suffisamment tendu pour lui filer entre les mains, il se débraguetta d'un geste rapide et m'exhiba la « sucette ». D'instinct, je sentis qu'il fallait ruser et mis un genou à terre comme si j'acceptais de me soumettre – pour dire vrai, la déception autant que le sentiment d'avoir été piégé m'avaient tout de même assommé, bien que je restasse au fond de moi persuadé que je finirais par lui échapper –, et donc, accentuant encore ma fausse docilité, je me laissai complètement tomber à ses pieds et me concentrai sur le moment opportun où je pourrais bondir, me ruer vers la sortie et disparaître, et ce avant que se dresse devant moi la chose effrayante qui se tortillait entre ses cuisses efflanquées dont il ne saurait alors plus que faire.

3

Le grand jour arriva. Avec la fin de l'école, mon père put, aux termes de ce qui avait été convenu, réapparaître, et avec lui, malgré les récriminations de mes frères, la perspective de pouvoir regoûter aux plaisirs de l'existence – en principe, ce ne devait durer que jusqu'à la fin de l'été, mais l'automne et une bonne partie de l'hiver passèrent avant que je revienne chez ma mère. Sans avoir fixé un quelconque itinéraire, mais en mettant le cap à l'ouest, papa m'entraîna aussitôt avec lui pour une grande virée ; l'essentiel était de sortir de Denver et de ne se laisser arrêter que par les imprévus – à savoir le manque de fric et l'obligation d'en regagner, les amours de passage et les lendemains de beuverie, ou, tout arrive, les séjours en prison –, puis de reprendre la route avant qu'un autre contretemps nous immobilise. À peine avions-nous atteint notre première étape, Salt Lake City, que papa pleura comme un veau en se rappelant ce jour heureux de février où je vins au monde à l'hôpital du comté, et en comparant cette époque bénie avec la poisse dans laquelle, disait-il, il nous avait plongés, poisse qui nous rattrapa dans les heures qui suivirent notre visite, gratuite, du Tabernacle mormon.

Comment on en est arrivés là, je l'ignore, mais le fait est que mon père fut, cette nuit-là, arrêté pour ivresse sur la voie publique. Les flics m'embarquèrent aussi, mais, compte tenu de mon âge, m'attribuèrent une cellule spéciale. C'était un endroit terrifiant, principalement parce qu'il paraissait n'avoir été bâti qu'avec de l'acier ; en effet, contrairement à d'autres prisons moins modernes et, partant, plus humaines, celle de Salt Lake City ressemblait à une usine sidérurgique. Les fenêtres s'ornaient de barreaux à l'intérieur des cellules et d'un grillage à l'extérieur, et, en plus des portes, les escaliers, les tables, les tabourets, tout, absolument tout, jusqu'aux murs et aux plafonds, était fait, j'en suis convaincu, de cet alliage effroyablement sonore. Pendant trois jours interminables, je ne sortis de ma cage de fer que pour aller au réfectoire – pain et bouillie – en compagnie d'une vingtaine de garçons dont la plupart avaient été, je le pensais, enfermés là que pour s'être rendus coupables des pires méfaits, et que je considérais, dans ma candeur, comme d'authentiques repris de justice, du gibier de potence, d'où mes regards fascinés autant que craintifs. Les plus durs d'entre eux ne l'apprécièrent pas et, lors de ma première sortie sur la terrasse de la prison, ils me firent jouir du traitement réservé aux « novices » – du croc-en-jambe aux coups de poing et de pied, avant de me traiter en pestiféré. Ce qui ne m'empêcha pas, avec les moins inamicaux, de jouer au volley-ball. Outre que l'administration pénitentiaire ne tolérait pas d'autres sports collectifs, il faut savoir que le ballon était relié au filet par une longue corde afin qu'il ne passe pas par-dessus le parapet – et c'est ainsi que je m'adaptai à ma nouvelle situation, négligeant les rebuffades de mes compagnons, auxquels je ne pouvais m'identifier, puisque je les avais assimilés à de la mauvaise graine, voire des assassins.

Après les soixante-douze heures de garde à vue – le temps de vérifier s'il ne faisait pas l'objet d'un avis de recherche –, mon père fut relâché, mais à condition de quitter dans l'heure l'État, et il vint me chercher, rouge de confusion et de repentir. Nous piquâmes d'abord sur le sud, avant de remonter vers l'est, et en dépit de notre erreur d'orientation nous rejoignîmes Albuquerque plutôt rapidement. Reste que si c'est bien dans cette ville que nous avons campé pendant environ une semaine, elle ne m'évoque, tout compte fait, que les tortillas et les platées de haricots des pauvres familles mexicaines ainsi que les repas gratuits distribués le long de la voie ferrée, et grâce auxquels nous avons survécu.

De zigzag en zigzag, mais sans perdre de vue la côte ouest, nous finîmes par atterrir au nord de la Californie, juste au-dessus de Sacramento, sans que je puisse d'ailleurs dire comment (à coup sûr, guidés par le mirage d'un job), puis nous redescendîmes doucettement en direction de Los Angeles, *via* San Francisco – je ne suis pas près d'oublier l'excitante traversée en ferry-boat de la Baie depuis Oakland –, sauf qu'à San José, dans la vallée de Santa Clara, nous fûmes de nouveau séparés. Cette fois, la cause n'en était ni la malchance ni le code pénal, mais la bonté d'âme d'un riche solitaire qui supportait mal l'absence d'enfants autour de lui. Et pourtant, enfer et malédiction, je n'y ai pas trouvé mon compte, soit que je languissais après mon père, soit que je tremblais, plus souvent qu'à mon tour, d'être assassiné par ce rupin. C'était, je l'admets, une étrange supposition, voire un absurde soupçon, qui ne cadrait pas avec mon caractère, et moins encore avec ce que, du haut de mes sept ans, je savais de la vie – et d'ailleurs, je m'étonnais de nourrir pareilles pensées –, mais le résultat est là : durant toute la période passée sous son toit, et quoi que je fisse pour me raisonner, ma peur ne cessa d'empirer, et il m'arriva même, dans les derniers jours, de courir me cacher plutôt que d'avoir à supporter qu'il m'effleurât paternellement le visage ou l'épaule. Ne comprenant pas pourquoi il s'intéressait à moi, je me méfiais de lui à cause de son accent, de son apparence (et à cause de plein d'autres choses que j'ai rayées de ma mémoire) et, par exemple, je n'ai jamais pu croire qu'il fût fortuné car, malgré sa splendide demeure et son métier, à première vue, fort lucratif, les vêtements qu'il portait, d'horribles guenilles, ne correspondaient pas à l'idée que je me faisais d'un richard. Aussi ne retrouvai-je ma tranquillité d'âme qu'une fois loin de lui, lorsque je repris avec mon père la route, respirant de nouveau le délicieux parfum de liberté qui l'accompagne.

Je dois ce premier contact avec l'abondance, dont je me serais volontiers privé, à une de ces opportunités (du diable, si c'en était une !) que réserve parfois l'existence : les cueillettes de fruits avaient commencé et, comme on réclamait un peu partout des saisonniers, mon père décida de tenter sa chance afin de débarquer à L.A. avec un petit pécule en poche. Et voilà comment nous nous joignîmes, dans un parc du centre de San José, à une foule de loquedus venus se faire engager pour le ramassage des prunes, ou des abricots, et comment, quand notre tour arriva, le type qui se chargeait des embauches envoya paître mon père, sous prétexte, déclara-t-il, que le domaine agricole pour lequel il recrutait n'avait rien prévu pour les familles et, à plus forte raison, pour les enfants. Papa poussa une assez jolie gueulante sur le thème « mon fiston sait se débrouiller, il l'a toujours su, etc. », mais le contremaître lui opposa un

« veto » définitif et, se détournant, commença de s'occuper des suivants. Sauf qu'il en fallait davantage pour décourager papa qui repartit à l'assaut. C'est alors qu'intervint cet Italien entre deux âges, un plein de soupe répugnant avec son froc aussi distendu que graisseux, son T-shirt poisseux et ses grolles éculées que marbraient des centaines de taches d'huile (rapport à la chaleur, il ne portait rien d'autre quand il s'activait autour du gril de son bar-restaurant), et qui, pour avoir été le témoin de la scène, proposa à mon père de s'occuper de moi le temps qu'il se renfloue. En proie à une émotion qui frisait le grotesque, mon père ne se le fit pas dire deux fois et, aussitôt, au comble du bonheur, mais en prenant soin de s'excuser de devoir me quitter et tout en m'assurant de son éternel amour, il me pressa, malgré mes véhémentes protestations, d'accepter, et ce avec d'autant plus de persuasion que l'heure du départ pour la ferme approchait. Dans l'intervalle, le prétendu bon Samaritain avait réussi à nous attirer jusque dans son grill-room, et là, sous le regard gênant de ses clients, je perdis pied tandis qu'on me gorgeait de soda à l'orange. Dès lors, l'affaire fut bouclée en deux temps, trois mouvements, mon nouveau père – image souriante de la Grâce faite homme – nous offrit un dernier morceau que nous avalâmes sur le pouce, en l'arrosant toutefois de larmes. Puis, mon père grimpa dans un camion déjà plein à ras bord de marchandise humaine et, après un vague geste de la main, il fit de moi, pour le mois et peut-être davantage, un orphelin.

De ces jours déconcertants passés en compagnie de ce protecteur, certes bienveillant mais que je n'ai pas aimé, je ne me rappelle que peu de choses. Souvent, je traînassais dans son établissement, louchant vers l'arrière-salle et le billard, ou bien dans la rue, sous les arcades, près des machines à sous, ou encore dans le parc d'en face où mon père avait été embauché et sur l'herbe duquel j'allais, âme nostalgique, m'allonger, ressassant notre funeste séparation. Mais justement, à propos de ce premier jour, ô combien sinistre, je mentirais en cachant plus longtemps qu'il s'acheva mieux qu'il n'avait commencé et qu'à l'anxiété du début succéda la découverte de nouvelles sources de plaisir. Ce ne serait que plus tard, lorsque les agréments de ma nouvelle vie auraient, sous l'effet de la routine, perdu de leur intensité, que mon angoisse reprendrait le dessus, mais auparavant je me serais laissé emporter par des ivresses insoupçonnées. Telle mon attirance pour les belles choses – les voitures, en l'occurrence – qui s'éveillerait dès le premier soir, lorsque après avoir fermé le grill-room son propriétaire me ramènerait dans sa Cadillac V 16 flambant neuve jusqu'à chez lui. Et quel chez-lui ! Un manoir des plus impressionnants – mais, à force de ne penser qu'à travers le cinoche, je m'imaginai qu'il s'agissait, comme dans une série B, d'une arnaque à la Edward Arnold[1], et que l'Italien l'avait loué afin de m'en mettre plein la vue, idem d'ailleurs pour son mobilier tarabiscoté et, surtout, pour le lit, aussi grand qu'un paquebot, qu'on m'avait réservé, et beaucoup trop moelleux et trop immaculé pour que je tombe dans le panneau. De même, je ne fus pas davantage abusé par le succulent dîner que nous avait préparé, puis servi avec empressement, une femme que je pris pour son épouse puisqu'elle recommença le lendemain et tous les jours d'après ; j'ajoute qu'une fois que nous fûmes sortis de table on me conduisit dans les étages où une vieille

---

1. Acteur voué aux rôles d'escrocs et de politiciens véreux dans les années 30 et 40. Sternberg et Capra surent tirer profit de ses compositions. (*N.d.T.*)

dame, à l'évidence la mère de mon hôte, qui gardait la chambre, avait insisté pour que je lui fusse présenté. Quant à celle qui paraissait cumuler les emplois de cuisinière et de gouvernante, à supposer que sa nature volcanique s'en contentât, elle m'invita, charmeuse en diable, à goûter, dès ce premier soir, au vin capiteux qu'ils buvaient en mangeant mais, fidèle à l'attitude adoptée avec les copains de papa, je lui opposai à chaque fois un refus poli.

Tout cela aura peu compté en comparaison de la terreur, réelle je vous l'assure, qui s'empara de moi lorsque je fus convaincu que mon hôte venait, par une ruse démoniaque, de m'assassiner, et quoique je juge désormais cette histoire du dernier ridicule je me dois de l'évoquer tant elle me bouleversa sur le moment.

Un dimanche (n'étant pas homme à se croiser les bras en semaine, ce ne peut être qu'un dimanche), il m'emmena voir un terrain, plus exactement un verger. Et tandis que nous en faisions le tour, j'aperçus un fruit qui me parut étrange (j'ignorais jusqu'alors l'existence des figues) et lui demandai ce que c'était. Aussitôt il m'offrit d'y goûter, mais, par tous les saints, à peine eus-je mordu dedans que je courus vers la Cadillac, persuadé que j'allais mourir, traîtreusement empoisonné, alors que je l'avais vu cueillir le fruit à même l'arbre – entre nous, que j'aie cherché mon salut en me précipitant vers sa voiture ne s'explique sans doute que par ma conviction, encore plus effrayante, de ne plus jamais revoir mon père si je disparaissais dans la nature, à moins que, la première émotion passée, je n'eusse réalisé que mes jours ne pouvaient être en danger pour avoir avalé un peu de la pulpe granuleuse de cette figue trop mûre et si désagréablement surprenante au goût. Au reste, que m'importe la raison de ce coup de folie, il y a belle lurette que j'ai fait une croix dessus et que l'homme à la figue ne hante plus mes nuits.

D'autant que – comme s'il avait souhaité que s'achève en point d'orgue cette aventure bizarroïde – il me réserva, quand mon père vint me reprendre, une énorme surprise ; négligeant mon piteux comportement à son égard, ou l'ayant compris et pardonné, il se proposa tout à trac de m'adopter et de me payer des études afin que je profite de ce qu'il existait de meilleur avant d'hériter de son affaire ! Pour dire vrai, je ne me souviens plus très exactement de quelle façon nous avons décliné son offre mirifique ni comment nous nous sommes séparés de lui ; en revanche, je n'ai pas oublié que ce type, si singulier, m'offrit, en guise de cadeau d'adieu, un poignard au manche serti de pierreries et à la gaine ciselée que je conservai précieusement jusqu'à ce jour de l'année suivante où un pochard de l'hôtel Windsor, à Denver, me le vola afin de se payer de quoi boire.

*

Dès que je le vis ce jour-là, je sentis que papa tenait la grande forme, et qu'il ne le devait ni à l'alcool ni à tout autre expédient, mais, comme je finis par le découvrir, à une cueilleuse de fruits qui, redescendue à Los Angeles, l'y attendait. Et si grande était sa hâte de la rejoindre qu'il claqua une grosse partie de cet argent, si durement gagné, en titres de transport, mais ce faisant il me permit de monter pour la première fois dans un autocar et de me régaler de la vitesse à laquelle il relia San José au terminus de la ligne, à l'angle de Main Street et de la 6e Rue, dans le centre de L.A. Depuis la gare routière, papa passa un coup de fil et arrangea en cinq sec ses retrouvailles, de sorte que quelques heures après avoir perdu un riche papounet italien je me retrouvai lesté d'une pauvre mamounette californienne. À ceci près qu'il n'existait entre ces parents d'occasion pas le moindre trait de ressemblance puisque à la différence de sexe et de fortune s'ajoutait la présence d'un enfant de mon âge, vers lequel cette femme jetait à tout moment de longs regards langoureux qu'intensifiaient ses lunettes – et que l'objet de son amour lui retournait pareillement de derrière ses énormes verres correcteurs. D'une laideur affreuse, ce nouveau compagnon, et frère de lit, excellait à tous les jeux, quoique sa mère ne lui laissât guère la bride sur le cou (voilà d'ailleurs qui surprenait de la part d'une journalière de la Côte ouest, car elles sont connues pour se désintéresser, dans leur immense majorité, de leurs rejetons, surtout quand elles en ont une ribambelle, mais qui s'expliquait parce que ces deux-là avaient depuis toujours vécu au contact l'un de l'autre, et qu'il en était donc résulté une forte complicité sans que les sépare cette fausse autorité qu'elle se serait crue obligée d'exercer si elle avait eu d'autres enfants), et quoique, détail encore plus troublant, il louchât abominablement, si bien que je m'épuisais à ne pas le lâcher des yeux sans pour autant deviner à coup sûr où il portait les siens. Ensemble, nous allions nous vautrer au sommet de Bunker Hill (ce qui n'était pas très loin du logement tout à fait acceptable que nos parents avaient loué, un meublé je suppose), et là, assis sur un mélange d'herbe et de gravier, nous débattions, quant à la meilleure façon de tuer son prochain, des mérites respectifs de mon magnifique poignard et de son authentique, malgré sa rouille, calibre 32 (la seule chose qu'il eût héritée d'un père parti sans laisser d'adresse), mais, tandis que nous développions les points forts de nos armes – rien ne surpassait, selon moi, la silencieuse efficacité d'une lame –, je ne pouvais m'empêcher d'être impressionné par l'avantageuse situation de notre nid d'aigle au pied duquel miroitaient à perte de vue les lumières de la ville. À part ça, de mon éphémère belle-mère je ne me souviens de pas grand-chose sinon qu'un soir, alors que nous attendions je ne sais qui devant un drugstore, elle s'autorisa une grosse blague dont je n'ai retenu que la chute : « Grouille-toi, Napoléon, y a de l'orage dans l'air ! » D'ailleurs, quand je repense à mon séjour à L.A., six mois tout de même, ne me reviennent en mémoire que ses multiples et bruyants tunnels autoroutiers, illuminés de jour comme de nuit.

À la perspective de mettre un terme à sa si douce idylle, papa préféra laisser filer l'été, différant de jour en jour notre départ et le long voyage, forcément mouvementé, qui le ramènerait dans la solitude hivernale de Denver où, privé de son fils, il n'aurait même plus de femme pour l'en consoler. Histoire de contourner, en le prolongeant, l'arrangement pris avec ma mère, il eut l'idée, non sans l'avoir longtemps pesée, de se déclarer sans ressources auprès du Bureau des travailleurs migrants qui ne délivrait de fonds d'aide qu'après examen du dossier. Est-ce pour l'avoir égaré, ou par manque de personnel, voire de trésorerie, ou encore par souci de vérifier sa véracité – il n'y eut jamais autant de demandes qu'en 1933 –, toujours est-il que cet organisme de bienfaisance ne nous fit parvenir qu'à la veille de Noël les bons de transport. Résultat, si sur les six années de ma scolarité à l'Ebert School je n'ai vraiment manqué que deux fois, la durée de ma parenthèse californienne constitua une espèce de record au regard des quelques semaines que je passerais, une autre année, à la Maria Mitchell School, qui se trouvait presque en face du Cole, mon futur collège.

Papa m'inscrivit donc, de septembre à décembre, dans un établissement de construction récente qui me réserva de nombreuses surprises, comme d'entamer la journée par le serment d'allégeance au drapeau (une pratique que le Colorado ignorait et dont la Californie s'est à présent débarrassée), ou comme de me retrouver, tremblant d'excitation, assis derrière une brune de toute beauté, suffisamment douée pour me bluffer en m'énumérant, sans la moindre erreur, la couleur exacte de chacun de ses crayons à dessin, mais qui ne les prêtait aux fauchés de mon genre qu'avec mauvaise grâce. Maudits crayons car, en dépit de mes efforts surhumains pour l'égaler, il me fallut admettre, honteux de le faire devant elle, que j'étais daltonien.

Certes, beaucoup d'eau a coulé sous les ponts, et nombre de souvenirs avec, mais si j'identifie un peu trop facilement à une scène entre Charles Boyer et Irene Dunne les adieux de mon père à sa chérie californienne sur le quai de la gare, c'est davantage parce que j'accordais alors toute mon attention aux ultimes manœuvres de l'express de minuit qui allait nous emporter : rendez-vous compte, mon vieux rêve de pouvoir enfin prendre comme n'importe qui un train de voyageurs était sur le point de se réaliser. Et pas un seul instant, avant et après les Rocheuses, l'agréable sensation de rouler dans le confort ne devait se démentir, même quand, une journée entière s'étant écoulée, nous descendîmes à petite vitesse les pentes splendidement enneigées du Continental Divide, oui, même quand le retour à la maison ne fut plus qu'une affaire d'heures, je n'ai jamais cessé de sourire de bonheur et d'émerveillement. Tant et si bien que, lorsque j'aperçus le train de banlieue desservant Golden, je m'exclamai : « Tiens, un tramway de Denver ! », sauf que la joie que je venais d'éprouver en découvrant, par ce signe probant, l'imminence de notre arrivée fut balayée par les sarcasmes acides d'un gros garçon indigné que je puisse à ce point me tromper. Dans les minutes suivantes, ce voisin de compartiment, flasque produit de dix à douze années d'une éducation déplorable, mit une sourdine à ses lazzi, mais, désireux de se faire encore mousser, il me proposa de nous départager par un pari que je ne pourrais que perdre, vu qu'il empruntait, se vanta-t-il, de manière assez régulière ce train de banlieue pour ne pas sottement le confondre avec un tramway. Mais il m'avait mal compris : en plus de ses voitures d'un modèle plus ancien et plus réduit, réservées à la circulation urbaine, et auxquelles ce tas de graisse pensait, la Compagnie des tramways de Denver possédait et exploitait une ligne qui se prolongeait sur une vingtaine de kilomètres au-delà de la ville, et moi qui ne me fiais qu'à leur couleur, la même quelle que soit leur destination, pour les reconnaître (car avec le jaune je n'avais pas de problèmes, en particulier quand il était aussi vif), et qui venais de me taper le tiers du continent, je fourrais dans le même sac trains de banlieue et tramways ; il n'empêche qu'abasourdi par son attitude, et peu enclin à entamer une polémique avec cet obèse, je lui donnai sans barguigner raison.

*

Quoique réduite de moitié (janvier-juin 1934), ma deuxième saison dans la Maison de l'Entôleur se caractérisa par un accroissement de ma liberté individuelle et un approfondissement, conséquent, de mes connaissances sexuelles. Et cela grâce à Beverly Tyler, une jolie mignonne de huit ans, dont le frère aîné, Bill, faisait les quatre cents coups avec le mien, Jimmy le vaurien. C'est elle qui m'apprit, en allant à l'essentiel, et donc sans souci de complexités anatomiques, à représenter son sexe d'un trait de craie sur le trottoir – cercle parfait partagé en deux qui ressemblait à ceci O. Elle-même, ainsi que pas mal d'autres petites filles, en avait eu la révélation en se soumettant aux caresses lubriques d'un oncle à la main baladeuse tandis qu'elle feuilletait sa collection de littérature pornographique, et tout spécialement ses « parodies cochonnes », genre *Comment faire monter papa* (lorsque Jiggs lisait sur un mur que son père Casey était « un bon coup », elle s'écriait : « Moi aussi, mais j'en fais pas tout un roman ») ou encore *Quand Buck Rogers sort son engin, ça m'éclate*, etc., etc. Dans la foulée et, cette fois, suite à la mésaventure survenue à la maman de mon pote Joe Murphy, un maigrelet que ne quittait pas un chien policier des plus gentils, je découvris ce que « viol » voulait dire : un jour, sa mère, avec laquelle il vivait seul dans un des appartements sur cour du dernier étage, se ramassa une telle avoinée, lèvres fendues et yeux au beurre noir, qu'elle eut honte de montrer son visage aux flics quand elle porta plainte contre les trois Mexicains qui l'avaient laissée pour morte dans une ruelle. Je me rappelle avoir alors entendu Peggy Barlow affirmer : « Tu parles, s'agit d'une partie de cul qui a viré au pugilat, voilà tout ! » Sauf qu'impressionnable comme j'étais, je ne vis dans cette femme qu'une victime qui souffre en silence d'être ainsi prise de force, et comme il existait un mot pour désigner un acte de cette nature j'en fis mon profit, enrichissant de la sorte mon vocabulaire, lequel, si je n'ignorais plus le sens de « à voile et à vapeur » et de « fiotte », manquait encore de précision. Ainsi j'interprétais de travers de nombreux mots, « pédale » par exemple, qui longtemps m'évoqua un type qui s'en vient renifler la selle des bicyclettes de fille, une chose à laquelle peu d'individus, moi y compris, se sont, selon toute vraisemblance, abaissés.

Au surcroît de tout ce qui, directement ou non, touchait au sexe – comme de faire du *roller* avec des filles en jupe qu'on bousculait pour voir ce qu'il y avait dessous –, je ne dédaignais pas de me plier aux instincts moutonniers de Joe, à telle enseigne que, pour l'avoir accompagné dans la vieille chapelle délabrée de son école du Sacré-Cœur (que fréquentait aussi mon frère Jimmy), il m'est arrivé d'écouter un prêtre psalmodier d'une voix étouffée l'office catholique. Ce qui ne nous interdisait pas, l'après-midi suivant, aussi triste qu'un jour sans pain, de repartir à la chasse au trésor, mais pour un profit généralement nul – moyennant quoi, on laissait s'écouler tellement de temps entre deux expéditions que les toiles d'araignée s'étaient reformées quand, déjà prêts à nous enfuir, nous pénétrions sans bruit dans la place après avoir découpé le carreau du soupirail et l'avoir replacé à l'identique afin de tromper l'ennemi ; ensuite de quoi, plongés dans les ténèbres aveugles de la cave de notre immeuble, le front mouillé de sueur et aussi furtifs que des cambrioleurs, nous passions au crible tous ces meubles hors d'usage, entassés n'importe comment de chaque côté de la porte, elle-même à jamais fermée. Mais, comme toujours, je tirais mes plus grandes satisfactions en me hissant au sommet d'un nouvel arbre, ou d'un nouvel immeuble, de sorte que mon goût de l'escalade tourna à l'obsession dévorante : quand je ne me débattais pas contre une soudaine difficulté ascensionnelle, je me balançais des heures durant en haut du mât métallique auquel on accrochait les cordes à linge. Et ainsi juché dans ce recoin de la cour de la Maison de l'Entôleur, et sans que me dérangent les femmes qui venaient y étendre leur lessive, je pouvais tout à mon aise ruminer les détails les plus infimes de mon fantastique projet, à savoir filer le plus vite possible, sac au dos, au-delà des fleuves et des montagnes, vers le Paraguay et le reste de l'Amérique latine, en compagnie d'une troupe aguerrie que j'aurais, chemin faisant, recrutée après avoir fait subir à chacun de ses membres de difficiles épreuves d'agilité afin qu'ils me vaillent, et j'entrevoyais déjà quelle vie merveilleuse nous mènerions, nous construisant des cabanes dans les arbres et volant de branche en branche – ce plan, au moins pour sa partie paraguayenne, me paraissait si réaliste que Jimmy, avec sa logique et son bon sens de brute épaisse, ne parvint jamais à m'en détourner.

*

À l'été 1934, comme convenu, mon père se chargea à nouveau de moi, mais nous ne quittâmes pas Denver, primo à cause de mes frères qui menacèrent de lui botter les fesses si je n'étais pas rentré dans les délais et, secundo, parce que lui-même s'était dégotté, allez savoir où, un nouveau compagnon de beuverie d'origine allemande et à moitié idiot qui, non content d'avoir un accent à couper au couteau et de grosses moustaches, s'était débrouillé pour faire une douzaine de gosses à une allumée de la bouteille, pas laide à regarder malgré ses grossesses successives mais quasiment aveugle si l'on prenait en compte l'épaisseur de ses verres de lunettes. Deux bouches de plus à nourrir ne priva personne de sa ration de frichti (tout le monde bénéficia, au contraire, des divers ingrédients que nous rapportions, papa et moi, de nos fréquentes razzias sur les poubelles des commerçants : *blue cheese* dans le bas de Market Street, macaroni de la marque American Beauty un peu plus au nord, pas loin de la South Platte, pratiquement à l'angle de la 15e Rue, conserves de poisson Booth et saucisses Knowles à deux pas du Metropolitan, etc.), frichti que nous partagions sans façon sitôt que la marmite avait été posée sur une table improvisée dans cette vieille grange (garantie authentique) qui s'élevait en plein cœur du Barnum District, au sud-ouest de Denver. D'entendre cette bande de frangins jurer comme des soudards, de les voir tirer sans gêne sur leur cigarette avant qu'à l'image de hors-la-loi déchaînés ils s'en aillent, d'un commun accord, donner du poing contre tout ce qui se trouvait à leur portée et qui, entre le lit d'un ruisseau et les champs, se comptait sur les doigts d'une seule main, je ne tardai pas à imiter leur chef en embrassant sur la bouche ses petites sœurs, plus faciles à maîtriser – et j'y montrais assez de talent pour prétendre prendre sous peu la tête de la horde. J'étais donc parti pour bien me marrer mais un événement fortuit brisa net mon élan et ne me permit pas de goûter à des plaisirs plus consistants : une nuit – ce devait être à la fin de la première semaine –, l'Allemand monta sans faire de bruit dans la chambrette du haut et découvrit sa bonne femme et papa en train de faire chanter le matelas ; en conséquence de quoi, nos adieux furent des plus brefs (la scène se répéta, dix ans plus tard, avec les mêmes acteurs, mais avec une fin plus heureuse) et, un échec en entraînant un autre, nous retournâmes, le cœur en berne, à la ronde monotone des chambres à la nuit ou, au mieux, à la quinzaine, dans les hôtels que voici : le *Victor*, que masquait, au coin de Larimer et de la 18e Rue, l'ombre imposante du *Windsor*, mais dont le hall accueillant abrita nombre de nos parties de gin-rummy, puis le *Henry*, sur la 20e Rue en remontant vers Lawrence, l'équivalent d'une morgue que j'ai toujours cité comme exemple d'immeuble tranquille, et encore le *Grand Nord*, modèle standard de ce qu'il ne faut pas faire en matière d'architecture, assez près de la 15ᵉ Rue, sur Larimer, en face du *Croissant de Lune* où, plus tard, attiré par son physique, et rien que par son physique, je sauterais, à l'insu de mon père, l'une de ses maîtresses.

*

Avec septembre vint le moment d'abandonner mon père à ses bistrots de Larimer et de renouer avec ma mère et l'école. Si l'on excepte Ralph et ses petits voyous qui continuaient de vouloir souffler le chaud et le froid sur notre immeuble, la situation avait, en mon absence, quelque peu évolué. Pour non-paiement de pension alimentaire, Bill, l'aîné et le plus sympathique de mes quatre demi-frères, avait écopé d'un an de prison qu'il purgeait au pénitencier d'État de Canon City. Jack, le troisième de la bande et le plus fidèle soutien financier de ma mère, s'était laissé passer la corde au cou par l'une des sœurs Chambers, Rita, dite miss Gros Nibards, et bien que leur lune de miel fût loin d'être terminée, ils s'étaient mis en cheville avec un certain Frank, bête à manger du foin et estropié, et avaient repris le trafic d'alcool depuis leur appartement sur cour d'un immeuble de trois étages dont la façade rose bonbon baignait en permanence dans les épaisses vapeurs sirupeuses de la pâtisserie industrielle qu'elle jouxtait, à savoir la Puritan Pie Co., grâce à quoi on ne sentait pas les compromettants relents de leur alambic. Connaissant l'esprit pratique de Jack, on pouvait en déduire que, s'il n'avait déménagé que d'un demi-bloc, il ne fallait pas chercher plus loin la raison, mais il se peut aussi, avec Jack tout était possible, qu'il n'y eût pas songé une seconde. Ma demi-sœur Mae (à propos, en dehors de sa cadette Betty, j'avais une troisième demi-sœur, Emily, rappelez-vous, leur aînée de quatre ans dont je ne ferai la connaissance qu'une douzaine d'années plus tard) venait, au sortir de l'orphelinat, de se marier avec « Big Bill » Herzog, un Allemand de trente-deux ans des plus bourrus, contremaître à la fabrique de conserves de viande Blaney and Murphy, mais qui perdrait dans les mois suivants sa place lorsque Cudahy reprendrait l'affaire. Bien qu'elle fût physiquement en état de prendre époux, l'âge de Mae, treize ans à peine[1], attira sur elle l'attention du *Denver Post* qui publia une photo de la cérémonie, sur laquelle on voyait Mae aux formes déjà épanouies, accompagnée d'un commentaire indigné sur les malheurs de cette femme-enfant contrainte au mariage.

Donc, lorsque je retrouvai Betty, Jimmy et le bébé de la famille, Shirley, ma sœur à part entière, tout ce petit monde s'accrochait encore aux basques de notre mère à qui, enfin, la chance souriait (ce fut si rare que je me dois de le relever) par la grâce de sa grande copine, Ann Sheehan, qu'un vieux machin avait installée dans un tapageux duplex de Downing Street, à la hauteur de la 32e Rue, et qui avait, dans un élan de générosité, obtenu de son protecteur, gros propriétaire immobilier, que ma mère occupât sans bourse délier un de ses appartements, situé de l'autre côté de notre ruelle.

Mais voilà, ce ne fut qu'une parenthèse de courte durée car, dans les trois mois qui suivirent, Ann se brouilla avec son nabab, et il nous fallut quitter cette solide construction de

---

1. Neal Cassady se trompe. Dans son *Prologue*, il a fait naître Mae en 1919. Elle a donc, en septembre 1934, sinon quinze, du moins quatorze ans. (*N.d.T.*)

deux étages sur Marion Street, dont je conserve un souvenir des plus précis, ne serait-ce que parce que le feuilleton de ma vie s'y est enrichi de nouveaux épisodes. En soi, ils ne sont ni plus passionnants ni plus fondamentaux que ces mélancoliques histoires de ma petite enfance que j'ai déjà évoquées, et si, à leur suite, je les mentionne, c'est d'abord par souci de nourrir mon récit autant que par simple respect de la chronologie, quoique je mentirais si je les passais sous silence puisqu'ils me rappellent jusqu'à l'obsession un tournant de ma vie. Car c'est dans cet appartement que je découvris, en renonçant à jamais aux plaisirs de l'innocence, que les réactions affectives des adultes traduisent, outre une triviale extravagance, leur inconstance profonde, et qu'en conséquence je pus, par le jeu des contraires, ébaucher, non sans maladresse, la base d'un raisonnement qui m'appartiendrait en propre – raisonnement dont j'observais les premiers effets sitôt que je me sentirais en mesure d'examiner d'un œil critique l'humaine contradiction –, et ce en usant du mieux que je pourrais des mécanismes de ma jeune intelligence, avant même que le fruit de mes observations ne fût englouti dans l'interminable convoi de mes souvenirs, lesquels émettent néanmoins des réponses autrement plus significatives que le cerveau lui-même, aussi peu fiable que le conducteur qui, sur le point de partir dans le décor, tente en désespoir de cause de conserver le contrôle de son véhicule par toute une série de braquages et de contre-braquages – et de fait tout se passe comme si on avait confié l'organe de la pensée à un pilote en herbe toujours en retard d'une manœuvre, si bien que, surpris par l'intempestive accélération et ne pouvant que se battre contre ses réflexes, il ne serait capable que de valdinguer d'un bord à l'autre de la piste existentielle, jusqu'au moment où, pour n'avoir pas renoncé, ce pilote aurait de nouveau conscience du tracé grâce à un sursaut d'énergie vitale (à croire que cette ultime impulsion lui serait venue du plus profond, du plus obscur de son intuition primitive, quand rien ne lui prouvait qu'il existât un monde sensible, et moins encore qu'il y eût un monde), mais il n'empêche que cette carence consécutive à nos origines – à savoir la dialectique qui ne nous est pas donnée à la naissance – le rattrapera sur le tard et le fossilisera par la faute d'une surchauffe exagérée du système d'aiguillage qui commande nos pensées les plus secrètes à l'intérieur du crâne, lui-même ossifié par le poids des habitudes et trop rouillé pour assurer une libre circulation des idées ou les évacuer, une fois constatée leur mort, vers une voie de garage, et donc, si vous m'avez suivi jusque-là, il résulte de notre condition faustienne que ce tabernacle de l'esprit est parfaitement absurde, contraint qu'il aura été durant toute sa durée d'utilisation de faire circuler notre « Moi » au-dessus d'un ballast jamais renouvelé et juste suffisant pour supporter les rails éculés de l'intelligence civilisée à chaque fois qu'elle aura eu envie d'aller voir ailleurs si l'herbe est plus verte, oui, je le répète, morne cerveau, progressivement réduit à rouler au pas, à sans cesse freiner jusqu'à sa décomposition, et qui ne se sera offert au bout du compte qu'un voyage sans surprise au pays de la si convenable Pensée occidentale.

Bon, les métaphores à la mords-moi-la-jante, ça suffit, revenons à Marion Street, revenons à cet immeuble où, si j'excepte la satisfaction d'avoir eu à portée de la main un pianiste et une arrière-cour plantée de rhubarbe, je fis le deuil de mon innocence en prenant, pour la première fois, la mesure des conduites illogiques et abusives des grandes personnes qui, par excès de pouvoir ou faiblesse de caractère, méprisent autant qu'elles méconnaissent les motivations d'un enfant, de sorte que ma raison naissante se gaussait de l'idiotie manifeste de leurs jugements, même si, je l'avoue, sous le mépris amusé perçait parfois l'amertume – singulièrement quand leurs verdicts, fruits d'un esprit grotesque, d'une âme versatile et hostile, comme c'était souvent le cas, me fendaient le cœur – ; avec ma mère cependant, je faisais, la plupart du temps, preuve de tolérance, voire de pitié, et me contentais de glousser. Afin que vous me compreniez, voici trois exemples précis de punitions aussi injustes que cruelles.

Entre autres affaires juteuses, le vieux débris, à qui Anne avait accordé un temporaire droit de cuissage dans le seul but de faire main basse sur ses propriétés immobilières, possédait l'épicerie *Red And White* au pied du duplex où il avait logé sa maîtresse, ce qui était pratique mais bien moins que la carcasse, juste derrière ce magasin, de ce camion Ford sur la plate-forme duquel dansait, comme elle l'aurait fait sur une scène de music-hall, la fille de Ann, la toujours rayonnante Vera Cummings que ses huit ans n'empêchaient pas d'être des plus lascives. Ce jour-là, elle avait pour partenaire de scène une mouflette d'à peine six ans, la sœur du garçon, de un an mon cadet, qui se tenait assis à mes côtés sur le siège éventré d'un cabriolet et qui partageait à l'évidence mes obsessions sexuelles et mon désir de les satisfaire au plus vite. Et d'ailleurs on ne s'en priva pas à chaque fois que se terminait l'une de leurs provocantes exhibitions, les pelotant à qui mieux mieux, et ce jusqu'au moment où l'on leva l'ancre – était-ce par peur d'être pris sur le fait (car au lieu d'y voir une preuve éclatante de notre délire imaginatif, nos parents auraient pensé que nous contrevenions à l'innocence que notre âge supposait) ? ou par une tardive aversion pour ce cadre soudain trop exigu, pour ce lit qui n'en était pas un et dont les échardes nous labouraient les chairs ? ou était-ce tout simplement par l'irrépressible envie de s'en aller respirer ailleurs un autre air ? toujours est-il que nous décidâmes de nous réfugier en compagnie de nos précoces *playmate* dans l'arrière-cour autrement plus vaste, et que nous empruntâmes, riant et nous pavanant, la ruelle qui nous séparait de l'endroit où nous recommençâmes aussitôt nos ardents jeux de main.

Sauf que, dans la minute d'après, nos parents nous ayant surpris, moi sur Vera et le frère sur sa sœur, la sentence fut immédiate : friction vigoureuse de nos organes génitaux à l'essence de térébenthine tandis qu'on se faisait salement sonner les cloches.

Deuxième exemple, et non des moindres, les solides raclées que me flanquait mon frère Jack m'humilièrent moins que de me heurter à l'incrédulité de ma famille. Car personne ne voulut admettre que j'avais pu dans ce train me croire douze heures d'affilée abandonné de tous, au prétexte que mon père me laissait libre de vagabonder à travers la ville sans se soucier de ce qui aurait pu m'arriver – quoique désobligeant, cet argument flattait quelque peu ma fierté puisqu'il me distinguait de la masse des autres enfants qui n'étaient jamais allés plus loin que le bout de la rue. N'empêche que plus j'insistais en voulant leur démontrer par de nouveaux détails que ce que j'avais connu à Denver ne se comparait pas à ce que j'avais vécu ailleurs, et plus ils se moquaient de moi et me traitaient de baratineur – surtout Jack, car ma mère était bien trop débordée par ses propres soucis. Mais, ultime disgrâce, n'étant pas du genre à me lancer dans de grandes explications, je tus que la désastreuse aventure dans laquelle j'avais entraîné Vera et les incestueux frère et sœur avait commencé dès l'instant où je m'étais risqué à faire les poubelles dans les ruelles avoisinant le Metropolitan.

Reste qu'en me traitant à tout instant de menteur, mon frère accentuait ce sentiment, cruel et obsédant, d'avoir, fût-ce pour une courte période, touché le fond. D'autant que je ne me sentais pas concerné par le remords que Jack s'efforçait d'instiller dans mon cœur en faisant succéder aux paroles désobligeantes d'humiliants stratagèmes, car mon esprit critique, en pleine expansion, et qui ne cessait de passer au crible l'enchaînement exact des événements, me permettait de pointer la faiblesse, voire l'illogisme, des bases sur lesquelles il s'appuyait pour penser que j'aurais dû éprouver de la honte – il était dans la nature de Jack de n'étayer son jugement sur aucun fait probant et d'en tirer des conclusions aussi hâtives qu'indémontrables, surtout si elles portaient atteinte à ma personnalité. Il n'empêche que je dois admettre – et plus tard j'en viendrais à reconnaître que sur ce point il ne s'était pas trompé – que c'est bien moi qui ai entraîné Vera…

Ultimes précisions

par

Carolyn Cassady

En 1979, lorsque Ken Kesey et Ken Babbs décidèrent de consacrer à Neal Cassady un numéro de leur revue, *Spit in the Ocean*[1], Babbs sollicita les témoignages de tous ceux qui avaient approché Neal, relations occasionnelles comme amis intimes. L'un d'entre eux, Ed McClanahan[2], fouilla dans ses dossiers et découvrit qu'il possédait, contre toute attente, une grosse liasse de feuillets tapés à la machine, considérablement enrichis de corrections et d'ajouts au crayon, que le temps avait jaunis. Babbs me transmit ces pages que j'identifiai aussitôt comme étant l'un des exemplaires carbone de *Première jeunesse*, tel qu'il avait été une première fois publié, et qu'il s'agissait donc de l'une des dernières versions à laquelle Neal avait travaillé.

Ed m'apprit qu'il tenait ce manuscrit de Gordon Lish, lequel se souvint de l'avoir reçu de Neal en même temps

---

1. Autrement dit *Crachat dans l'océan*. Sur Ken Babbs, voir note de la page 299. (*N.d.T.*)

2. Ami de Ken Kesey au début des années 60. Devenu professeur de littérature expérimentale à l'université de Stanford (Californie). (*N.d.T.*)

qu'un choix de lettres qu'il avait vendues, mais aucun des deux ne fut en mesure de me dire pourquoi ils en avaient hérité. Pour ma part, j'ai le sentiment que Neal l'avait confié à Gordon afin qu'il lui donne son opinion sur les modifications envisagées, mais lorsque Gordon avait décidé de s'établir à New York il l'avait déposé chez Ed, à charge pour lui de le retourner à Neal. Cela devait se passer dans le courant des années 60 quand Neal n'était pas facilement joignable, de sorte que le manuscrit termina sa course dans un tiroir où il avait ensuite été oublié.

C'est alors que je retrouvai, enfouie dans mes propres dossiers, une page de Neal qui m'avait toujours paru mystérieuse à cause de son inachèvement, quoiqu'elle fût doublée d'une copie carbone portant le numéro 118. Or le tapuscrit que m'avait fait parvenir Babbs se terminait à la page 117. À l'évidence, l'orpheline venait de se trouver une famille. Par la suite, en comparant le tout à la version imprimée de 1971, je découvris entre les deux d'énormes différences.

Six années durant, mais par à-coups successifs, disons à chaque fois qu'il en ressentait la nécessité, Neal a écrit *Première jeunesse* entre 1948 et 1954, époque où il dévorait les livres de ses auteurs de prédilection. Singulièrement *À la recherche du temps perdu*, qu'il considérait comme sa bible.

La dernière fois que Neal, tirant profit d'une période d'immobilité forcée, consécutive à un accident de travail, s'est remis avec acharnement à son manuscrit remonte donc à 1954. Après qu'à l'automne de cette année-là nous eûmes déménagé à Los Gatos, il relâcha son effort alors que Allen Ginsberg et Lawrence Ferlinghetti le pressaient de polir et de mettre au propre tout ce qu'il avait déjà rédigé de son autobiographie. Aussi l'avons-nous reprise ensemble, bien que pour l'essentiel je me sois contentée, autant que faire se peut, de veiller à ce que son livre reflète sa pensée autant que son style, pour le meilleur comme pour le pire.

En 1979, quand j'ai commencé à déchiffrer et à collationner corrections et ajouts, l'influence de Proust m'a sauté à la figure. En comparaison, la prose du *Prologue*, écrit des années auparavant, est de loin plus simple et plus directe. Mais si, avec le temps, le style de Neal s'est complexifié, il reflète toujours aussi bien cette vérité qu'il aura, à l'instar de Proust, mis au centre de son œuvre. Le défi qu'il s'est imposé – rechercher le mot ou l'expression qui rende compte avec précision de ses observations, sensations et impressions – l'a passionné. Il a pris grand plaisir à prolonger jusqu'à l'extrême sa phrase avant de se résoudre à y apposer un point final. (De même qu'au volant d'une voiture il se plaisait à ne freiner qu'au dernier moment.) Certes, il n'ignorait pas qu'il n'était ni préparé ni équipé pour rivaliser avec les maîtres de la littérature, mais il savait jusqu'où il voulait aller, et dans la discipline qu'il s'imposa pour y parvenir il s'inventa tout un système ludique des plus motivants. Il me semble que si on le lit avec le même état d'esprit on pénétrera l'allégresse qui fonde son écriture.

Quant à moi, je me sens redevable envers Neal d'avoir jonglé jusqu'à l'épuisement avec le langage. Émotion que je n'ai cessé de ressentir aussi bien lorsque je me suis à mon tour joué des difficultés de cette remise en ordre que lorsque j'ai repris sa correspondance, le tout formant une occasion unique de mieux pénétrer son intimité et, ce faisant, de renouer directement avec l'homme lui-même.

Août 1981.

Fragments

Je me souviens...

Je me souviens d'avoir été inhabituellement méditatif un soir de mai. Il se peut qu'il faille l'attribuer à la chaleur de ce premier vrai jour de printemps qui, en fouettant mon sang engourdi par l'hiver, lui imposa d'irriguer un cerveau épuisé par six mois de lutte forcenée contre le froid, mais il n'en demeure pas moins que cette lente remontée de sève suscita chez moi un besoin langoureux de jouissances douceâtres, une sorte de nostalgie, presque un désir de mort, ou, si vous préférez, une prémonition...

Un jour que je fouinais dans un train...

Un jour que je fouinais dans un train en quête de garnitures de frein, etc., je parvins à grimper sur le toit d'un wagon frigorifique, histoire de contrôler si le Daylight 99, notre orgueil, respecterait son horaire, et c'est ainsi que je tombai sur un clochard. Chaque jour, j'en croisais entre dix et vingt, et pourtant celui-là me pétrifia littéralement, mais autant à cause de l'ardeur du soleil que de la petite heure qu'il me restait à attendre avant le passage du Daylight, je me posai à côté de ce type et me mis à bavarder avec lui. Soudain, au détour d'une phrase, il m'entreprit sur ses hallucinations ; pour la plupart, elles ne faisaient que répéter le genre de sornettes qu'on entend dans son milieu, telle celle relative à son arrivée dans la ville de San Francisco – il déambulait sur Mission Street quand, voyant venir une voiture de police qui roulait au pas, il entendit un flic lui claironner au haut-parleur : « Les temps sont venus, couchez-vous sur le sol si vous voulez survivre à l'explosion du soleil. » Quoique le message se passât de commentaires, son instinct lui fit comprendre qu'en réalité les flics se préparaient à l'arrêter parce que sa braguette était ouverte (fermeture éclair cassée et pas d'épingles pour y remédier), de sorte qu'il courut se réfugier dans une ruelle mais, pour autant, les flics ne lui lâchèrent pas le train ; résultat : il avait fui S.F. en réussissant à monter dans un train de marchandises qui filait vers Watsonville. De toutes ses visions, ce fut la mieux racontée et la moins extravagante. Mais reprenons depuis le début : bien qu'il fût à jeun depuis quatre jours, il ne cessa, tout le temps que nous fûmes ensemble, de biberonner une effroyable vinasse. Par ailleurs, et puisque nous nous trouvions sur la portion de voie desservant Sacramento, il attendait qu'un wagon découvert se présente pour sauter sur sa plate-forme et y dormir tout son soûl. Alentour, le monde paraissait normal, et rien n'indiquait que quelque chose d'étrange se tramait. Aussi cela démarra-t-il lentement, et banalement – comme chaque fois que quelqu'un intègre dans son univers sonore le chuintement d'une grosse locomotive à vapeur, l'adapte à son propre rythme, et finit par entendre une sorte de scie musicale. Cette façon qu'ont les machines à vapeur d'accentuer les sons (comme *Ch't'un black, ch't'un black*, avec cette contraction répétitive sur les premiers mots, encore que si cette locomotive stationne devant vous, il vous est tout à fait loisible de placer votre intonation où bon vous semble puisque l'intensité du jet de vapeur varie avec la montée de la pression, et avec les changements de vitesse lorsque enfin elle s'ébranle) est si caractéristique que la plupart des gens, à supposer qu'ils se mettent en tête d'inventer une phrase mélodique s'accordant avec le ronflement de la machine, en auront vite marre et laisseront tomber. Mais c'est justement cette idée-là qui traversa l'esprit de mon clochard, et aussitôt, comme s'il avait une enclume devant lui, il se mit à marteler « *Kmoment schmappelle ? Kmoment schmappelle ?* », quoique, une fois la locomotive passée, il eût renoncé à répondre à sa question, ne serait-ce que parce que, sans musique, c'eût été en pure perte. À présent que l'horizon était dégagé, il s'enquit mollement de mon identité pour admettre, non sans un tremblement de tout son corps, que mon nom ne lui disait rien. Quant au sien, il était certain de pouvoir le retrouver dans la minute d'après, et d'ailleurs il lui sembla que son cerveau était déjà en train d'y réfléchir. N'empêche qu'il lui fallut extirper de sa mémoire chacune des syllabes qui le composaient. Il testa d'abord toute une série de sons – John, Juan, etc. –, mais sans grand succès, ce qui ne l'empêcha pas de récidiver – John, Peter, etc. Puis, perdant patience, il s'allongea. Car il se figurait que s'il dormait, il saurait qui il était à son réveil. Ça foira évidemment, d'où un brusque sentiment de panique. Une force irrésistible, me déclara-t-il, le poussait à sauter sur la voie et à s'enfuir le plus loin possible à toutes jambes, mais le temps de le dire que déjà il ressentait une non moins irrésistible envie de n'en rien faire. À la suite de quoi, un autre train, proche de nous, se mit en mouvement, mais, lui qui voulait prendre le large, ne voilà-t-il pas qu'il s'incruste et continue, sans un regard pour le convoi, d'essayer de se rappeler son nom en se repassant différents épisodes de son passé, et en particulier les endroits où il avait récemment roulé sa bosse. Par exemple, ce trou perdu de la brûlante vallée de San Joaquim où il s'était loué pour cueillir les fruits. Ou encore son séjour éclair à Sacramento où, venu pour se ramasser quelques dollars, il avait vite décroché et s'était lié amitié avec un barman. Sauf que deux, trois jours plus tard, un mec s'était glissé dans sa piaule et lui avait piqué son argent et ses chaussures. Non seulement le barman lui avait refilé une vieille paire de pompes mais il lui avait permis de se soûler gratis. Tout de suite après, il avait gagné la gare de triage et s'était embarqué dans le train qui descendait sur Salinas (au sud de Watsonville), etc.

Avoir approché un fantôme, ce n'est pas le bout du monde...

Avoir approché un fantôme, ce n'est pas le bout du monde, d'autant qu'il y avait tous ces masques mortuaires qui s'amoncelaient jusqu'au ciel. Sans parler des visages livides de ceux qui ne reviendraient pas du royaume des ombres. À condition, bien sûr, de soulever le drap pour s'en rendre compte.

La surveillante de l'étage m'avait recommandé de ne pas l'énerver (mais comment l'éviter ?), et d'ailleurs mon droit de visite était strictement limité dans le temps. Quant à l'infirmière-major, elle s'était empressée de me faire remarquer que je n'avais été autorisé à la voir que parce qu'elle me réclamait tout le temps, et que je me devais donc de lui remonter le moral. Pour avoir foncé droit devant, elle n'avait survécu à la collision que par miracle ; bref, elle était loin d'avoir remonté la pente fatale qu'elle avait d'elle-même dévalé. Tout à fait conscient de ma mission, j'entrai dans sa chambre et épousai du regard les fragiles contours de son corps qui paraissait reposer en paix sur le grand lit blanc. Sa criante faiblesse, à croire qu'on l'avait vidée de son sang, avait quelque chose de pathétique. Je ne pouvais la quitter des yeux ; ni elle respirait, ni elle bougeait ; j'aurais pu ne jamais la reconnaître tant elle ressemblait à un mannequin de cire. Si le blanc signifie l'absence de couleurs, alors elle était blanche ; vraiment blanche, à moins que sous le drap, qui la recouvrait jusqu'au haut de la poitrine, il n'y eût encore des traces de rose. Décharnés et diaphanes, ses bras s'effilaient, à la façon d'une lame de couteau, jusqu'au maigre renflement de ses minuscules paumes de main ; quant à ses mains, elles-mêmes rabougries et tordues, elles faisaient peine à voir avec leurs longs doigts qui se crispaient dans le vide. Mis à part sa tête, dont la noire chevelure embroussaillée contrastait avec cette omniprésente blancheur, il n'y avait que ces fragments de son corps qui fussent visibles. Je sais qu'il n'y a là rien d'extraordinaire, mais je ne trouve pas mieux pour décrire l'impression de mort qui se dégageait de sa personne. Je posai ma tête à côté de la sienne, de sorte que, quand elle ouvrit les yeux au bout d'une dizaine de minutes, elle ne put que rencontrer les miens ; elle ne manifesta aucune surprise, ni ne cilla. Un sourire à peine esquissé, une voix quasiment inaudible, juste un « hello ». Je laissai alors glisser ma main sur son bras, c'était le moins que je puisse lui témoigner à défaut de sauter dans son lit et de la serrer contre moi. Je vis qu'elle était incapable de prononcer le moindre mot et la priai de ne pas tenter de le faire, puis, d'une voix hachée, je me lançai dans un de mes discours sans queue ni tête.

Sans nul doute, ma visite devait la ravir, et pourtant ses yeux n'en laissaient rien paraître. C'était comme si elle se jugeait coupable d'avoir tenté de mettre fin à ses jours. Comme si le courage qu'il lui avait fallu pour commettre l'irréparable la renvoyait à elle seule, et à personne d'autre. Cet acte de volonté, peu importe qu'il fût névrotique, avait requis toute son énergie, et ce n'est que dans ce lit qu'elle reprenait enfin possession d'elle-même. Déliée de son engagement – car le désir de mort nécessite une oppressante concentration dès qu'on décide de le mettre à exécution –, elle se morfondait dans l'état de vaincue, et il en irait ainsi jusqu'au moment où s'enclencherait le processus de recons-truction ; telle est la règle, à moins, bien sûr, de réussir sa sortie du premier coup, ou d'être vraiment dingue. Les yeux fixés sur elle, grimaçant un sourire aussi gai qu'une couronne mortuaire, je devinais ce qui se jouait dans sa tête et en conçus de l'amertume. Si elle avait survécu – mais pour combien de temps ? –, je savais déjà que je ne lui reviendrais pas. Pour avoir trop longtemps différé par lâcheté ma décision, j'étais en train de réaliser que je m'en sentais moins que jamais capable. Étais-je donc condamné à une perpétuelle indécision ? Elle dégagea sa main squelettique, et c'est alors qu'arrachant mes yeux des siens je remarquai, pour ne pas y avoir jusque-là prêté attention, que le drap ne s'arrondissait pas à l'endroit de son ventre. Il n'y avait plus rien dedans ; elle avait perdu son bébé. Pendant un court instant, je me demandai si elle le savait mais, mais oui, bien sûr, elle ne pouvait que le savoir – sa main d'ailleurs n'était-elle pas en train de frôler son ventre ? et depuis dix jours qu'elle était à hôpital n'avait-elle pas eu tout le temps de le découvrir ? –, bon sang, quel idiot je faisais ! Il fallait que je me ressaisisse. Sur ces entrefaites, la surveillante se faufila jusqu'à moi et me glissa dans l'oreille qu'il valait mieux que je m'en aille maintenant ; me penchant vers Joan, je l'embrassai sur le front et, après lui avoir promis de repasser dès le lendemain, je sortis.

Une fois dehors, je regagnai l'académie de billard et son éternel entrechoquement des billes ; c'était comme un besoin maniaque. J'y restai jusqu'à la tombée de la nuit. Quand je pense qu'il y a deux petites années de ça je n'y avais jamais mis les pieds, et que je me contentais, voilà encore moins de six mois, d'y jouer de temps en temps une partie ! Entre nous, vous en connaissez beaucoup qui ne dissimulent rien de leur conduite ? Eh bien, apprenez que je ne suis plus revenu dans cet hôpital assurer Joan de ma protection – vous avez bien lu « protection », il n'y a pas d'autre mot pour dépeindre ce que j'éprouvais. Chaque jour un peu plus, je me détruisais en pensant à elle, mais jamais je n'ai refranchi la porte de sa chambre. « Quelquefois, je m'assieds et je réfléchis. Parfois, je m'assieds et je bois, mais, le plus souvent, je ne fais que m'asseoir. » Putain de dérive, n'est-ce pas ?

Deux semaines, ou plus, s'écoulèrent de la sorte, et le spectacle de mon impuissance à pouvoir briser les chaînes qui me liaient au billard finit même par me paraître des plus cocasses. Un soir, celui précédant la veille de Noël, vers les 17 heures, une femme, la quarantaine attirante, poussa la porte de l'académie et me réclama. En m'avançant vers elle, je me rendis compte qu'elle était encore mieux fichue que je ne l'avais cru, un lot superbe en dépit de son âge, et d'ailleurs plus d'un joueur s'en trouva tout émoustillé. Elle se présenta comme une amie de Joan et m'invita à dîner chez elle. Quoique mon cœur battît d'une joie honteuse, j'acceptai et, cinq blocs durant, sans jamais lui adresser la parole, je suivis cette délicieuse femme d'à peine quarante ans jusqu'à son appartement. Dans l'homme qui nous ouvrit la porte, je reconnus le père de Joan, un chauffeur de taxi que mon hôtesse me dit être son mari avant de m'affirmer que Joan serait prête d'ici à une minute. Tandis que le couple retournait mettre la dernière main à un souper qui s'annonçait délicieux, je m'assis sur le sofa et attendis. La porte du cabinet de toilette – l'horrible expression – claqua et devant moi apparut alors la sublime Joan, sosie de Jennifer Jones. Sortant de la douche mais tout de même maquillée, resplendissante dans le peignoir qu'elle avait emprunté à sa nouvelle belle-mère, mon héroïne s'avança vers moi. Et voilà comment, alors qu'on pense avoir compris la leçon et qu'on s'est juré de se tenir désormais à carreau, l'imprévu vous tombe dessus et vous remet la tête à l'envers. Il aura suffi que Joan lève sur moi son œil effarouché pour que je sache que j'étais revenu au point de départ ; comme lors de ma première rencontre avec elle, un flot de sang me monta au visage. Aussitôt après je me raisonnai et me jurai de renouer dare-dare avec la routine du billard et de sortir mon cul puant de ce puits perdu.

Sauf que le somptueux dîner produisit vite son effet euphorisant. Et, tandis que le chauffeur de taxi et sa femme s'épanouissaient de nous voir réunis, Joan et moi ne cessions d'échanger par-dessus le rosbif des regards énamourés. De sorte qu'à nous quatre, ce fut bientôt à qui parlerait le plus fort – le genre d'atmosphère, oui m'sieur, parfaitement planante. Je fus cependant quelque déconcerté quand son paternel me lança, sans la moindre précaution oratoire : « C'est un fait que, vous les jeunes, vous avez perdu assez de temps. Vous vous aimez, ça crève les yeux, et plus tôt vous serez dans vos meubles, mieux vous vous porterez. Demain matin, Joan commence ses études d'infirmière à St. Luke, car c'est ce qu'elle a toujours voulu faire. Quant à vous, Neal, prouvez-moi que vous êtes sérieux. Dès l'aube, je vous tirerai du lit et, ensemble, avant que je commence ma journée, on ira voir mon patron pour qu'il vous donne du boulot. Si on vous pose la question de votre âge, il faudra dire que vous avez vingt et un ans – c'est la loi, pas d'embauche avant vingt et un ans, et vous êtes plus jeune, n'est-ce pas ? (j'acquiesçai) –, comme ça vous pourrez conduire un taxi, mais probablement qu'on vous testera d'abord au service entretien. Est-ce que ça vous va ? » Je répondis que oui et le remerciai, si bien que chacun partit d'un rire joyeux. Dans la foulée, il fut décidé que nous profiterions, Joan et moi, de leur hospitalité jusqu'à ce que je touche ma première paie ; et on nous attribua le canapé-lit. Le ventre plein, je me retirai ensuite dans le cabinet de toilette pendant que les femmes faisaient la vaisselle et que le vieil homme lisait son journal. (Fichtre, on pourrait croire que tout ce que j'écris a pour cadre un cabinet de toilette, mais n'allez surtout pas crier au procédé, c'est simplement parce qu'il s'y passe souvent pas mal de choses, dans cette histoire comme dans les autres.) On tapa à la porte, et je me levai pour laisser entrer ma beauté ressuscitée. Elle faisait comme toujours sa timide, mais pour une fois ni la peur ni la gêne ne semblaient en être la cause. On se bécota pendant un petit moment, puis, s'asseyant sur le rebord de la cuvette des W.-C., elle me demanda si ça me disait de voir sa cicatrice. Comme si je voulais ne rien en perdre, je m'agenouillai devant elle tandis qu'elle se débarrassait de son peignoir ; c'était une répugnante balafre rougeâtre sur son ventre laiteux, une traînée sombre qui courait de son nombril au clitoris. Elle s'inquiéta de savoir si je la désirais et l'aimais toujours autant, maintenant que son corps avait été saccagé par le scalpel du chirurgien qui avait

209

pratiqué la césarienne. En réalité, on lui avait presque fait une hystérotomie, aussi redoutait-elle que, si elle venait de nouveau à être enceinte – « mais on attendra d'avoir de l'argent » –, ça ne se passât mal. Je la rassurai sur tous les plans, lui jurai un amour éternel (du moins le lui ai-je dit), et nous repassâmes dans la salle de séjour.

Diable, où avais-je la tête ? Quel crétin je faisais ! Oh, fatalité ! Regardez mes fringues, quelle horreur, non ? Mais attendez voir, j'ai un pote fripier, qui tient boutique à l'angle de la 12ᵉ et d'Ogden Street, et qui m'en a promis des presque neufs !… Et, jamais en retard d'une illumination, je me mis à déblatérer à haute voix : puisqu'il était hors de question d'embarrasser mon sauveur (mais tout de même, sans S majuscule, vu que c'était un nain) quand nous irions demain matin voir son si sympathique patron, qu'on me laissât donc me précipiter chez mon pote et en ramener de quoi avoir meilleure apparence. Prenant prétexte de cette nécessité absolue – car, encore une fois, comment être engagé si je faisais mauvaise impression ? –, je promis de battre des records de rapidité et me dirigeai – n'était-ce pas la sagesse ? – vers la sortie. Joan offrit alors de m'accompagner, mais je rejetai sa proposition en lui faisant remarquer qu'il faisait trop froid, que j'irais plus vite tout seul, et qu'elle n'était pas de surcroît au meilleur de sa forme, d'autant que, si elle devait dès le lendemain se rendre à ses cours d'infirmière, elle risquait de se ressentir de cette marche – mettre ainsi en péril sa santé serait déraisonnable, non ? Mais à supposer qu'elle m'accompagnât, il y avait de fortes chances pour qu'elle flanche en route, alors que, si je ne l'avais pas dans mes jambes, tout s'exécuterait en un quart de tour. Dans le cas contraire, non seulement ma tendre promise ne s'en relèverait pas, et je la perdrais à jamais, mais de surcroît je me ferais l'impression de lui imposer un sort d'ordinaire réservé aux femmes qu'on maltraite !

Je courus jusque chez le fripier, on fit affaire, et je remis le cap sur le nid douillet où m'attendait ma Joan. Sauf que pour relier la 12e à Lincoln Street, on peut, à condition d'en avoir envie, emprunter une grande partie d'East Colfax Avenue. En l'occurrence, en choisissant de me mêler à la foule qui se pressait sur cette grande artère, je commis une épouvantable bêtise, l'erreur à la puissance mille. Car à mi-chemin entre Pennsylvania et Pearl Street, il y avait un bar dont les vitrages teintés dissimulaient mal les consommateurs. Et alors que je l'avais presque dépassé, j'aperçus à l'intérieur mon jeune frère de sang qui sirotait une bière en solitaire. Or, primo, je n'étais pas à la bourre et, secundo, je ne crache jamais sur un verre, du coup je poussai la porte du bar, histoire de trinquer fissa avec l'esseulé. Et là, surprise, surprise, il était plein aux as et, encore plus surprenant, il m'invita à en profiter. Et d'ordonner qu'on me serve en urgence absolue, sauf que la barmaid eut à peine le temps de se retourner que j'avais déjà éclusé d'une seule lampée ma pression ; la première à la santé du clan, les deux suivantes en l'honneur des copains de copains, et ainsi de suite jusqu'à ce qu'une heure se soit écoulée, le temps pour moi d'en être revenu à la petite gorgée qu'on savoure. C'est alors qu'il me réclama un numéro de téléphone que j'étais seul à pouvoir lui fournir – voilà donc, mais je m'y attendais, ce que cachait sa générosité. Il prétendit qu'il ne s'était installé dans ce bar que pour y broyer du noir, rapport à cette super-nana qu'il ne pouvait joindre, et il ne mentait pas ; forcément que c'était l'exacte vérité, vu qu'au cours de ces cinq derniers mois il était devenu raide dingue de cette poulette – avec laquelle, petite précision, je sortais. Je lui donnai son numéro, et il fonça vers la cabine après que je lui eus recommandé de ne pas prononcer mon nom ni de lui dire où je me trouvais. Mais quoiqu'il se fût engagé à tenir sa langue, il craqua, même si par la suite il me jura que non. Sa trahison, en dépit du fait qu'elle me coûta par ricochet Joan, se justifiait si l'on prend en considération que, désireux d'arracher à la fille un rendez-vous aussi important, il avait dû se justifier de le faire depuis un bar, et qu'il s'était alors servi de moi, comme d'un joker, pour l'appâter et lui donner envie de mettre le nez dehors. En ressortant de la cabine téléphonique, il revint, pas vraiment à l'aise, s'asseoir à côté de moi ; pourtant, si elle avait jugé impossible de le rejoindre tout de suite, elle l'avait néanmoins invité à la rappeler dans la demi-heure ; perspective qui l'emballait moins que moi, comme si d'être plus friqué que je ne l'étais ne lui donnait pas un indéniable avantage. Il ne lui retéléphona que quarante-cinq minutes plus tard, à l'instant précis où, par la faute de mon incorrigible soif, je touchais le fond ; elle lui demanda alors de l'attendre dans ce bar et le pria de patienter encore une petite heure. Cette attente était logique car elle habitait au-delà des quartiers est de Denver. Aussi pensai-je que tout s'emboîtait à merveille. Bill allait enfin obtenir l'objet de ses rêves, moi j'avais la bière, plus un délai de grâce pour davantage m'imbiber avant qu'elle rapplique (bien entendu, il n'entrait pas dans mes intentions d'assister à son arrivée), et ce serait bien le diable si Joan ne me pardonnait pas ce contretemps, somme toute bénin, quand je mettrais en avant ma métamorphose vestimentaire[1].

---

1. Dans sa biographie de Jack Kerouac, *Memory Babe* (éditions Verticales, 1998), Gerald Nicosia, évoquant les amis très proches de Cassady à Denver, cite parmi eux « l'avenant et athlétique Bill Thomson, le rival de Neal comme chef de bande ». (*N.d.T.*)

Ô tristesse ! Ô infortune ! Aurais-je pu sereinement engloutir ma dernière bière que je ne serais pas forcé d'écrire ce qui va suivre, me contentant de terminer mon histoire sur ces mots : « Et ils vécurent longtemps heureux. »

Holà, continuez de me lire sans sauter une ligne, témoignez de l'indulgence envers ma verbosité. Il faut que je vous précise deux choses, l'une est accessoire et j'en parlerai en second, mais l'autre est capitale si l'on désire comprendre quoi que ce soit à cette histoire ; bon, et maintenant place à un de mes retours en arrière si typiquement hollywoodiens.

Juré, je vais élaguer et être aussi bref et rigoureux que possible, bien que je n'y sois peu enclin par nature – surtout quand je suis crevé.

Petite précision, d'abord : le 23 juin 1945, je sortis libre de la maison de redressement de l'État du Nouveau-Mexique après en avoir bavé un maximum durant onze mois et dix jours (comme dans la chanson, non ?). Mais à peine fus-je rentré à Denver que je rencontrai par le plus heureux des hasards une jeune beauté de seize ans, originaire de l'est de la ville, et dont la famille était des plus respectables : une mère et une adorable sœur aînée, pour être précis. Si « Cherry » Mary (Mary Ann Fairland) avait hérité de son sobriquet parce qu'elle habitait sur Cherry Street, la rue des Cerises, il n'empêche que personne n'avait cueilli sa petite cerise quand son chemin croisa le mien. Aussi me dépêchai-je d'y remédier. Je la lui arrachai sans y mettre les formes, et elle adora ma façon de faire. Un coup génial sur lequel il y aurait beaucoup à dire – vingt à trente alinéas suffiraient à peine si je décrivais ce qu'on a vécu, mais j'ai promis de ne pas m'étendre. Je resterai donc ferme (ah ! ah !) et ne détaillerai pas nos rapports sexuels durant ces cinq mois – et, pourtant, ça s'active dans ma mémoire rien que d'y penser ; il faut quand même que je cite : la nuit de carnaval où je l'ai étrennée, la centaine de virées dans les montagnes dans sa Mercury toute neuve, les fourgonnettes qu'on louait uniquement pour leur couchette-arrière, sa cabine de douche que j'ai si souvent forcée, le jour où je l'ai obligée à baiser avec Hal Chase[1], la fois où je l'ai giflée pour avoir adressé quelques mots à la mère de mon deuxième enfant (mon seul garçon avant que Diana m'en donne un autre), le soir où elle s'est déclarée enceinte ; et toutes les autres fois où je l'ai baisée sauvagement, de nuit comme de jour, du temps où j'étais vigile à l'usine Goodyear ; on faisait ça n'importe où, sur les parcours de golf comme sur les toits, dans les parcs comme dans les cimetières (oui, ces endroits où les morts ont leur maison), dans les salles de classe comme dans les cours de récréation, dans la maison de sa mère lorsqu'elle s'absentait pour ses affaires (elle était agent immobilier) comme sur les rives enneigées de la rivière, partout, oui, partout où l'envie nous en prenait, et d'ailleurs on l'a fait dans tellement d'endroits qu'on peut dire que j'ai quadrillé Denver avec mon pénis ; franchement, je me forcerais que, malgré tout, j'en oublierais un paquet, faut savoir qu'on traversait souvent la ville de part en part dans le seul but de se dénicher un coin tranquille pour s'éclater, mais la plupart du temps je me contentais de me garer et de la lui fourrer direct – dans le fondement si nous étions à l'abri des regards indiscrets, sinon dans la bouche ; tiens, à force de creuser, voilà que je me rappelle la meilleure, disons la plus fabuleusement drôle, qui nous soit arrivée ; afin d'être agréable à sa mère, ma gonzesse faisait, jusqu'à

---

1. C'est par Hal Chase que Jack Kerouac apprendra, en 1945 à New York, l'existence de Neal Cassady. (*N.d.T.*)

plusieurs fois par semaine, du baby-sitting, soit pour un quelconque gros manitou des environs, soit pour des amis de la famille qui avaient les moyens ; ces soirs-là, je piquais une caisse et attendais mon ordre de mission car, une fois sur place, elle me bigophonait, me refilait l'adresse et ajoutait toujours que l'horizon était dégagé (Vous connaissez cette blague british ? C'est un mari et sa femme qui sont dans leur salon, le téléphone sonne, le mari décroche et répond qu'il n'en sait rien, qu'il vaudrait mieux s'adresser à la météo, avant de raccrocher. Aussitôt après, sa femme lui demande : « C'était qui, chéri ? », et il grogne : « J'en sais rien. Un cinglé en tout cas, qui voulait savoir si l'horizon était dégagé. » Wouaf, wouaf !), quoi qu'il en soit je fonçais la défoncer vite fait avant d'aller prendre mon service de nuit – à l'usine Goodyear, au cas où vous l'auriez oublié. À chaque fois, c'était le même topo, et ce jusqu'au soir où survint « la plus fabuleusement drôle ». Ça se passait un dimanche en fin de journée, j'étais donc de repos, et je me pointai à l'angle de la 16e et de High Street, j'attendis que les parents fussent sortis, puis me ruai à l'intérieur de l'appart' pour la tirer. Je me déloquai dans le living et la suivis, à poil, dans le cabinet de toilette où elle commença de me laver la queue (mecs, faites-en votre profit, ne vous séparez jamais de vos vêtements ou, tout du moins, gardez votre pantalon à portée de main quand vous êtes en train de passer aux choses sérieuses dans une piaule qui n'est pas la vôtre – bonté divine, voilà que j'oublie que certains d'entre vous se sont rangés des minettes et qu'ils n'ont donc certainement plus aucun besoin des conseils de cet excellent lord Chesterfield, aussi ne montrez pas ce passage à vos légitimes, ou alors dites-leur que je l'ai écrit pour l'éducation de vos fils, et si ça coince, pour celle de vos amis célibataires, et puis merde, laissez tomber), donc elle l'avait dans la main quand j'entendis claquer la porte d'entrée, puis dans le couloir la démarche lourde de la grand-mère du bébé, sauf qu'elle se déplaçait plutôt vite, cette vieille chouette, et qu'on a eu à peine le temps de refermer la porte du cabinet de toilette. Je résume la situation : le mec est nu, sans vêtements et sans issue de secours. Impossible aussi de s'éterniser dans ce réduit, vu que la pimbêche pourrait avoir envie de pisser, car les reins et les vessies des dames d'âge mûr ont des humeurs capricieuses. Et pas le moindre recoin où se dissimuler si elle entrait, ni aucun moyen, je le répète, de s'éclipser discrètement. Histoire de corser le tout, Cherry Mary se souvint avoir été prévenue que l'intruse devait venir passer la nuit chez ses enfants. Reste que sa présence ne nous empêcha pas de délibérer, certes à voix basse mais en se marrant comme des bossus, et un plan fut arrêté : Mary se montrerait et proposerait à la vieille dame de sortir boire un café au snack du coin de la rue, tout en essayant de rassembler mes vêtements et de les planquer ; pas de quoi, au demeurant, crier à l'exploit en comparaison de ce qui m'attendait. J'allais en effet devoir, aussi silencieux qu'une souris, déplacer le bric-à-brac – toutes ces cochonneries qu'on garde au lieu de les jeter – qui obstruait la seule ouverture (une lucarne) de ce cabinet de toilette, puis, et bien que cela me parût encore plus irréalisable, essayer, après m'être juché sur le rebord de la cuvette des W.-C., de débloquer à l'aide d'une lime à ongles son châssis. Sans compter que cette lucarne se composait de quatre carreaux de quinze centimètres sur onze, soit au total un rectangle n'excédant pas trente centimètres de haut sur vingt-deux de large. D'où nouveau problème, et à supposer que j'ouvre la lucarne, comment se faufiler à travers ? J'ajoute – et vive la modernité, bordel ! – qu'on avait scellé en plein milieu une barre de fer ; résultat : l'obstacle des vitres franchi, on se retrouvait en face, non pas d'une, mais de deux « lucarnes ».

Je commençai donc, non sans peine, à repousser vers l'extérieur la tabatière – il aurait été trop simple qu'elle s'ouvre vers moi –, mais je m'acharnai et réussis, en faisant toutefois un boucan d'enfer, à la relever. Il me restait à accomplir une deuxième prouesse : m'aplatir suffisamment pour pouvoir me glisser au-dehors. Si je passais la tête, le reste du corps suivrait, me sembla-t-il, sauf que je ne parvins à préserver mon cuir chevelu qu'en tordant le barreau (en ce temps-là, je pouvais arracher et lever jusqu'à cent kilos), mais, bien sûr, je faillis perdre mes bijoux de famille alors qu'à mi-parcours je gigotais dans l'air glacial de novembre. Par chance, le diable était avec moi, puisqu'un seul étage me séparait de la terre ferme, sinon je serais resté suspendu dans le vide. Je sautai donc dans les buissons qui bordaient l'allée intérieure et, quoique frissonnant, je m'y dissimulai fou de joie. Une mince pellicule de neige recouvrait le sol, mais seuls mes pieds en souffrirent jusqu'au moment où, souhaitant échapper aux regards d'un type qui venait de se garer sur le parking de l'immeuble, et qui passerait bientôt devant ma cachette, je ne trouvai mon salut qu'en collant mon corps dénudé contre la terre verglacée. Ce n'est que vers 21 heures que je pus quitter mon abri de fortune – soit, au total, pas loin d'une soixantaine de minutes dans le froid –, après qu'une cohorte d'ignobles friqués furent montés dans leurs bagnoles. Sitôt le dernier disparu, je me relevai, filai le long de l'allée et, avisant alors la gouttière d'un garage, je m'y agrippai et me hissai sur son toit. Au-dessus de ma tête, je pouvais distinguer la lucarne que j'avais forcée, de sorte qu'il aurait suffi que quelqu'un pénètre dans le cabinet de toilette, découvre les dégâts et jette un œil dehors pour que je sois découvert. J'étais en train de remâcher ma peur – le froid ayant nettoyé ma queue de tout désir – quand je vis s'approcher Mary. Elle avait mon pantalon, mes chaussures et ma veste, mais ni mon T-shirt ni mes chaussettes, ingrédients qu'elle avait sacrifiés alors qu'elle s'activait à remettre de l'ordre dans le living afin de me tirer « dignement » de ma fâcheuse situation. Tout au plus, la grand-mère avait remarqué ma ceinture, mais Mary lui avait dit qu'elle l'avait rapportée de son cours de maroquinerie, au prétexte qu'elle devait y graver quelque chose. Lorsque j'avais bousillé la lucarne, Mary avait tout entendu (mais pas la vieille qui devait être dure de la feuille, car, pendant que je me battais avec le châssis, elle avait continué de discourir sur la dinde du Thanksgiving) [...][1], ensuite Mary avait nettoyé, remis la tabatière en place et rangé tout le reste. Après m'être rhabillé, et plus bavard que jamais, je descendis en compagnie de Mary jusqu'à *L'Oasis* boire un café bien chaud[2]. Des comme

<hr />

1. Passage manquant, indiqué par l'éditeur américain. (*N.d.T.*)

2. Lorsque Charles Bukowski évoque sa rencontre avec Neal Cassady dans *Journal d'un vieux dégueulasse*, il le félicite d'avoir écrit cette histoire. Ce qui tendrait à prouver que ce « fragment » a fait l'objet d'une publication, à moins que, comme pour le manuscrit corrigé de *Première jeunesse*, Cassady l'ait fait circuler autour de lui. Car, dans *Memory Babe*, Gerald Nicosia mentionne sur le même sujet une lettre de Cassady à Kerouac, en date du 30 décembre 1950, et longue d'environ quatre-vingt-dix pages. Cette lettre enthousiasma Kerouac, qui y vit une novelette « supérieure à ce qu'ont produit Céline et Wolfe ; égale à ce que Dostoïevski a fait de mieux ; et l'équivalent de tout Joyce », et qui s'empressa de la faire lire autour de lui. Nicosia prétend que le fragment, publié ci-dessus, n'en est qu'un pâle reflet. (*N.d.T.*)

ça, qui tournent autour de Cherry Mary, je pourrais en écrire des pages et des pages ; aussi laissez-moi vous en raconter encore deux.

En prélude à ce qui va suivre, je rappellerai que la mère de cette baiseuse effrénée m'en avait confié la garde et que, dans son désir de faire de moi son allié, elle m'avait prié de veiller sur elle, voire de la surveiller, etc. Or, quelque temps après, comme Mary mettait les bouchées doubles, cette vieille maquerelle décida de me remonter les bretelles (j'ai du mal à me souvenir de la cause de son changement brutal d'attitude, vraisemblablement mon sans-gêne), sauf que, ne se sentant pas de taille pour me faire elle-même la morale – sans doute par crainte de ne pouvoir m'impressionner –, elle alla quérir l'assistance d'un prêtre de sa paroisse. Fréquentant le meilleur monde, elle accueillait l'élite de l'Église dans son appartement, aussi obtint-elle qu'un monseigneur – elle était catholique – vînt partager le dîner auquel j'étais convié. Pour être arrivé un tout petit peu en avance, je sentis tout de suite que quelque chose se mijotait. La salope avait du mal à cacher son jeu, à telle enseigne qu'après avoir exigé de Mary de lui prêter une oreille attentive, elle se lança dans un sermon, sorte de gospel miniature, comme si elle souhaitait me mettre en condition. Enfin, on sonna à la porte, ses yeux étincelèrent de satisfaction, et elle sortit illuminée de la cuisine pour aller ouvrir. Le monseigneur était un individu de taille et d'âge moyens, à la peau rose, et qui malgré ses grosses lunettes ne voyait pas plus loin que le bout de son nez, appendice grâce auquel cependant, une fois qu'il aurait heurté le mien, il m'identifierait.

Pour l'heure, il s'avançait à travers le living, subitement aussi grandiose qu'une cathédrale, et saluait avec onction l'assistance – en l'occurrence Mary, sa sœur et moi – qui lui marquait, mais sans excès, son respect, alors que la vieille maquerelle ne lui lâchait pas le coude tout le temps qu'elle nous vanta, avec des oh ! et des ah !, ses mérites. Et tout à coup, miracle, il me vit – ce qui s'appelle voir ; bon sang, l'image même de la stupeur ! Jamais je n'avais été le témoin d'une telle scène : un menton qui tressaute si convulsivement qu'il en vient à toucher le haut de la poitrine. « Neal ! Neal ! Mon garçon ! Enfin, je te retrouve, mon cher petit ! » Sa voix se brisa comme il prononçait ces derniers mots, et sa pomme d'Adam se bloqua, ne laissant échapper qu'un ultime couinement. Terrassé par l'émotion, il m'étreignit sur son cœur et, saisi de ferveur, il leva les yeux vers le ciel pour en remercier Dieu. De grosses larmes coulaient sur ses joues, submergeant son énorme mâchoire avant de disparaître dans son col ecclésiastique trop serré. Quelle attitude adopter ? Rester les bras ballants ou me pendre à son cou et essayer de lui rendre, en me mettant à son diapason, un peu de sa bonté ? Waouh, par tous les saints, quel spectacle ! La mère de Mary aurait voulu ne pas y croire, comme si la joie qu'éprouvait le prêtre de m'avoir retrouvé la frustrait affreusement, et de ce point de vue-là sa surprise touchait au sublime ; ce coup du sort, outre qu'il l'avait laissée sans voix, faisait maintenant passer sur son visage un tel vent de folie qu'elle en devenait méconnaissable. Elle aussi hésitait sur le parti à prendre. Allait-elle tomber dans les pommes ou s'enfuir dans sa cuisine ? Jamais elle n'avait été aussi secouée et, je le jurerais, jamais elle n'avait imaginé que ça pût lui arriver. Vraiment, quelle bonne farce ! Mary et sa sœur – qui ne se trouvait parmi nous que pour soutenir la dignité de la fonction maternelle – en étaient tout autant bouches bées. Comme à son habitude, la charmante Mary fut la première à se ressaisir, en pouffant de rire ; sa sœur suivit mais en fronçant les sourcils de désapprobation ; n'empêche, elles étaient revenues sur terre. Quant à leur mère, elle ne récupéra ses esprits qu'après une exclamation, aussi artificielle que visqueuse. « Eh bien, quelle délicieuse surprise ! » gazouilla-t-elle avec un sourire forcé, quoique paraissant satisfaite de s'en sortir à si bon compte. Holà, une seconde, pas si vite, l'erreur arrive ! Parce qu'elle avait encore du mal à admettre l'impensable, mais qu'elle s'émerveillait d'avoir su trouver une première réplique, elle crut judicieux d'ajouter quelques mots. « Bon, ce n'est pas tout ça ! Et si nous passions à table ? » dit-elle d'une voix haut perchée qui traduisait son extrême nervosité. Sa fausse désinvolture, qui s'entendait à l'oreille, nous frappa par son incongruité car, en voulant trop vite effacer le souvenir de cette scène, alors que son hôte continuait de me serrer contre lui, elle venait de se trahir.

Ce prêtre en extase devant moi n'était autre que Harlan Fischer, qui s'était déclaré mon parrain lorsque, à l'âge de dix ans, en 1936, j'avais été baptisé. Pendant quelques mois, il m'avait même enseigné le latin, et nous nous étions parfois croisés au cours des trois années suivantes quand il m'arrivait de servir la messe comme enfant de chœur en l'église du Saint-Esprit. Lors de notre dernière rencontre, m'étant pris de passion pour la *Vie des saints*, je lui avais fait part de mon désir de devenir prêtre, voire moine, sauf que, très peu de temps après, je m'étais, non sans volupté, laissé glisser sur la pente du mal. Et voilà que, six ans et demi plus tard, il me retrouvait chez Mary sous les traits du pêcheur à qui il était venu porter la bonne parole. Bien évidemment, il n'en fit rien, ça ne lui traversa même pas l'esprit, tant il éprouvait de béatitude à avoir remis la main sur sa brebis égarée. Il m'apprit qu'il n'avait pas eu d'autre filleul – l'occasion ne s'étant pas représentée – et qu'il ne s'était jamais arrêté de prier, de jour comme de nuit, pour le salut de mon âme et pour qu'il lui soit donné de me serrer à nouveau dans ses bras. À table, ce lui fut un supplice que de tenir en place, il n'arrêta pas une seconde de s'agiter tout en parlant d'abondance, et il va de soi qu'il ne toucha pas à son assiette. Au risque de le rendre ennuyeux, il dilua le récit de sa longue attente, et ce depuis le jour où je m'étais ouvert à lui jusqu'à cet instant où cette mère si sincèrement affligée (dès que le père Fischer ne lui prêtait plus attention, elle me lançait des regards lourds de haine) était venue lui exposer ses malheurs. Une fois le dîner expédié, la vieille maque-relle dut admettre l'échec de son astucieux petit stratagème lorsque le monseigneur s'excusa de devoir la quitter – mais tout le monde aurait à cœur de le comprendre –, désireux qu'il était de me parler en tête à tête. Il me conduisit jusque devant son église et, là, dans sa voiture, nous parlâmes deux heures ensemble, avant que je le laisse et m'éloigne pour toujours, car cela fait maintenant cinq ans que je ne l'ai pas revu. Que nous sommes-nous dit ce soir-là ? Il se plut tout de suite à évoquer mes envies de prêtrise ; aussi, souhaitant qu'il ne se méprenne pas sur mes intentions ni qu'il se laisse abuser par une possible hypocrisie, je mis brutalement les points sur les i et, pour une fois, je n'hésitai pas et lui dis de ne pas me bassiner avec ces choses-là ; j'étais désolé pour lui, mais nous appartenions à deux mondes différents, et il perdrait son temps à essayer de me sortir du mien. Certes, on a usé beaucoup de salive, ça n'a pas été aussi bref et simple que je le laisse entendre, mais le résultat est le même, je l'ai abandonné dans sa voiture lorsqu'il a enfin admis que je ne changerais plus, car ainsi va la vie.

L'autre incident que je comptais vous raconter devra attendre, il faut d'abord que je taille dedans jusqu'à l'os, que je le réduise à l'essentiel, car je n'ai plus d'argent pour acheter du papier. Reste que ce petit aperçu sur les mois qui précédèrent ma rencontre avec Joan n'avait comme but que de vous permettre d'apprécier ce qui allait m'arriver dans ce bar où je m'arsouillais en compagnie de mon jeune frère de sang. Entre parenthèses, veuillez noter les deux éléments suivants : je n'avais pas revu la mère de Mary depuis un mois, ni Mary elle-même, depuis quinze jours. Non, allez, encore un petit retour en arrière concernant les lubies de Cherry Mary. Elle était si hypocondriaque qu'elle jouait souvent les aveugles. Je vous assure que c'était du bidon, car elle ne souffrait ni des yeux ni de quoi que ce soit d'autre, dix sur dix à chaque œil au contraire, et c'est justement à cause de cela qu'elle affectait être obsédée par la cécité. Il nous est arrivé de rester jusqu'à seize heures d'affilée dans une chambre d'hôtel sous le prétexte qu'elle n'y voyait plus goutte. Et, tout le temps que ça durait, je devais guider sa main, son pied (et son con). C'était un caprice imprévisible ; soudain, elle m'annonçait qu'elle avait perdu l'usage de ses yeux pour le recouvrer tout aussi soudainement. Ça lui arrivait alors qu'elle conduisait – je prenais le volant –, alors que nous marchions – je lui prenais la main –, ou alors qu'on faisait l'amour – je la prenais quand même –, en fait, ça lui arrivait à chaque fois que l'envie lui en prenait. C'était son grand jeu, elle se fichait complètement d'emboutir sa voiture, ou de causer quelque autre désastre, persuadée que sa mère se serait empressée de rappliquer avec tout son fric. L'aurait-elle d'ailleurs fait ? M'en fous, ça suffit !

Accordez-moi plutôt encore quinze cents mots, et je vais vous expliquer pourquoi Joan et Neal ne vécurent pas longtemps heureux. Au fond, c'est très simple : ils n'ont pas essayé.

Et donc, comme je buvais ma dernière bière avec Bill, mon frère de sang – je venais vraiment de décider que ce serait la dernière –, deux flicards en civil s'approchèrent de nous et, après nous avoir demandé lequel était Neal C., m'embarquèrent sans autre forme de procès ! Pour ce que j'en sais, la mère de Cherry Mary, qui écoutait sa fille depuis un autre poste, avait surpris sa conversation avec Bill et découvert où je me trouvais. Ensuite de quoi, elle avait appelé la police – tel est l'avantage d'avoir de l'influence politique. Et donc, et donc, quoiqu'on eût renoncé à me poursuivre pour viol, grâce à Mary qui, malgré son affolement, avait catégoriquement récusé le témoignage de sa mère, et aussi par absence de la moindre preuve, on me garda cependant en prison à la suite d'une plainte pour vol. Et de quoi ? Mais de ma salle de billard favorite. L'accusation avait une apparence de vraisemblance, car j'avais souvent aidé au rangement des billes et des queues, et puis je connaissais les lieux, si bien qu'il me fallut patienter quelques détestables semaines avant que le flic en chef reconnaisse n'avoir rien contre moi et consente à ma libération.

Mais Joan avait disparu sans laisser de traces !

Je suis entré dans la salle de billard...

Je suis entré dans la salle de billard et j'ai tout de suite repéré Jim[1] qui m'attendait, comme prévu, sauf qu'il n'avait pas sa valise. Et parce que je ne plaisante pas avec l'exac-

---

1. Probablement Jimmy Holmes, « un spécialiste du billard, timide, les épaules rondes » (G. Nicosia, *op. cit.*). (*N.d.T.*)

titude, je lui ai dit : « Hé, mon pote, on doit décarrer à 2 heures. Où sont tes affaires ? »

« Te casse pas la tronche, tout est O.K., on passe nous prendre », m'a-t-il répondu sans quitter de l'œil la boule blanche avec laquelle il espérait remporter un point décisif. Son vieux était d'accord pour nous embarquer, à la sortie du boulot, et nous avancer avec sa Lincoln 37.

« Et le fric, tu l'as ? » lui ai-je demandé sans avoir l'air d'insister. « Sûr que je l'ai », a-t-il répliqué sur le même ton. Eh bien, puisque tout s'enclenchait impeccable, autant, ai-je pensé, m'asseoir et regarder Jim foirer son coup. Il ne pouvait que perdre contre un adversaire qui était bien trop fort pour lui. Et du coup je me suis mis à me ronger les sangs. Pourvu que la vieille peau ne veuille pas vérifier si j'avais mon permis. Pourvu aussi que sa voiture soit d'un modèle récent. Sinon ce serait l'enfer que de rouler aussi loin vers le sud, d'autant qu'après l'avoir lâchée on aurait encore près de huit cents bornes à se taper en stop jusqu'à L.A. C'est une maladie, mais je ne peux pas m'empêcher de m'angoisser, surtout dans les dernières minutes, et surtout quand je me roule les pouces sur une banquette. Oh, et puis merde !

Tout à coup, son père nous a klaxonnés depuis la rue. Jim a rangé sa queue de billard et craché son fric au mec. On s'est empressés de grimper dans la Lincoln et de filer jusqu'à Clarkson Street. Je vivais alors dans le petit appartement des parents de Jim, dont je partageais la chambre. Le temps d'y prendre nos fringues qu'on était déjà sur Broadway, direction la sortie sud de Denver. Là, le gérant de l'agence de covoiturage, un type plutôt débonnaire, nous a dit que notre conductrice était déjà passée mais qu'elle repasserait d'ici à un quart d'heure. La porte à côté, il y avait un drugstore, on y a siroté une tasse de café tandis que je nous offrais le seul morceau de Coleman Hawkins figurant au menu du juke-box, *Body and Soul*.

Une femme entre deux âges, à l'évidence sans sexe, et qui s'en fichait, s'est ensuite ramenée dans une Buick 38. Jim et moi, on a échangé un regard mi-triomphant, mi-soulagé avant d'aller vers elle et de lui dire qui on était. Puis, j'ai exigé de Jim qu'il lui verse les vingt-cinq dollars convenus pour nous descendre dans le sud de l'Arizona. Je savais que si on tardait à le faire, sournois comme il était, il allait gamberger au meilleur moyen de passer à travers. Après avoir remercié le gérant de l'agence de nous avoir dégotté une telle berline, on a fourré dans le coffre la valise de Jim, avec dedans le peu de vêtements que je possédais, et on a pris place sur les sièges arrière de la grosse Buick. Enfin, ça y était, on était partis pour ma virée à L.A.

*

Dites, est-ce que je vous ai déjà parlé de Clara Johnson ? Non, hein ? Il me faut donc admettre que si je n'en ai pas dit un seul mot jusque-là, c'est tout simplement parce que cette créature de rêve sommeillait depuis des années, pas loin de dix si je ne m'abuse, dans quelque recoin de ma mémoire, comme si j'avais souhaité l'y ensevelir. Tout en elle est pourtant inoubliable : ses cheveux d'un blond doré, sa peau claire, immaculée, son corps neigeux et élancé dont la finesse soulignait les fermes rondeurs, ses yeux gris perle qui scrutaient le vaste monde avec une curiosité sereine ; disons, si je veux être plus précis, que rien dans son regard, aussi franc qu'attentif, n'indiquait qu'elle se montrât choquée de ce qu'elle observait ; mais le meilleur, c'était bien son petit coquillage dont nul n'avait ouvert les délicates lèvres sinon, peut-être, elle-même lorsqu'elle avait dû, dans son adolescence, l'explorer d'un doigt léger. J'étais plus jeune qu'elle, j'avais seize ans et elle vingt, et même plus que vingt puisque, la dernière fois que nous nous sommes vus, elle fêtait sa majorité. Au vrai, ce n'était pas non plus une géante, 1,68 mètre environ, mais sa démarche élastique autant que sa façon si provocante de se déhancher font que dans mon souvenir elle est plus grande que dans la réalité, moyennant quoi je la classe parmi « les grandes ». Elle était très suédoise, bien plus que sa blonde chevelure et son nom de famille ne le laissaient indiquer, et de fait elle ne résidait aux États-Unis que depuis peu – guère plus d'un an, dirai-je. À cause de son épouvantable accent, elle cherchait toutes les occasions de perfectionner son anglais ; voilà d'ailleurs qui, au surplus de son innocence, me permit de parvenir sans trop de mal à mes fins…

Trouver la bonne façon d'attaquer une histoire ne m'est pas des plus faciles, car à peine m'y suis-je mis que je dois d'abord revenir quelque peu en arrière, comme si en reculant le moment d'entrer dans le vif du sujet je pouvais soupeser ce qu'il me faut en conserver ou en rejeter afin d'atteindre à l'essentiel, à savoir la représentation la plus exacte du caractère de chacun des personnages. Mais un tel désir de vérité doit se jouer des pièges du passé, sinon, à trop s'attarder, on finit par échouer. Une chose en entraînant une autre, voilà que malgré moi je m'égare pour être trop redescendu dans le rétrospectif et, à force d'accorder au moindre détail une importance démesurée, j'en arrive un peu trop vite, par manque de concentration, à perdre de vue mon objet principal, pour ne plus jamais le retrouver. Or, soucieux de ne pas renouveler cette erreur avec l'histoire de

Clara, je me dois de laisser tomber ce qui, dans n'importe quel roman, aurait constitué un indispensable préambule. Et donc, il me faut, en réduisant mon introduction à quelques notations réalistes et en m'abstenant de parenthèses inutiles, renoncer à évoquer, même sommairement, les trois à six mois qui précédèrent ma rencontre avec Clara Johnson.

Il me suffira de dire qu'elle se produisit au cours du brûlant été 42, dans le sud ensoleillé de la Californie, et que, voiturier dans l'un des parkings en étages du centre-ville, j'étais dans tout l'éclat de ma jeunesse, quoiqu'elle m'eût déjà valu de sérieux avertissements, qui n'étaient cependant que bagatelles en regard de ce qui m'attendait. Car cette période de ma vie précéda de quelques mois toute une série de faux pas, au terme desquels je serais privé, jusqu'à en perdre le goût, de ces parties de jambes en l'air qui faisaient alors mon ordinaire, mais tandis que s'accumulaient les signes de mauvais augure je ne savais que me raccrocher à tout ce qui m'évoquait le Denver de mon adolescence, à tous ces copains du temps passé. Au premier rang desquels venait – sans doute parce qu'il était l'un des rares à avoir pris racine à L.A. – Warren Hall. C'était un gugusse, du moins nous parut-il être l'image même du débile lorsqu'il commença, entre 39 et 40, à hanter la scène de Denver, mais nous étions en 42 et il avait changé. Fuyant les hurlements de ses quatre, cinq, six, sept (et peut-être davantage) frères et sœurs que sa mère, une ivrognesse, ne prenait même pas la peine d'habiller dans leur taudis de Curtis Street, il s'était finalement décidé à marcher sur les traces d'une de ses sœurs aînées, Margie. Laquelle s'était établie dès 1937 à L.A., avant d'y épouser un livreur de lait d'origine grecque. Et donc, au début 40, Warren s'était senti assez de courage pour filer en stop avec moi jusqu'à leur maison de Venice, aux confins de L.A. Pour ma part, je n'avais accepté de m'acoquiner avec ce mec sans importance que dans l'espoir : 1. de manger gratis, 2. d'essayer, et de parvenir, à baiser sa frangine, 3. de décrocher un job grâce à son beau-frère qui avait, à ses dires, du poids dans sa profession, et 4. de découvrir la Californie. Après un voyage atroce, le pire que j'aie jamais fait, et que couronna, comble de l'abomination, une marche forcée de vingt-cinq kilomètres jusqu'au 139 391/22 Washington Boulevard, je m'installai enfin entre John le Grec, Margie la traînée, leur bébé de deux ans, et Warren l'empoté. (Je l'avais d'ailleurs surnommé « Teuf Teuf », rapport au fait qu'il s'ébranlait et circulait aussi lentement qu'une 2-10-2, à savoir une de ces machines numérotées de 3173 à 4499 par la Southern Pacific. Et dont les modèles 3200 et 3300 roulaient, pour la plupart, à l'intérieur des vallées autour de L.A., en gros entre Bakersfield, Stockton et San Juaquin, tandis que sur la Côte on trouvait, bien qu'assez rarement, les 3600 et 3700, mais les meilleures de toutes (des 2-10-2, veux-je dire), les 4300, étaient affectées aux grands convois. Ne manquant ni de vitesse ni de puissance de traction, on pouvait les atteler aux trains de marchandises ou de voyageurs ; dans la gamme au-dessus, il y avait les 80, monstres au profil aérodynamique (numérotés de 4401 à 4499) qui tiraient notre mondialement célèbre Daylight et le flamboyant Lark, l'express préféré des stars de cinéma.) Et donc je fus engagé à la laiterie où il m'arriva de laver jusqu'à cinq mille bouteilles en une nuit mais il y avait des à-côtés plaisants. Comme de laisser choir Warren et de partir en virée avec un type qui avait pourtant essayé à Denver de me souffler la chatte de Mary Hosie. Mais je ne vais pas vous raconter tout ça, ni les emmerdes qui m'ont conduit en maison de correction, et pas davantage mes retrouvailles ultérieures avec L.A. Oublions Tony Reznick, Betty Moore, les putes mexicaines et les serveuses de First Street qui les valaient bien, toutes ces soirées trépidantes qui précédèrent ma première prise de contact avec les prisons de L.A., et franchissons les années pour en venir à Clara, l'attendrissante vierge.

Circonstance exceptionnelle, j'avais, ce jour de l'été 42, du temps devant moi car, pour avoir la nuit précédente forcé sur la bouteille et m'être réveillé de très bonne heure, j'avais réussi à convaincre mon collègue de travail qu'il était tout à fait capable de tenir à lui seul le parking, d'autant qu'il s'était jusqu'alors débrouillé comme un chef, mais, promis, juré, je reviendrais dans la soirée lui donner la main quand ça se mettrait à bouger. À l'époque, je n'étais pas du genre à glander, au contraire, je m'activais du mieux que je pouvais, même quand le client se faisait rare. C'était le cas ce jour-là ; donc j'étais libre mais, histoire de me remettre les yeux en face des trous, il me sembla judicieux de me rendre à l'une de mes deux séances hebdomadaires d'entraînement, quitte ensuite à laisser flotter les rubans. Aussi, dans ma super-tenue de basket, sur laquelle j'avais passé mes vêtements de ville, j'empruntai l'ascenseur grinçant qui reliait le dixième étage au hall noir d'une foule bruyante à laquelle, fier comme un paon, j'évitai de me mêler, préférant gagner, par un subtil virage sur l'aile, le gymnase dans lequel je ne pénétrai qu'après avoir dépassé, du même pas assuré, les cabines téléphoniques qu'assiégeait une nuée de marins. Dans le vestiaire, il me fallut encore, avant de pouvoir respirer l'air frais de la gigantesque aire de jeux, contourner un groupe de tapettes vieillissantes et sauter d'un bond les trois marches de pierre me séparant du terrain de basket. Le temps de me déloquer que j'étais déjà en train de le descendre et de le remonter. Vingt minutes durant, je ne cessai de lancer le ballon, d'une main comme de l'autre, m'agitant en tous sens, et cherchant les angles de tir les plus biscornus. Ensuite, direction la salle de poids et haltères où d'entrée, et sans échauffement, j'arrachai un superbe quatre-vingt-dix kilos, après quoi j'enchaînai en développant comme à la parade soixante-dix kilos, puis quatre-vingt-cinq kilos, et aussi, mais d'une seule main, cinquante kilos à l'arraché et à peine dix de moins à l'épaulé-jeté, et j'achevai de me sortir les tripes en faisant suivre quarante tractions à la barre fixe à cinquante pompes que j'exécutai, pour partie, de la main droite en amenant mon menton à la limite du tapis, puis de la main gauche, mais cette fois en l'effleurant d'un poil. Après quoi, douche, coup de peigne tout en douceur, et retour dans ma carrée pour une petite heure. Quoique je disposasse encore de sept heures avant de pointer au parking, j'enfilai mes vêtements de travail, ne serait-ce que pour m'éviter d'avoir à repasser par le foyer de l'YMCA, mais aussi parce que je ne manquais pas d'allure avec mon pantalon de chauffeur de bus et ma chemise marron de voiturier qui mettait si bien en valeur ma musculature. Une fois dehors, petite marche, à peine deux blocs, jusqu'à mon coffee-shop – je dis « mon » alors qu'il n'en était rien puisque je n'avais couché avec aucune de ses serveuses ; encore quelques mois, et ce serait chose faite. (Non, « mon » coffee-shop se trouvait à une douzaine de blocs de là, près d'Olivera Street, et je ne le considérais comme tel que parce que Tony m'avait mis au défi de sauter ses sept employées mexicaines sans bourse délier, ainsi que le stipulait notre pari. Ça n'avait marché que parce que j'étais parvenu à les attirer, l'une après l'autre, dans une maison sur la plage, luxueux pied-à-terre, dont

Tony et moi avions, de minuit à 8 heures du matin, la libre disposition, car ses trois locataires, qui se privaient sur tout, faisaient partie de ses relations et travaillaient de nuit à l'usine d'aviation Douglas.) Donc, après avoir englouti des œufs au jambon et un bol de céréales aux raisins, je descendis jusqu'à l'agence de location de voitures, entre Figuroa et la 5e. J'allongeai vingt-cinq dollars et en ressortis au volant d'une Mercury 41 décapotable. N'empêche que je ne savais où aller. Il était encore trop tôt dans la matinée, et à cette heure-là il n'y avait qu'à Denver, ou dans mon imagination, que j'aurais pu me pointer chez des copains. C'est alors que je repensai à Warren Hall et que je mis le cap sur Santa Monica. J'avais eu sa nouvelle adresse par son père, un triple idiot, que j'avais rencontré avant de quitter Denver, et qui m'avait aussi appris que son fiston bossait désormais dans une entreprise de ressorts métalliques du centre-ville. En ressortant de la voie express, je remontai une allée jusqu'à une belle maison, me garai et sonnai à la porte, assez stupéfait que Warren ait eu les moyens de se payer un tel loyer. Une adorable brunette me répondit que Warren n'était pas encore levé mais que, si je le désirais, je n'avais qu'à entrer et à l'attendre. S'extirpant d'un somptueux lit recouvert de satin, apparut alors devant mes yeux admiratifs ce qui avait été mon ridicule compagnon de misère. Il se mit sur son trente et un avant d'aller s'asseoir devant un petit déjeuner que lui servit la froufroutante brunette. Si je ne l'avais vu de mes yeux, je n'aurais jamais pu imaginer à quel point les joies de l'existence vous transformaient un homme, tant Warren paraissait indifférent à autrui et très suffisant, alors que, par le passé, son extrême nervosité m'avait si souvent déplu. Mais parce que nous ne dépendions plus l'un de l'autre, je me sentais infiniment plus flegmatique et insouciant que lui-même, en dépit de son faux air d'indifférence agacée, et plus je l'observais avec des yeux critiques, plus je me prenais à sourire en mon for intérieur de la maladresse avec laquelle il voulait exprimer son changement de statut, en particulier quand il affectait un détachement, si grossièrement hollywoodien, que son imitation, déjà peu convaincante, du Grand Blasé tournait au grotesque, surtout si je la mettais en parallèle avec le garçon qu'il avait été à Denver, tant et si bien que j'en vins à douter de la réalité du spectacle qu'il m'offrait, même si ses effets de manche, à chaque fois plus prévisibles, me tiraient des gloussements de satisfaction. Tout autre était le sentiment de Warren, il tenait là son grand rôle ; trop occupé à se prendre au sérieux, il ne se rendait plus compte qu'il se caricaturait lui-même ; ainsi, et tandis qu'il en remettait dans la bonhomie doucereuse et se plaisait à exprimer des convictions tout à la fois égalitaires et indulgentes envers ses misérables inférieurs, il ne percevait pas en quoi sa morgue contredisait l'idée qu'il se faisait d'un dilettante. La brunette, pour sa part, ne s'en offusquait pas, comme si elle savait que ce style BCBG n'était que du chiqué – sans doute Warren devait-il, en tête à tête avec elle, en rejeter la responsabilité sur sa mère –, et d'ailleurs, une fois qu'il eut pris place dans ma décapotable, il me confia qu'il se faisait l'impression de ressembler à Errol Flynn puisqu'il permettait à tous les siens de venir manger dans sa main. Sachant d'expérience qu'il était un menteur pathologique, je le récompensai de chacune de ses tirades sur la « réussite à la portée de tous » par tout un jeu de mouvements de lèvres, et ce pendant qu'on faisait le tour des endroits où il devait y avoir, selon lui, des filles… Sauf qu'on n'en trouva aucune, même s'il était du genre à vous lancer :

« Arrête-toi devant cet immeuble. Je connais une fille qui y habite avec sa sœur. » Et de se ruer aussi sec hors de la voiture, de foncer vers la porte, de sonner le premier venu, et de se présenter comme un vendeur de bibles, un type cherchant son chemin, et patati et patata, jusqu'au moment où il demandait à qui il avait affaire.

Après trois à quatre heures de ce genre, la course régulière de la grande aiguille l'obligea à mettre un terme à sa déconnante, et on s'arrêta pour boire une bière ou deux. Warren me parla alors de sa sœur qui avait quitté son Grec, qui avait bazardé tout ce qui lui appartenait en le distribuant autour d'elle, et qui travaillait désormais dans une succursale des magasins Woolworth pas très loin du centre-ville. Et comme elle finissait à 17 heures, il décida qu'on irait ensemble l'attendre à la sortie.

Afin de profiter du soleil, on avait relevé la capote, il faut dire que Warren, avec sa peau boutonneuse, en avait sacrément besoin ; et alors qu'une brise tiède gonflait nos cheveux, que la radio crachait le One O'Clock Jump de Count Basie, et que mon passager continuait de singer les milords, j'entamai la traversée de L.A. à l'affût du beau sexe. Tout à coup, la réalité rattrapa si violemment Warren qu'il en parut comme assommé. Aussitôt après, à croire que tout espoir n'était pas perdu, il reprit apparence humaine. « Bon, quelle heure est-il, où sommes-nous, tourne à gauche, maintenant à droite, on y est, ralentis, c'est parti, mon coco. » Au bout de la rue, il y avait une usine d'aviation, et on arrivait pile au moment du changement d'équipe. Des centaines d'hommes et de femmes déferlaient dans notre direction, et même si la plupart tournaient vite sur la droite, ou sur la gauche, en quête de leur voiture, tandis que d'autres guettaient à la sortie de ces mêmes parkings une âme charitable, il en restait encore assez pour venir se ranger à l'arrêt des bus, et parmi ceux-là on dénombrait un joli pourcentage de mignonnes en pantalon et en sweat. Lentement, on longea la file d'attente, marquant le pas quand il le fallait et examinant sous toutes les coutures l'objet de nos convoitises. À plusieurs reprises, on faillit réussir notre coup – si j'avais été seul, j'en aurais tout de suite embarqué une --, mais à chaque fois qu'une fille se laissait tenter, il lui suffisait de découvrir le gros nez bourbonien, aussi rouge qu'une citrouille, de Warren et de l'entendre nasiller un narquois « par ici, ma belle » pour freiner illico des quatre fers ; en un éclair, ses longues jambes se prenaient à hésiter avant de se figer, puis elle changeait sa gamelle de main, faisait demi-tour et reprenait sa place dans la queue. Après quelques échecs, je conseillai à Warren de se foutre un mouchoir sur la gueule, histoire de masquer son pif, et de me laisser causer. La situation évolua du tout au tout, et moins d'une minute plus tard Clara entra dans ma vie.

Et voici de quelle façon : soudain s'offrit à ma vue une blonde incandescente à la chair laiteuse qui trottinait vers nous ; dans la seconde d'après, j'avais fait un demi-tour sur place et lui collais au train. Aurait-elle l'obligeance de m'indiquer où se trouvait le bureau de poste le plus proche ? Avec les filles, ça marche toujours, et avec elle ça marcha aussi, sauf qu'elle ne comprit pas ce que les mots « bureau de poste » voulaient dire et que je dus faire son éducation…

Alors qu'au cœur de la nuit je quitte L.A. en train…

Rues noires, centaines de voitures endormies quasiment garées en bordure des voies, masses énormes des buildings, encore pas mal de lumières aux fenêtres, comme autant de figures ardentes dans les ténèbres, maisons isolées, encrassées, sonores, parfois des cris de joie, parfois des lamentations, car il y a des maisons vouées au malheur ; et d'autres aussi qui comblent de félicité leurs propriétaires. Panneaux publicitaires, affiches géantes, buvez ceci, mangez cela, achetez ça, QUE CHACUN L'ACHÈTE, le meilleur, le moins cher, le plus blanc, le bonheur à portée de la main. Horizon constellé de lumières rouges : Attention, avions ! Phares de voitures, partout ! Et ici, des ouvriers qui réparent les canalisations de gaz. Signal, fanal, dédale… Signal, fanal, dédale. Est-ce l'obscurité qui me fascine ? Dis-moi, que vient-il de se passer là-bas ? Que cherche-t-on à me cacher ? Serait-ce quelque merveille ? Trop tard, la nuit l'a déjà, et pour toujours, absorbée. Voilà que la circulation s'amenuise et que le train laisse derrière lui le halo grandissant de la ville, à présent on roule en rase campagne, on ne dépend plus du poste central d'aiguillage, plus personne ne peut nous diriger, c'est à moi de veiller avec un soin de tous les instants à ce que le convoi ne déraille pas. Eh oui, l'inextricable lacis ne doit pas m'empêcher de trouver ma voie vers cette dignité qui se confond avec la pensée ; jour après jour, c'est en m'appliquant à suivre ces lignes tracées avec précision qu'on finira par m'estimer et me respecter. Ô rail sans fin de l'humaine passion !

Érosmobile

J'avais quatorze ans lorsque j'ai volé, en 1940, ma première voiture ; sept ans plus tard, quand entrant dans l'âge d'homme je renonçai à jouir du fruit défendu, j'en avais possédé, en toute illégalité, près de cinq cents – tantôt je les retournais à leurs propriétaires avant même qu'ils pensent à les récupérer (c'est-à-dire dans les parkings), tantôt je les gardais des semaines entières afin de les transfigurer du tout au tout, quoique la plupart du temps je me satisfisse de seulement les conduire.

Cette sensation jusqu'alors inconnue qu'on ressent à chaque fois qu'on pique une bagnole – surtout lorsqu'on la démarre au quart de tour pour avoir agi avec méthode – ne peut que vous mettre les nerfs à vif, d'où une surexcitation à nulle autre pareille. C'est un copain de l'école primaire, vite devenu le petit caïd du quartier, qui m'initia à cet enivrant passe-temps (bien qu'indéniablement, voire complètement, idiot), et cela par le plus grand des hasards. Il aura en effet suffi qu'à deux pas de l'entrée, fort bien éclairée, d'un meublé, vienne se garer une conduite intérieure. Sauf que ça coinça un maximum, figurez-vous que cette Oldsmobile 38 était un modèle des plus hybrides – le type même de la voiture « expérimentale » –, à telle enseigne que tous ses boutons en forme de minuscules cornes de taureau – contact, phares, radio, etc., – avaient été inversés sur le tableau de bord, bizarrerie qui déstabilisa au plus haut point John, dont l'acharnement à vouloir néanmoins la mettre en marche me parut franchement ridicule alors que, droit comme un i, je l'observais d'une meilleure place que la sienne. Il essaya tout et n'importe quoi, trouva la radio, les lumières, mais jamais le démarreur ; perdant alors le peu de sang-froid qui lui restait il appuya par mégarde sur le klaxon et aussitôt se jeta sur la portière qu'il faillit ne pas réussir à ouvrir. Mais, quoique encore sous le coup de la peur – si légitimement fondée que je me félicitai de ne pas avoir moi-même cédé à la panique –, nous décidâmes de retenter notre chance. Soucieux de faire oublier son affolement momentané, John tenait à me démontrer que d'habitude ça se passait comme sur des roulettes, et son discours fortifia suffisamment mon courage (durant tout le temps que, dissimulés derrière un arbre, nous attendîmes le bon moment) pour que je me précipite à sa suite dans la voiture et que je sois du voyage.

On abandonna l'Oldsmobile aux abords d'une caserne, dans le sud de la ville, et d'ailleurs, comme John avait calé en voulant faire un demi-tour sur place, ce furent deux soldats qui se portèrent volontaires pour nous pousser, mais après deux, trois toussotements le moteur nous lâcha, moyennant quoi on retira la batterie et nous rentrâmes chacun chez nous, quasiment alors que le jour se levait, ce qui ne manqua pas d'entraîner de nouvelles complications mais, malgré leur débauche de hurlements indignés, elles m'impressionnèrent moins que la longue nuit palpitante que je venais de vivre, et dont je continuerais d'éprouver, dans les jours suivants, les effets grisants jusqu'au moment où – très exactement après avoir, comme chaque matin, servi la messe –, sortant du presbytère, je tombai en arrêt devant un modèle assez courant de Mercury, avec, bien visibles, les clés dessus. Il va de soi que n'ayant jamais conduit de voiture, de surcroît si puissante, je démarrai sur les chapeaux de roue avant de pouvoir me rendre maître du véhicule. Car, par manque d'expérience, il me fallut un peu de temps pour comprendre que, si l'on voulait éviter de faire crisser les pneus, tout dépendait du poids, caresse ou poussée plus franche, qu'on exerçait sur la pédale de l'accélérateur, mais pour autant j'étais loin encore de ne plus emballer le moteur. Bordel, mettez-vous à ma place, je n'avais jamais piloté un tel engin !

N'importe, la nature érotique de cette escapade s'affirma pleinement quand je fis monter à bord de la Mercury une jeune collégienne qui me laissa libre d'explorer son anatomie ; voilà pourquoi, autant par sa nouveauté que par son acuité et sa force émotionnelles, je ne me connais pas de souvenir plus éloquent sinon d'être passé au rouge à peine tournée la rue.

En écoutant, à l'automne 63, Neal raconter une histoire

(Note de Allen Ginsberg : À San Francisco, au 1403 Gough Street, dans le courant de l'automne 63, j'ai noté ce qui suit sur le coin d'une table de cuisine, pendant que Neal Cassady, qui nettoyait ses chaussures maculées de brins d'herbe, me décrivait les caractéristiques, à la limite de l'archétype, de deux personnages de coureurs automobiles dont il comptait faire les héros d'une nouvelle pour True Magazine – je suppose que si Neal l'avait menée à son terme, ces deux créatures imaginaires auraient fini par se départager.)

Alors, écris, mets ça noir sur blanc. Mon sujet ? Une fois de plus, le coureur automobile. L'emblème du xxe siècle, et même du prochain, non ?

C'est le genre d'histoire qui vaut une double page. J'ai déjà commencé à noter quelques petites choses à propos d'un mec qui court à Indianapolis – tout devrait tourner autour de la question « a-t-on le temps de revoir le film de sa vie ? » –, eh bien, lui, il l'aura, *et pas qu'un peu* ! En général, quand tu te crashes, ça va si vite que personne n'a pu répondre à cette question. Mon personnage y parviendra avant que la mort le prive de son exploit.

Et donc, le personnage central, ce sera un coureur d'exception, quasiment un mythe, autrement plus célèbre qu'un héros national – style Moss en Angleterre –, il incarnera tout ce dont se nourrit la Frustration, ô combien américaine, si tu vois ce que je veux dire, il aura même eu une aventure sans lendemain avec Marilyn Monroe, ou avec une femme de ce calibre. Au cours d'un duel au sommet, il battra l'as des as. Attention, il faudra qu'il y ait quatre coureurs sur la piste. Un face-à-face ne serait guère crédible – Mon type, je le veux fondamentalement équilibré… oui, un caractère solide, pas un flippé… le père idéal, quoi ! – Mais l'essentiel, ce sera sa vision périphérique des choses – rien ne lui échappera – et aussi une intelligence hors du commun – acuité puissance mille – il pige tout deux fois plus vite que n'importe qui – Il saisit au vol les événements, comme à travers un objectif – N'empêche que ce qui, par-dessus tout, fera de lui le meilleur du monde, ce sera sa soif d'absolu… une sorte de fanatique intégral – En aucune circonstance, il ne permettra à *quiconque* de le dépasser… il ira jusqu'à envoyer valdinguer, ou presque, ses concurrents – Souvent le départ des courses frisera la catastrophe car il supporte mal d'avoir à partager la pole position – l'image même de l'intolérance. (Voilà pourquoi il me faudra, par quelques exemples mettant en valeur son génie, justifier… l'inacceptable.)

Ce n'est pas lui qui oublierait de mettre ses coudières quand il participe à des courses intra-muros, et qu'il lui faut se faufiler entre les pâtés de maisons, les centres commerciaux – moyennant quoi, dans les moments critiques, il s'appuie sur le coude pour pivoter ou alors il le laisse dépasser de manière à ricocher sur les parapets[1] – comme à Monte-Carlo ou dans des endroits de ce genre.

1. Bien que, durant l'entre-deux-guerres, les pilotes de bolides n'aient jamais omis de se protéger du mieux qu'ils pouvaient d'un éventuel crash, il va de soi que cette utilisation des coudières tient davantage de la licence poétique que de la réalité. (*N.d.T.*)

De fait, voilà son style – mains au bas du volant – coudes vers l'extérieur – tête en avant – corps ramassé – dents serrées – le *contraire absolu* de ce qu'il faut faire, de ce que j'appellerai le grand style – Tu vas comprendre, pour bien conduire rien ne vaut d'avoir le dos droit et les bras loin devant mais souples et presque détendus – faut être relax tout en ayant l'œil à tout – Alors que lui, *il est* si tendu qu'il peut à peine tenir en place et ne pas lâcher le volant… Si ça pouvait l'aider, si ça lui permettait de rouler plus vite, il s'assiérait sur le capot.

T'as qu'à me regarder faire… ah ! – mais non, mais non – je déconne – Bref, il se fout de sa machine – ah ! – même quand il en tire le maximum et lui fait accomplir des prodiges – et tu sais comment ? en ralentissant le moins possible – que de fois il a gagné en massacrant des voitures qui ont, tant bien que mal, supporté d'être ainsi maltraitées – à sa place, vois-tu, un pilote chevronné aurait levé le pied, histoire de pouvoir au moins franchir la ligne d'arrivée, mais pas *lui*, la rationalité, il s'en tamponne.

Ça, n'oublie pas de le noter : si l'on veut se dire un bon conducteur, on doit passer par trois étapes – d'abord, durant une année sinon deux, apprendre à se connaître avant de mettre un tigre dans son moteur, donc assimiler des tas de choses pour ne pas se tuer d'entrée de jeu, et sentir ce qu'on peut faire ou pas – crois-moi, il n'existe pas d'autre voie.

La seconde étape concerne – ah ! ah ! – crois-moi, ce n'est pas que je veuille jouer les « vieux pros » qui la ramènent avec leur « expérience » – concerne ce moment où sur l'échelle – désolé, mais je ne vois pas d'autre *mot* – ce moment où sur l'échelle des difficultés tu assures enfin à l'aise – Virages en épingle à cheveux, circuits délicats, voitures qui surgissent inopinément… et à chaque fois tu

241

surmontes cette angoisse qui te taraudait – car, de manière imperceptible, tu as appris à décompresser – et du coup t'es fin prêt pour aller plus loin.

C'est-à-dire à la troisième étape – et rares sont les élus qui y parviennent –, celle qui te permettra d'acquérir tous les trucs du pro, son savoir-faire, puisque désormais tu contrôles tes angoisses – disons qu'elles se sont atténuées jusqu'à en être indécelables… quasiment indécelables… vouais – en réalité tu te fais l'impression d'être redevenu un Débutant – celui qui ne sait rien – qui se croit livré à lui-même – or, durant ce long apprentissage, tu t'es amélioré, perfectionné – Sauf que, et c'est le sens de cette troisième étape, tu vas devoir tout désapprendre, tout reprendre de zéro – À l'inverse, mon personnage, lui, il n'a que faire d'un tel enseignement.

Il conduit si souvent la tête au ras du bitume que, même sur une ligne droite, on pourrait s'imaginer qu'il ne maîtrise pas grand-chose – et d'ailleurs, il n'y a pas que sa voiture qui perde contenance – les mécanos de son stand sont, eux aussi, blancs comme neige, et la foule tremble littéralement – Quant aux commissaires de la course, ils hésitent entre le drapeau noir et le rouge – (Tu agites le noir quand tu crains que le pilote ne mette des vies en danger ou quand son bolide semble ne plus répondre – Le rouge signifie « Stop ») – N'importe quel patron d'écurie… – surtout si, à bout de nerfs, il a vomi tripes et boyaux – se jure que plus jamais il ne sera témoin d'une telle folie – De son côté, le Héros, le nez dans son volant, n'a rien ressenti de tel – tant il se fiche du reste du monde.

Et maintenant comment va-t-on amorcer la pompe ? J'aimerais assez que le climat général soit triste, pathétique – avec une femme qui ne lui correspondrait pas sexuellement

– un peu comme avec le couple que formaient le juge Roy
Bean et Lilly Langtry[1] – mais Idéalisés, Glorifiés – En
leur honneur, on changera même l'illustration des paquets
de céréales – Manque de bol, il se sera amouraché d'une
nana qui se moque de lui, une lesbienne par exemple – il
s'y accrochera quand même – genre tourment sans fin –
de sorte que son seul moyen de ne plus y penser sera de
gagner des courses – de prendre sa revanche en poussant
son moteur jusqu'à ses dernières limites – en jouant son
va-tout sur la piste.

Au début, les propriétaires d'écurie de course ne le jugent
ni meilleur ni pire que les autres. Mais dès les premiers
essais ils se rendent compte que, lorsqu'il est lancé, fortiche
qui l'arrête – même qu'on risque sa vie en lui faisant juste
signe de regagner le stand – et pourtant, s'il obéissait, il ne
terminerait pas sa course dans les murs, les bottes de paille,
les gradins, et Dieu sait où – quant aux cratères – (je tiens
à ce mot) – eh bien, il les survole, même quand, et ça lui
arrive souvent, il patine dans le vide – le con ! – et il n'y
parvient que parce qu'il roule à fond la caisse – ça passe ou
ça casse – dis donc, si avec ça je ne réussis pas mon coup !

Et donc à quoi ressemble son passé, quand il le revoit ?
– Si l'on suit l'ordre chronologique, on se retrouvera avec
des tas de courses. Mais on peut quand même y revenir en
insistant sur le fait qu'il n'existe pas d'autre vie possible
pour lui, jamais de jours de repos, jamais quoi que ce soit
d'autre d'ailleurs, rien que l'ivresse de la vitesse. J'ajoute
que, pas une seule fois, il ne s'est bousillé, ou simplement
amoché, un os un muscle un ligament une côte une hanche

---

1. Voir à ce sujet le western de John Huston, *The Life and Times of Judge
Roy Bean* (v.f. : *Juge et hors-la-loi*), qui date de 1972. (*N.d.T.*)

un pied une main, et pas davantage la tête. Il souffre déjà assez dans le secret de son cœur pour faire peu cas de son corps. Somme toute, il est indestructible.

Tu me colles au train ? Si je me suis aussi longuement étendu sur lui, c'est parce que je sais qu'il va croiser sur son chemin l'homme du Mans.

Bon, leurs caractères sont différents. Presque antagonistes – l'homme du Mans est un pilote sans envergure qui aura vécu dans l'ombre des meilleurs, dans l'ombre de ses trois frères qui ont tout gagné, avec, en prime, un père qui a été, dans les années 20, le leader de l'écurie Alfa Romeo – Le genre de rôle qu'il n'a certainement jamais envisagé de jouer – mener la course en tête. Sauf qu'à l'image de l'étudiant besogneux qui persévère jusqu'à être nommé prof de fac, il a – euh !... – énergiquement surmonté son handicap – son absence de talent initial – et il est devenu presque bon. Disons : moyen. Dans le peloton.

Il a commencé à apprendre en venant respirer l'air des stands, puis en roulant sur les petites routes, mais surtout en observant sa famille afin de s'inspirer, ne serait-ce qu'un chouïa, de son exemple. Son frère aîné finira par se tuer et, j'allais oublier, quand le père prendra sa retraite, ses deux autres fils l'imiteront. Lui, non. Il continue. Et au moment où commence l'histoire, voilà que plus ou moins soudainement, et alors qu'il approche de la trentaine, il prend conscience du peu de satisfaction que la vie lui aura apporté, et qu'il lui faut passer la vitesse supérieure.

Dès lors, il s'attelle à construire sa propre voiture de course, il y met toute son énergie, comme si, à lui seul, il formait une équipe...

Joe Hanns

Pris, dans Montgomery Street, sous le déluge des bandes de téléscripteur qui chatouillent son visage et ses mains levés vers le ciel, légèrement irrité par la pression inattendue qu'exerce sur son dos d'une main chaleureuse le maire Rogers, comme s'il y devinait, mi-ennuyé, mi-stupéfait, une secrète jalousie, et tandis que la jeunesse lui témoigne son admiration et que d'espiègles jeunes filles lui font les yeux doux, Joe Hanns se demande pour la première fois pourquoi le peuple des États-Unis ne se lasse pas de lui offrir, sans qu'il ait jamais rien réclamé, cadeaux de toutes sortes, cortège officiel, pluie de serpentins, et autres témoignages de son humble vénération, et ce dès qu'il débarque dans une ville, ou qu'il la quitte, ou même qu'il y passe en coup de vent. Après tout, voilà bientôt deux ans, si l'on met entre parenthèses Indianapolis, qu'il a lâché le volant.

N'empêche, tout lui prouve qu'il est toujours le « Champion », qu'il reste, et de très loin, l'idole de l'Amérique, le héros, la perfection faite homme, et aussitôt il s'oblige à chasser de son esprit cette déconvenue passagère, si nouvelle et si étrangère à sa nature, et il se tourne, plus que jamais affable et attentif, vers l'homme qui partage avec lui la limousine découverte, le maire Rogers, lui-même un ancien coureur, mais sans grandes réussites, avant qu'il se décide à prendre en main les affaires de la ville de San Francisco.

Et le soir même, dans la salle de banquet, alors qu'il se dore machinalement à l'éblouissante lumière des projecteurs, Joe Hanns parvient mieux que tout à l'heure à minimiser cette insolite et imprécise angoisse qui l'a envahi au milieu des ovations de la foule, en l'attribuant purement et simplement à une invraisemblable, et déraisonnable, appréhension du jour où sa popularité irait déclinant – sinon, ça serait quoi ? aurait-il par hasard perdu de son mordant, de sa baraka ? – Ce qui expliquerait alors qu'il ait, pour la première fois, entrevu l'ombre de la mort ; sottise, se dit-il, en se sentant rassuré par les orateurs, répartis autour de cette table gigantesque, qui célèbrent, chacun à leur tour, sa fabuleuse carrière. Qui d'autre que lui a gagné toutes les grandes compétitions ? Et s'il lui est arrivé de perdre quelques courses de troisième catégorie, la technique *seule* en a été la cause ; voilà qui atteste d'ailleurs de sa chance légendaire – JAMAIS un accident mécanique quand ça comptait ; et jamais le moindre bobo ; « L'Intouchable », « Sixième Sens », « Le Magicien », ainsi l'avait-on surnommé pour avoir su échapper aux carambolages grâce à cette mystérieuse dextérité que ne possédaient pas ses concurrents qui, eux, y ont souvent perdu des plumes, ou la vie – comme cette fois, à jamais gravée dans les mémoires quoiqu'elle remontât à des années auparavant, où engagé dans la course des Miglia Mille qu'il ne referait plus, et alors qu'il abordait un virage en *S* très incliné, jonché de carcasses d'où s'écoulaient huile et essence, tout ce qui restait des six voitures qui s'y étaient télescopées, Hanns avait comme par miracle réussi à se glisser à travers, à slalomer entre, et même à surfer dessus, en appuyant à fond sur le champignon et en exécutant pas moins de dix-sept manœuvres distinctes, disons qu'il avait, pour l'essentiel, maintenu le cap droit devant, sinon il avait rebondi d'un bord à l'autre de la piste en martyrisant la boîte de vitesses, et en finissant sur les JANTES – une incroyable démonstration de self-control et d'époustouflante maestria qu'aujourd'hui encore, avec un respect mêlé de crainte, on considère comme un classique du genre, une scène d'anthologie, au-delà de l'humain, un ballet sublimissime qui ensorcelle les spectateurs de cinéma lorsque aux actualités ils revoient au ralenti ce qu'un cameraman aura eu le bonheur de pouvoir filmer. Et qui d'autre que lui détient le record absolu des tours d'honneur sur chaque grand circuit, pour avoir, parfois, battu tous ses concurrents de plusieurs *minutes* ? Qui d'autre que lui a gagné du premier coup Indianapolis ? En vérité, la question est superflue, car Joe n'a jamais, dans les années suivantes, cédé la première place ; en fait, comme il l'a lui-même confessé, c'est son seul point faible – cette fierté d'avoir, une décennie durant, triomphé à Indianapolis – et la seule raison qui le pousse, malgré sa retraite, à y revenir chaque année. Qui d'autre que lui se retrouve aussi souvent cité – à la rubrique « perfection » on trouve toujours « le coup de Joe Hanns » – dans les Manuels de conversation courante ? Qui d'autre que lui symbolise le besoin d'absolu, car, même dans les essais, personne n'est arrivé à le battre, « et jamais ça n'arrivera (l'orateur marque un temps d'arrêt afin de laisser monter les applaudissements), et, j'insiste, jamais la Camarde (l'orateur fusille du regard quiconque voudrait encore applaudir) n'arrivera à le rattraper ». Qui d'autre que lui possède cette vision périphérique des choses, et cette faculté de pouvoir unir pensée et action ? Avec cette intensité qui lui aura permis d'être deux fois plus rapide que n'importe qui, de saisir au vol les choses, quasiment au millième, ainsi que l'auront démontré les examens médicaux auxquels il s'était soumis (à la suite de la fantastique soudaineté de son anticipation lors des Miglia Mille).

C'est au tour du maire ; les yeux humides pour autant qu'on puisse en juger, il attaque son speech d'une voix nouée par l'émotion : « Messieurs, bien que j'implore votre indulgence, laissez-moi vous rappeler que si c'est à moi que revient l'honneur de conclure, je ne le dois pas seulement à mes fonctions de maire, ni au fait qu'autrefois j'ai moi-même été un coureur, mais à l'intérêt tout personnel que je porte à la carrière de Joe Hanns, et aussi, je dois l'avouer, parce que je suis celui qui tient le crachoir le plus longtemps (hi ! hi !). Bon, j'ai entendu beaucoup de choses ce soir sur Joe Hanns, et il me semble que tout ce qui devait être dit sur son absence de peur l'a été ; aussi me dois-je d'évoquer le seul point d'importance sur lequel chacun de vous est resté muet – son fanatisme. Eh oui, messieurs (entre parenthèses, je ne parlerai que du Joe Hanns que j'ai connu avant qu'il abandonne la compétition, certes depuis me sont revenus aux oreilles divers bruits auxquels… hum !), oui, messieurs, j'affirme qu'il aura été un authentique fanatique puisque, en *aucune* circonstance, il n'aura permis qu'on le dépasse – quitte à accrocher, à emboutir, de propos délibéré, ses rivaux, jusqu'à les éjecter hors de la piste. Voilà pourquoi le départ a plus d'une fois failli ne pas être donné tant il ne supportait pas d'avoir à partager la pole position – comme s'il s'était agi d'une insupportable insulte faite à sa personne. Aussi, ne serait-ce que pour justifier ce comportement de prima donna, il faudrait, par de nombreux exemples, rappeler quel génie du volant il a été – mais, me fera-t-on remarquer, on en a déjà beaucoup parlé ce soir, et de surcroît tout cela ne nous rajeunit pas (ha ! ha !), pourtant il me revient à l'esprit une course dont j'aimerais dire deux mots, une course à la Nuvolari[1]. Joe Hanns a toujours porté des coudières lorsqu'il courait intra-muros, ou sur des pistes étroites, moyennant

1. Surnommé La Puce, ce coureur italien était le symbole même du casse-cou. (*N.d.T.*)

quoi, en laissant dépasser ses protections de coudes hors de la portière, il a su avantageusement en tirer parti pour pivoter ou ricocher sur les parapets, les murs des maisons, les arbres, les voitures, ou n'importe quoi d'autre qui le lui permît. Quoique j'ignore s'il s'en est jamais servi comme d'une perche pour sauter par-dessus l'obstacle, je reconnais que l'essence de son style tient à l'usage qu'il aura fait de ses coudières ; d'où sa conduite les bras collés au corps. Oh, on pourrait encore distinguer d'autres traits de son style, des moins orthodoxes, pour ne pas dire saugrenus ; pour mémoire, je citerai : sa tête inclinée vers l'avant, son corps recroquevillé comme s'il souffrait de la colique, sa bouche grimaçante qui laissait voir des dents féroces, ses mains crispées sur le volant ; sur le chapitre des pieds, je ne peux rien dire, mais pour ce que j'ai pu observer de chacune de ses positions, j'en conclus qu'elles étaient en contradiction flagrante avec le bon sens, mieux, avec le grand style. Voyez-vous, messieurs, si vous souhaitez conduire un jour en professionnel, maintenez droit votre dos, allongez souplement vos bras, et n'oubliez pas que votre colonne vertébrale doit être le moins tassée possible comme si vous effleuriez le siège – le corps relaxé et l'œil bien ouvert, vous serez à même alors d'utiliser toute votre énergie plutôt que de la gaspiller en adoptant une position contre nature – mais Joe était si angoissé qu'il tenait difficilement en place et, le connaissant, je parierais volontiers qu'il aurait conduit debout s'il avait pensé aller ainsi plus vite.

« De dingue, il n'y avait pas que son style – à propos, je vous rassure, il n'ignorait pas qu'il valait mieux rester assis –, mais il y avait également son attitude envers ses voitures, avec lesquelles il n'entretenait aucune espèce de rapport ; même quand il pressentait que son moteur agonisait, ou que sa suspension menaçait ruine, ça lui était impossible de ralentir. Certes, sa chance lui a permis de remporter des tas de prix avec des machines subclaquantes qui ont dû d'elles-mêmes assurer leur survie – n'importe quel coureur, un tant soit peu clairvoyant, aurait mis la pédale douce afin de franchir quand même la ligne d'arrivée –, mais, nous tous, nous savons que Joe Hanns était incapable de faire preuve de sens commun et, à plus forte raison, de sagesse.

« Que les quelques profanes qui nous honorent de leur présence veuillent me prêter une oreille attentive : on ne peut prétendre bien conduire qu'en passant par trois étapes – avant toute chose, et durant une saison, voire deux, on doit accepter de se mettre à l'épreuve, seule façon de retrouver l'instinct animal, ce qui signifie ouvrir son esprit, s'il n'est déjà mort ou gravement endommagé, à toute une série de conseils relatifs à l'art et la manière de tracer sa route ; aucune autre méthode n'est envisageable.

« La deuxième étape concerne – ah ! n'allez surtout pas croire que j'ai en tête cette maîtrise que procure l'expérience, car vous êtes encore loin de la posséder – … non, la deuxième étape concerne ce moment où – ah ! comment le définir ? – … ce moment où l'on se rapproche de la norme de perfectibilité, autrement dit ce moment où vous allez être presque à la hauteur de n'importe quelle difficulté. Car vous en saurez déjà assez sur les virages, les circuits, les voitures, l'influence des conditions atmosphériques et, osons le mot, l'imprévisible, pour surmonter votre peur jusqu'à la rendre imperceptible, quoique encore sensible (et, de fait, sous l'effet de l'une de vos anciennes frayeurs, il pourra vous arriver de fléchir ici ou là), ne serait-ce que lorsque vous ralentirez ou accélérerez sans vraie raison.

« Et enfin, la dernière étape, à laquelle n'accèdent que de rares élus, celle du savoir-faire professionnel – une fois les inquiétudes du début atténuées, intériorisées, jugulées, balayées, oubliées, vous aurez réussi à développer un confort intérieur qui, si étrange qu'il vous paraisse, vous ramènera au temps de votre apprentissage, à son état d'innocence, si bien que vous ignorerez que vous êtes, réellement, fin prêts – Encore un mot sur la troisième étape, et ce ne sera qu'une hypothèse, supposons que vous vous soyez hissés à ce niveau-là, eh bien, ne perdez pas de vue que vous n'y serez parvenu qu'après vous être faufilé par cette porte étroite qui ouvre sur un monde illimité de possibilités, grâce à quoi vous aurez pu vous améliorer ; reste que, si je me suis laissé aller à développer toutes ces généralités sur la conduite, je ne l'ai fait qu'afin de souligner par contrecoup à quel point notre prestigieux invité les a méprisées, sans même une seule fois se soucier de l'étape initiatique.

« Dès son premier contact avec la piste, notre héros aura toujours conduit la tête au ras du bitume, de sorte que, même sur une ligne droite, il paraissait ne pas pouvoir maîtriser son véhicule – non seulement les mécanos de son équipe se décomposaient en le voyant ne pas obéir à leurs signaux, mais la foule elle-même tremblait de peur tandis qu'à bout de nerfs les directeurs de la course tenaient prêts leurs deux drapeaux, le noir comme le rouge (le premier signifiant "Quittez le circuit", et le second "Rangez-vous"), quant au propriétaire de son écurie, le teint verdâtre, près de vomir, il jurait qu'on ne l'y reprendrait plus –, mais rien, je le répète, ne pouvait atteindre notre Héros, aussi féroce au volant qu'il est soumis, ce soir, sur sa chaise... »

Une nuit de l'été 45…

À propos de ma première rencontre avec Allen Ginsberg à Columbia University (New York).

Une nuit de l'été 45, je traînais avec un de mes potes, Hal Chase. On avait pas mal bu et, pour être encore jeunes et pleins de sève, on se mit à parler de la vie. En ce temps-là, Hal exerçait sur moi une grande influence, ne serait-ce que parce qu'il avait touché à des choses que j'ignorais. Si bien que tout ce qu'il racontait était en quelque sorte parole d'Évangile.

« Ça me fait penser, dit-il, à un type des plus fascinants… Allen Ginsberg.

– Ah, vouais ! Et c'est qui ?

– Un authentique décadent avec qui j'ai, l'année dernière, partagé ma chambre d'étudiant.

– Tu pourrais pas détailler un peu plus ?

– D'accord, encore que je vois mal comment le faire sans le trahir. Avant toute chose, c'est un poète, mais pas comme les autres. Lui, il prétend que ça le fait chier de chercher la rime adéquate. Il prend d'ailleurs grand plaisir à démolir tout ce qui existe et, même s'il ne sait pas grand-chose de celui qu'il attaque, il cartonne un maximum et tu finis par lui donner raison ou, plus simplement, par douter de tes propres arguments. En fait, il m'a tellement bourré le mou que j'ai dû, avant même que se termine notre cohabitation, prendre des mesures d'autodéfense.

– Ah, vouais ! Et lesquelles ?

– C'est assez gênant à expliquer, mais pour l'essentiel il s'agissait de… »

Là-dessus, il me décrivit, mais sans entrer dans les détails, quel système dissuasif il avait adopté pour « se protéger » de ce « fougueux et brillantissime jeune homme, si affreusement décadent ». Après quoi, Hal enchaîna sur l'homosexualité de son ami et ses conséquences navrantes.

En moins de temps qu'il n'en faut pour l'écrire, j'eus droit à une sorte de portrait-robot, car il y manquait la chair, d'un jeune étudiant juif dont l'intelligence hors pair portait en elle le germe de la déchéance, et qui ne s'était fabriqué un masque, ô combien fascinant, de blasé que par manque de créativité. Passée au crible du sophisme, sa sensibilité s'était émoussée au point de se satisfaire d'une poésie toute verbale, et en l'absence d'une vie sexuelle autre que masturbatoire il s'était retrouvé dans la peau d'un cynique, l'attitude type, selon Hal, qu'on se force à adopter lorsque l'existence vous est une énigme.

Quoiqu'il perdît au fil du temps de son pouvoir suggestif, ce portrait ne cessa de me hanter. Et plus d'une fois je demandai après cet Allen, même s'il ne se réduisait désormais qu'à un nom. J'avais même oublié que c'était une tante lorsque, dix-huit mois plus tard, je le rencontrai enfin.

De retour à New York que j'avais quitté à l'automne 46, j'étais passé prendre Hal Chase. Après le dîner, on s'était pointés dans un bar plutôt nul, proche du campus. Mais à peine venait-on de commander que Hal entendit une voix familière – « Tiens, Allen Ginsberg », dit-il –, et dans la seconde qui suivit une tête émergea du box contigu et me dévisagea. D'emblée, ce qui me frappa chez lui, ce fut le noir intense de ses cheveux. Certes, ils étaient un peu longs, mais rien de comparable à ces crinières, répugnantes et m'as-tu-vu, que nombre de poètes qui se prenaient pour des génies se laissaient pousser. Avec sa raie au cordeau et ses mèches naturellement ondulées et soigneusement coiffées en arrière, le tout s'accordant à merveille avec la forme de son visage, il avait de quoi séduire, d'autant qu'il paraissait peu s'en soucier malgré le soin qu'il y apportait. Passant outre à ce don du ciel, mes yeux s'attachèrent alors à son nez. D'évidence, c'était un nez juif, mais moins exagéré que de coutume, disons qu'au lieu de déborder hors du visage, comme souvent chez les Juifs, le sien se fondait dans l'ensemble – « ceci est un nez avec lequel je respire et je sens » –, et en dessous se découvraient des lèvres charnues, proéminentes, presque négroïdes. Au premier coup d'œil, elles me parurent sensuelles, puis, en y regardant de plus près, je remarquai que lorsqu'il s'arrêtait de les remuer, ses lèvres se figeaient dans un sourire beaucoup trop bienveillant pour qu'on pût les qualifier de voluptueuses, ou de lascives, au sens strict du terme. De quoi j'en déduisis qu'à l'instar de son nez elles jouaient un rôle utilitaire, nullement attractif. Reste que s'il y avait une partie de son visage qui exprimait sa personnalité, c'étaient, sans conteste, ses yeux. Grands, sombres, et inquiets. Pour autant, je ne suis pas certain qu'il s'agisse d'une réelle inquiétude mais bien plutôt d'une invitation à se plonger dedans qu'il adressait à chacun de ses interlocuteurs.

Bien que je l'aie depuis entendue des milliers de fois, j'ai plus de mal à définir sa voix. Je sais qu'elle est agréable, bien posée, et riche, mais, à cet instant précis, je ne l'ai pas dans l'oreille, et son registre m'échappe.

Presque intimidé, Hal murmura : « Salut, Allen ! » Allen répondit d'un signe de tête, mais non sans raideur, me sembla-t-il.

« Je te présente Neal Cassady, il débarque de Denver, et c'est sa première sortie en ville.

– Hello !

« – Comment allez-vous ? me demanda Allen.

– Neal est à la recherche d'un endroit pour dormir. Tu n'as pas une idée ?

– A-t-il été voir au Mills Hotel ?

– Ça lui est difficile, vu que, comme tu peux le constater, il est avec sa femme.

– Ah, bon ! désolé, mais je ne vois rien d'autre. »

Et chacun se réinstalla dans son box. Allen était en compagnie d'un type que Hal ne connaissait pas, et comme de notre côté nous étions quatre ou cinq, il n'était pas question de nous attabler à la même table.

Quelques minutes plus tard, Allen passa de nouveau sa tête par-dessus la paroi de séparation. « Vous vous appelez réellement LuAnne ? Quel étrange prénom ! » Mon épouse eut juste le temps de marmonner un petit « oui » qu'il avait déjà redisparu. Rouge de confusion, elle me suggéra alors de nous en aller. Ce que nous fîmes.

Un grand mois s'était écoulé lorsque je revis Allen, le 10 janvier 1947. Un de mes meilleurs amis, Jack Kerouac, souhaitait me présenter à une femme tout à fait remarquable, une certaine Vicky qui habitait vers le haut de Manhattan. Il m'en avait souvent parlé sans que je fusse tenté mais, ce jour-là, comme j'avais envie de me changer les idées, je lui emboîtai le pas.

Elle occupait un studio au dernier étage d'un immeuble de la 89e Rue. Comme nous sortions de l'ascenseur, j'entendis depuis le couloir la voix puissante d'un homme qui semblait, tel un orateur fougueux et passionné, ne vouloir jamais s'interrompre. Je me collai contre la porte pour mieux l'écouter. Il parlait encore plus vite que je ne l'avais supposé, si vite qu'il aurait dû s'embrouiller et perdre le fil de son discours, eh bien non.

« C'est Norman[1]. Il est complètement accro aux théories de Reich.

– C'est quoi, ce machin ?

– Tu vas tout de suite comprendre », me répondit Jack avant de gratter à la porte. Aussitôt, le flot de paroles s'interrompit et une voix féminine demanda : « Oui ! Qui est là ?

– Jack.

– Un instant. »

Une fois les verrous tirés, Jack entra dans la pièce en traînant les pieds, et je le suivis.

« Salut, ô mâle éblouissant, et tous mes vœux de santé, prospérité, etc., etc. », s'égosilla Vicky avant de lui appliquer sur les joues un baiser des plus démonstratifs. Jack pivota ensuite sur lui-même, murmura un vague « hello », puis, apercevant Allen, il s'exclama : « Hé ! qu'est-ce que tu racontes de beau ? »

De mon côté, je fus frappé par l'exiguïté du studio. Un peu plus de trois mètres de large sur quatre mètres cinquante de long, avec pour tout mobilier un lit et une coiffeuse. Sur le lit, centre manifeste de toute activité, trônaient Norman et Vicky. Tandis que Jack et moi nous nous tenions debout devant Allen qui s'était juché sur un petit tabouret près de la radio, laquelle était allumée…

---

1. Il pourrait s'agir du poète Norman Podhoretz, qui collabora, aux côtés d'Allen Ginsberg, aux nombreuses petites revues littéraires de Columbia University. (*N.d.T.*)

PLAN INITIAL
POUR
UNE *HISTOIRE DE LA HIP GENERATION*

LIVRE PREMIER

LA HIP GENERATION CONTRE L'HUMANISME

I

William Hubbard[1] naquit en 1917 à Saint Louis ; en héritant des machines à écrire Hubbard, il s'assura pour toujours une existence opulente. Il était encore au berceau que déjà se lisaient les ridules de l'ennui sur sa face anguleuse autant qu'émaciée – l'image même du jeune patricien avec ses lèvres pincées –, mais, derrière ces défenses naturelles qui lui permirent d'afficher en permanence un air doucereux, il était facile de percevoir une dévorante curiosité. Son humeur belliqueuse de vieille *tata* lui vint passé la trentaine, quand s'effaça son sourire caressant et qu'il rejeta, en même

1. Neal Cassady s'inspire de William Burroughs pour écrire cette notice biographique imaginaire, à ceci près que son ami naquit le 5 février 1914 et que l'entreprise, créée par le grand-père Burroughs, faisait commerce de machines à calculer… On pourra d'ailleurs consulter à ce sujet le livre de Victor Bockris, *Avec William Burroughs* (*Notre agent au Bunker*), collection « L'Infini », Denoël, 1985. (*N.d.T.*)

temps que la religion, ses manières timides ; autrement dit, plus le poids de l'âge l'enfonçait dans la méfiance et plus s'affirmait, d'une manière éclatante, sa foi en l'ivresse des jours futurs.

Archétype du nouveau riche, son père possédait dans les *faubourgs résidentiels* de Saint Louis une maison où il ne se passait jamais rien ; en 1918, sitôt que Bill fût en âge de ressentir l'atmosphère compassée qui régnait à Clayton Road, il n'en supporta le fardeau qu'en faisant corps avec elle ; en grandissant, son morne horizon quotidien se résuma à pas grand-chose – tout au plus pouvait-il s'amuser aux abords d'un garage de style Tudor, dans les allées et sur les pelouses d'un parc que balayait un vent mauvais. Voilà ce qui l'amena à déclarer plus tard : « Il y a eu une époque où la fine fleur de l'Amérique vivait dans les villes, il suffisait alors au chef de famille de tourner le coin de la rue pour s'en aller vaquer à ses affaires et se faire reluire les bottines. Puis, la prétendue nouvelle élite déserta le cœur des villes, précipitant ainsi la chute de la cité et, plus globalement, celle de toute la civilisation. Réfugié désormais dans la périphérie, réduit à boire jour après jour son martini avant de passer à table, l'homme d'affaires, aussi embourgeoisé que ventripotent, a perdu non seulement contact avec les plaisirs du monde extérieur, mais avec la vie tout court, puisque ainsi que les statistiques le prouvent, il succombe, au beau milieu de la cinquantaine, à l'hypertension et à la crise cardiaque. Et, comme de juste, avec une régularité de métronome. » Et il ponctua ces derniers mots de son si caractéristique reniflement – « snif, snif ! ».

On veilla avec soin à l'éducation du jeune Bill, on l'inscrivit dans les meilleurs établissements et, même un été, dans une école d'équitation du Nouveau-Mexique, prophétiquement située près d'Almogardo, site de la première explosion atomique souterraine, et là le prince d'Amérique, bien droit sur son cheval, put au travers de ses lunettes à montures d'acier contempler le désert de ses yeux d'un bleu tout aussi métallique.

En sorte qu'à l'âge de seize ans il montait sur ses grands chevaux tel un Gouverneur général et, aussi antipathique qu'une vieille Tante, il courait le giton du matin au soir.

II

En 1917 Herbert Huck[1] vint également au monde mais avec un lourd handicap.

Lui qui aurait voulu que les lumières de l'autoroute L.A.-Chicago-Rikers Island, sur l'East River, déclinent, en une suite caracolante, toutes les nuances chromatiques du *blue cheese*, ouvrit les yeux à la lumière, dans une clairière que cernaient les bois grisâtres et humides de l'ouest du Massachusetts, près de la ville de Greenfield…

(*Rocky Mount, Virginie, août 1952.*)

---

1. Selon toute vraisemblance, il s'agit, là encore, d'un ami de Burroughs, le poète homosexuel Herbert Huncke que Jack Kerouac surnomma « Junky ». Dans *Sur la route*, c'est Elmo Hassel. (*N.d.T.*)

LETTRES

À Jack Kerouac, Kansas City (Missouri), le 7 mars 1947.

Mon cher Jack,

Je t'écris depuis un bar de Market Street. Je suis soûl, enfin, non, pas tout à fait, mais ça ne saurait tarder. Je ne me suis posé ici que pour deux raisons ; d'abord, rapport à un changement de bus, celui pour Denver ne passant que dans cinq heures, & aussi, et c'est le plus important, à cause d'une femme, & quelle femme ! Petit retour en arrière, si tu permets :

J'occupais à moi seul toute la banquette quand le bus s'est arrêté à Indianapolis pour y prendre des passagers – et là-dessus, une beauté avec tout ce qu'il faut là où il faut, genre intello mais passionnée, la Vénus de Milo réincarnée, me demande si le siège à côté du mien est occupé ! ! ! Ma gorge se serre (faut dire que j'ai déjà un coup dans l'aile), mais j'arrive à me donner un peu d'air & à balbutier NON ! (Paradoxe de la langue : comment peut-on balbutier trois petites lettres ? !) Et donc elle s'assied – j'en mouille ma liquette – Mais comme je sens qu'elle va m'adresser la parole et qu'on enfilera faute de mieux les généralités, je ne desserre pas les lèvres pour mieux l'intriguer.

Il était 8 heures du soir (l'heure des Ténèbres !) quand Patricia (c'est son nom) est montée dans le bus, et je me suis tenu à carreau deux heures de rang – sauf que, loin d'avoir renoncé à me la faire, je n'ai pas cessé de gamberger sur LE MOYEN d'y parvenir.

Bon, mais pour autant, ne t'attends pas à un mot à mot de notre conversation entre 22 heures et 2 heures du matin, contente-toi de l'essentiel.

Sans donc m'embarrasser des préliminaires nullissimes (vous vous appelez comment ? vous allez jusqu'où ? etc.), je vise « droit au cœur », lui servant tout chaud un monologue très perso, des plus retors, direct dans l'intime ; pour faire court (car bientôt je n'arriverai même plus à tenir mon stylo), je dirai que, vers les 2 heures du matin, m'ayant juré un amour éternel elle s'est mise à mon diapason & que, pour un peu, elle aurait joué avec ma flûte. Mais, parce que je projetais de m'offrir, ailleurs que dans ce bus, des plaisirs plus consistants, je l'ai dissuadée de passer à l'acte, et voilà comment on s'est lancés dans une partie de main chaude, si tu vois ce que je veux dire.

Reste qu'une fois examiné sous toutes les coutures son corps de reine (lorsque je me sentirai davantage dans mon assiette, je te détaillerai l'histoire en son entier & t'éclairerai sur le pourquoi de son comportement amoureux), il m'a paru urgent de concrétiser mon avantage, mais « le meilleur plan de baise peut capoter avec une souris » dès lors que s'en mêle sa putain de frangine qui te tombe dessus façon Némésis – tu piges ?

Pat m'avait en effet confié qu'elle se rendait à Saint Louis pour y retrouver sa sœur ; avec rencart à la gare routière. Aussi, une fois sur place, il devait être 4 heures du mat', on s'est mis, mais mollo, à sa recherche, histoire de l'inviter à prendre encore son mal en patience. Mais il était convenu, à supposer qu'elle demeurât invisible, que Pat reprendrait sa valise, se changerait dans les toilettes &

qu'on partirait en quête d'une chambre d'hôtel pour une nuit (ou des années ?) d'extase. Or, justement, pas de frangine à l'horizon ; aussi sec, Elle (tu apprécieras la majuscule) récupère son bagage & court s'enfermer là où tu sais pour se refaire une beauté – – – montée en force du désir – – –

Ce qui va suivre doit, nécessité oblige, être écrit avec objectivité – – –

Car voici qu'Edith (la sœur) & Patricia (ma chérie d'amour) ressortent bras dessus bras dessous du pipi-room (je renonce à m'étendre sur ce que j'ai ressenti à ce moment-là). Explication : Edith (bof !) s'était pointée à la gare routière avec beaucoup trop d'avance sur l'horaire, & alors qu'elle attendait Patricia, voilà que le sommeil la gagne, et qu'elle ne trouve pas mieux que d'aller piquer un petit roupillon sur une banquette du premier étage. Ce qui explique pourquoi on ne l'a pas tout de suite repérée.

J'ai alors usé de tous les moyens, y compris les plus désespérés, pour couper le cordon entre Patricia et Edith, mais en pure perte, & même lorsque, surmontant la terreur, voire le sentiment de totale servitude, que lui inspirait sa sœur, Pat s'est enhardie jusqu'à oser déclarer qu'il lui fallait absolument rencontrer « quelqu'un » & qu'Edith n'aurait qu'à patienter un tout petit peu, tout a foiré.

Et donc, je résume : Pat & moi n'avons pas pu quitter la gare et, quoique exposés aux regards de la frangine, nous avons dû nous contenter de nous étreindre à qui mieux mieux tout en faisant vœu de nous aimer jusqu'à la fin des temps, après quoi j'ai rejoint le bus pour Kansas City tandis que Pat reprenait le chemin de la maison, en suivant, la tête baissée, sa dominatrice de sœur. Hélas ! hélas ! – – – – –

Prostré sur mon siège (essaie de partager mon désarroi), je n'ai eu alors d'autre envie que de laisser filer le temps.

Or, après l'arrêt de Columbia (Missouri), ne voilà-t-il pas que grimpe dans le bus & vient s'asseoir à côté de moi une jeune vierge (dix-neuf ans), d'une passivité (côté clitoris) à toute épreuve... Parce que la perte de Pat, la perfection faite femme, me déprimait de trop, je décide illico de séduire ma voisine &, tirant profit de la lumière du jour, je m'adosse au siège du chauffeur et la baratine de 10 h 30 à 14 h 30. Quand j'ai épuisé toute ma salive, elle descend du bus (au comble de l'émotion, prête à refaire sa vie, métaphysiquement contaminée, et physiquement décidée à sauter le pas), prévient ses amis de Kansas City qu'elle sera en retard & m'accompagne dans un parc (le jour était en train de baisser) où je la défonce féroce ; je n'y suis jamais allé aussi fort ; toute mon énergie trop longtemps refoulée se libérant enfin dans cette jeune vierge (&, parole, elle l'était) qui, soit dit en passant, se trouve être une prof ! Non, mais tu te rends compte, elle a son diplôme depuis deux ans & elle a déjà commencé à enseigner. (Je n'arrive pas à y croire.)

Il faut que je m'arrête d'écrire. Oh, à propos, et pour couper court à mon déballage, tu devrais lire Les Âmes mortes, il y a pas mal de pages (celles où Gogol se met à nu) dans lesquelles tu retrouveras beaucoup de toi.

Les détails viendront donc plus tard (dans la meilleure des hypothèses), je suis ivre & heureux (après tout, j'ai réglé la question Patricia grâce à la jeune vierge, laquelle ne m'a pas dit son nom). Et tandis que Lester Young fait entendre (sur le juke-box) la joyeuse intro de Jumpin' At Mesners, je te dis à la prochaine,

À mon Frère,
Continuons !
N.L. Cassady

À Jack Kerouac, le 3 juillet 1949 (extraits).

Mon cher Jack,

Il m'est revenu à l'esprit pas mal de choses relatives à mon passé. De quoi te fournir le récit, assez concis, de mes arrestations. Ainsi l'histoire pourra juger.

C'est en assurant des livraisons à vélo autour de Denver que j'ai gagné mon premier salaire. Et que j'ai été amené à rencontrer un gars qui s'appelait Ben, avec lequel je me suis mis à piquer tout et n'importe quoi tandis que, tôt le matin, on quadrillait la ville à bord de sa Buick 27. On s'est d'abord fait la main en défonçant la tire du principal du collège, la fois suivante on a volé des poulets à un type que Ben détestait, on a aussi désossé des tas de bagnoles et revendu au détail chacune de leurs pièces. Puis, pour vingt dollars, je lui ai racheté sa Buick. Ma première voiture ! Mais comme le frein à main ne tenait pas et que les lumières ne valaient guère mieux, j'ai pensé à l'immatriculer dans un autre État que le Colorado, afin de couper court à tout contrôle. Et donc, je me suis rendu dans le Kansas, à Wichita, pour m'y procurer les deux plaques. Mais alors que je regagnais Denver en stop avec les plaques planquées sous mon manteau, je me suis arrêté à Russell, toujours dans le Kansas. Et c'est là qu'en remontant la Grand Rue, un fouinard de shérif, qui m'avait jugé trop jeune pour faire la route, m'a interpellé. Les plaques découvertes, il m'a illico bouclé en compagnie d'un minable qui devait avoir pris pension dans cette taule, vu qu'il paraissait incapable de subvenir à ses besoins (la femme du shérif s'en chargeait), et qui, vautré sur sa paillasse, passait ses journées à baver et à radoter. Après enquête – la totale : manières douces avec questions à l'eau de rose sur mon paternel, volte-face brutal avec menaces à l'appui, plus étude graphologique, et je te fais grâce du reste –, on m'a enfin relâché et j'ai pu repartir en stop pour Denver. Quand j'y repense, autant je me souviens bien de mes quatre cents coups, autant j'ai du mal à me rappeler mes arrestations, mais il me semble que la deuxième fois où je me suis fait coincer remonte à 1941. Mais d'abord, quelques précisions. Après un tour à Indianapolis à l'occasion de sa grande course annuelle, j'avais filé jusqu'à South Bend, histoire de voir jouer Notre-Dame, et ensuite j'étais descendu sur la Californie, direction L.A. ; résultat, j'avais, durant tout ce périple, compris que, si l'on veut que ça roule, il faut lever le pouce dans la journée et attendre la nuit pour taxer une bagnole. Et donc, une fois de retour à Denver, j'ai appliqué ce principe : je finissais toujours par dénicher ici ou là une baignoire pour y dormir, puis au réveil je faisais le tour des copains susceptibles de me nourrir gratosse, et enfin je volais une voiture afin d'aller cueillir une fille à la sortie de l'école. Il m'arrivait même de changer de véhicule en plein milieu de l'après-midi, mais dans tous les cas je levais toujours un jupon que j'emmenais passer la nuit dans les montagnes, puis aux premières lueurs du jour je réintégrais ma baignoire. Au bout de quelque temps, j'en ai eu ma claque de ce genre d'existence et j'ai recaressé le projet d'une virée en Californie. Un de mes potes, Bill Smith, a souhaité en être. Et donc, un matin du printemps 41, j'avais tout juste quinze ans, on a volé une Plymouth au coin de Stout et de la 16e Rue. Problème : plus une goutte d'essence en arrivant à Colorado Springs. Mais quelle importance quand t'as l'œil, et l'œil je l'avais ! Un bloc plus loin, j'ai repéré une Buick 38 garée le long du trottoir, je m'y suis installé, et, le temps de reprendre Bill, nous étions déjà repartis.

Sauf qu'en traversant Pueblo, une voiture de flics nous colle aux fesses – on prend la tangente et on fonce, que je dis à Bill qui n'a rien voulu entendre. Trop tard, d'ailleurs, les flics venaient de nous ordonner de nous ranger et, ne croyant pas un traître mot de notre chansonnette, ils nous embarquent manu militari. Au poste, je découvre que, s'ils nous avaient aussi vite repéré, c'est parce que la Buick appartenait au District Attorney de Colorado Springs. Lequel rapplique, une heure plus tard, pour récupérer sa bagnole et nous ramener dans son fief afin de nous traduire en justice.

D'entrée de jeu, à Colorado Springs, ils commencent par mettre en doute l'identité de mon copain – Bill Smith, ça faisait faux blaze ! De même, ils se tirebouchonnent quand je leur balance que Billy est un autostoppeur que j'ai ramassé sur la route. Suite de quoi, comme ils me fouillent et trouvent le tube de vaseline que j'utilisais pour mes lèvres gercées, le flicard qui enregistre notre déposition me demande d'un air salace si l'on s'en sert pour s'enculer. À la prison du comté, on attendra trente jours avant de passer en jugement. Le père de Smith, qui a fait le voyage, parvient à nous sortir de là. Et donc, retour à la case départ : Denver.

Un an plus tard, nouvelle arrestation. Dans l'intervalle, je m'étais d'abord réinstallé chez mon frère, mais, toujours aussi peu désireux de me dégotter un job, je passais le plus clair de mon temps à faucher des bagnoles et à culbuter des nénettes. Puis, quittant la piaule de mon frère, j'emménage chez un certain Bill Matley (vieille connaissance). Et arrive ce qui devait arriver : quelque temps après, on reprend la route de L.A. Ça se passe plutôt bien jusqu'à Albuquerque. Là, catastrophe, on manque d'être emportés par une inondation (il y avait de l'eau partout, etc.). Et durant deux jours on se retrouve en rade, sans stop et sans charrette à piquer. La nuit, on ne peut que dormir dans une rotonde, près de la voie ferrée. Bill aimerait qu'on se fasse la malle, moi itou. Coup de bol, un toubib a la mauvaise idée de garer en urgence sa Buick devant l'entrée de l'hôpital. Je me précipite, la démarre, ramasse Bill au passage et, hop, on refonce vers Denver. Sauf qu'après une centaine de bornes, et comme on a fait un sort à la bouteille trouvée sur le plancher, Bill se propose de prendre le volant. D'accord, mais soudain la pluie recommence à tomber et le voici qui dérape et qu'on atterrit dans un fossé. A fallu se taper le reste de la route à pied, bonsoir ! L'automne de cette année-là, je me suis installé chez l'oncle et la tante de Justine pour qui j'avais le béguin. Bien sûr, avec Ben j'ai continué à voler des voitures et à les débiter par petits bouts. Une nuit, comme on était en maraude, le destin me joue un de ses tours en me ramenant à deux pas d'un endroit où j'avais, durant l'été, abandonné une chiotte qui craignait. À tout hasard, je jette un œil et, que tu me croies ou non, elle est toujours là. Le premier instant de surprise passé, on se glisse jusqu'à elle avec des ruses d'Indien. Comme tu dois le savoir, Jack, une voiture qui craint, si tu l'abandonnes dans le centre-ville, elle est rendue à son proprio dans les jours suivants. (En l'occurrence, et puisque tu connais désormais Denver, je m'en étais débarrassée sur Lawrence, entre les 19e et 20e Rues.) Et donc, elle n'avait pas bougé de là depuis cinq mois. Putain, la joie ! Clair qu'elle était comme propre, suffisait de la maquiller pour s'en servir à l'aise. Les gamins du quartier avaient joué dedans et l'avaient quelque peu maltraitée, la radio, par exemple, ne marchait plus, n'empêche qu'on est repartis avec, qu'à la première station-service on a fait regonfler les pneus et que… Je m'arrête un instant pour me relire… Imbécile, tu as écrit trop vite. Suffit, j'abandonne. Bon, j'ai été arrêté dix fois, condamné six et me suis tapé au total quinze mois derrière les barreaux…

À Jack Kerouac, le 20 juillet 1950 (fragment).

Deux mots sur mes débuts comme serre-frein : avec mon équipier, relation déjà ancienne, on se trouvait au pied de notre train de voyageurs en instance de repartir alors que sur la voie d'en face roulait un convoi de marchandises. Mais à peine s'était-il éloigné que déb
oula (tandis que notre locomotive achevait sa manœuvre) une rame de wagons couverts qui allait faire plus que de nous côtoyer, vu qu'elle débordait de partout, & du coup, tous sens en éveil, je me projetai en arrière &, sans perdre de vue la masse en mouvement, je me plaquai du mieux que je pus contre notre train ; moins cinq que j'y laisse mon nez, n'importe, j'étais sain et sauf.

Mais pas lui ! Quand je me retournai après le passage du fourgon de queue, je le découvris gisant sur le ballast, donnant convulsivement des coups de pied dans le vide, tel un lapin à l'agonie. Aussitôt je le transportai sur un banc un peu plus loin & criai au mécanicien de la locomotive d'aller vite chercher du secours.

Sa tête n'avait plus forme humaine, du bas de la nuque jusqu'au milieu du crâne, & d'une oreille à l'autre, ce n'était plus que chairs et os écrabouillés ; le sang dégoulinait de partout ; dans sa main, il serrait encore sa casquette ; impossible de lui faire lâcher prise. Dix longues minutes s'écoulèrent avant qu'il rende l'âme, après quoi, tel un automate, je remontai dans le train. Fais attention à toi quand tu viendras dans l'Ouest…

À Jack Kerouac, le 10 septembre 1950.

Mon cher Jack (je t'écris depuis la locomotive),

Mon grand et merveilleux ami. J'ai apprécié à sa juste valeur ta lettre de Richmond Hill[1] et m'en vais en retour t'emmener en voyage au plus profond du profond.

Mais laisse-moi d'abord te dire que tu es mon préféré, ma beauté – sur ce, amigo, écoute voir. Je vais reprendre à partir du moment où je vous ai lâchés toi & Frank & où j'ai repris la route de Nueva York[2]. Entreprise titanesque, mais je me sens les ailes d'un Proust, alors fais-moi crédit.

J'ai quitté Mexico, « après avoir bouclé ma ceinture » afin de pouvoir mener la course en tête. Et tout en conduisant je me suis de plus en plus laissé envahir par les paysages & les gens que je croisais. Ce qu'il y a de bien avec la solitude, c'est que tu n'es plus obligé de te brancher sur un autre cerveau que le tien, de même tu n'as plus à réagir à la voix d'un tiers qui attire ton attention sur ceci et cela, toutes ces choses que tu as ratées parce que tu avais le nez dans le volant, et donc, comme personne ne venait s'interposer entre le monde et ma folie, je n'ai plus eu qu'à me débattre

---

1. Jack Kerouac vient de rentrer chez sa mère après une virée au Mexique où, selon Ann Charters (*Kerouac, le vagabond*, Gallimard, 1975), il s'est, grâce à Neal qui l'y a entraîné, offert « l'herbe et les femmes ». À Mexico, les deux amis retrouvèrent le couple Burroughs, mais Neal en repartit le premier – son divorce d'avec Carolyn ayant été prononcé – et roula quasiment d'une traite jusqu'en Louisiane avant de prendre un avion pour New York où il épousa Diana. Très vite, cependant, Neal préféra délaisser sa nouvelle femme et rejoindre Carolyn et ses enfants sur la Côte ouest. (*N.d.T.*)

2. Dans l'ouvrage qu'a supervisé Ann Charters en 1983 (*The Beats : Literary Bohemians in Postwar America*), Gerald Nicosia s'est chargé de la notice consacrée à Neal Cassady. C'est une mine de renseignements. Ainsi y apprend-on que Neal vola de l'argent à Jack Kerouac afin de pouvoir quitter Mexico dans les plus brefs délais… (*N.d.T.*)

avec mes pensées, et plus que jamais je suis devenu réceptif à chaque nouvelle décharge émotionnelle.

Les périlleux lacets de la route qui traverse la montagne ne sont qu'enfantillages dès lors que tu fais corps avec ta machine et que, dans la splendeur du geste parfait, ton esprit volette d'une pensée à l'autre, et ce fut un tel remue-méninges que je suis en train de me demander de quelle façon rendre compte de ce qui s'est réellement passé dans le feu de l'action (On verra ça plus tard – si ça se trouve), sinon en soulignant jusqu'à l'excès le bonheur qui fut le mien.

Prends-en bien note, au nombre des merveilles de ce monde il faut compter les regards en coin, mais nullement au sens abstrait, car ces furtifs coups d'œil te permettent, alors que tu roules, de te façonner une opinion qui n'appartient qu'à toi (cette fois, nous sommes dans l'abstraction), et ce à l'instant précis où tu entraperçois la réalité avoisinante. Souvenirs & images saisies au vol sont, de fait, les deux matériaux de première importance que ton cerveau est en mesure de mettre immédiatement à ta disposition.

Ledit cerveau doit aussi bien supporter l'incessante pression à laquelle le soumet sa propre existence que garder en mémoire ce que l'œil a subrepticement saisi, ne serait-ce que pour restituer la vie telle qu'elle s'est déroulée, & parce qu'il se nourrit de cette contradiction le cerveau génère un mode d'appréhension sans égal des choses afin de les rendre ensuite intelligibles, sauf que cette compréhension a du mal à s'exprimer car, pendant qu'un cerveau enregistre, la vie, elle, continue de s'écouler et l'œil ne cesse à chaque seconde de lui renvoyer les reflets du monde extérieur.

Je me suis tellement enrichi par ces coups d'œil en coin, par ce qu'ils m'ont apporté à chaque fois que j'ai atteint un sommet & traversé une ville, que j'observe désormais le monde avec la même acuité qu'un amateur d'art regarde un tableau. Et d'ailleurs mon champ de vision imite à s'y méprendre la toile du peintre et, si j'y fais attention, je peux même voir les quatre clous qui maintiennent le châssis. Voilà pourquoi, à chaque fois que je sens poindre l'ennui[1], il me suffit de lever les yeux de ce que je suis en train de faire & de prendre note avec soin de ce qui se passe autour de moi.

(Ainsi – en ce moment précis – la nuque grasse, huileuse, du chauffeur de la locomotive, un gros plein de soupe qui se cure paisiblement le nez.)

À Jack Kerouac, le 5 novembre 1950, pendant une halte forcée à San Luis Obispo (extraits).

Mon cher Jack,

Cette image est du genre de celles que l'Amérique ne peut pénétrer ; elle concerne ce que ces Indiens pensent & sentent alors que lourdement chargés ils crapahutent des journées entières & sans modifier leur allure à 4 500 mètres d'altitude & sans manger et même sans en ressentir le besoin car ils planent – pigé ? – grâce aux feuilles de coca qui leur endurcissent le corps & leur illuminent l'esprit. Quoi d'autre pourrait les faire mieux bouger ?

Tu m'as parlé des Coréens[2]... écoute voir, tout ce que tu m'écris à ce sujet coïncide parfaitement avec ce que je t'en disais dans ma précédente lettre – on est sur la même longueur d'ondes. Depuis notre dernière rencontre, je ne

---

1. En français dans le texte. (*N.d.T.*)

2. La guerre de Corée, dans laquelle l'Amérique s'impliquera totalement, vient de commencer et ne s'achèvera qu'en 1953. (*N.d.T.*)

suis allé au cinéma qu'une fois, et aux actualités il y avait un sujet de deux minutes sur les « populations libérées » par les troupes US quand elles ont franchi le 38ᵉ parallèle, & dans ces deux minutes un plan de moins de dix secondes sur des danseurs célébrant l'événement ! À peine si – lueur fugitive, flash d'un monde qui nous échappe – j'ai pu entrevoir l'un d'entre eux qui venait, en faisant le vide, d'entrer en transe, comme si son corps libéré de toute armature flottait à la dérive, tel un pantin sans fil.

J'ai alors saisi ce qui se jouait derrière l'image de l'Indien du Pérou. Dis, t'es-tu trouvé un tambour de conga ? Achète-m'en un, & aussi une flûte (ou alors dis-moi où je peux m'en procurer une).

Je comprends ce que tu insinues sur Nina (à New York, Allen l'avait portée aux nues la veille), car moi aussi je l'ai con-prise. J'étais dans les vapes & elle était si vaporeuse, ce qui me changeait de toutes ces connasses conflictuelles, & pas laide de surcroît – quels seins & quel corps de danseuse ! Tu veux parier que son con est aussi juteux qu'un fruit mûr, vouais ?

Hé, jeune chien verni ! Je n'ai pas baisé une fille de plus de 21 ans, ni rien qui y ressemblât (mis à part les putes), depuis 1945. En fait, mon pote, si tu m'aimes, tu dois tout mettre en œuvre pour me dénicher une marquise, n'importe laquelle (mais plutôt gracile) (car quand il s'agit de baiser, sache que, chez les minces, tout s'organise autour du CON), & dis-lui que je peux la limer toute une nuit & que je lui ferai éclater la peau du ventre & qu'ainsi je lui mettrai la chatte à l'air & que donc je la niquerai jusqu'au tréfonds, ce qui suppose tout de même de sa part une petite coopération, mais trouve un con & qui sera aussi à toi & alors nous nous offrirons une vraie orgie à moins que tu ne veuilles être le

« baiseur solitaire ». Je projette de me pointer à New York en janvier, ou en mars, ou en mai, peut-être avant si le désir me pousse aux fesses.

Voilà comment débute mon livre : « Longtemps, j'ai souffert d'une situation exceptionnelle, etc., etc. » Je vais plonger plus profond qu'on ne le fait d'ordinaire – les clochards de Larimer qui se prenaient pour mon père & moi qui me comportais comme leur enfant naturel, etc.

La musique est la seule bonne chose qui ne le cède en rien aux plaisirs de l'œil. On ne s'ennuie jamais lorsqu'on pousse l'audace jusqu'à fermer les yeux. Voilà un bon moyen de calmer l'impatience de mon corps & d'endiguer ses besoins. Il me suffit de penser que rien ne vaut un con, j'adore les cons limpides et suaves, les cons qui ont le pouvoir d'empêcher leurs propriétaires de se faire une fausse idée de leur utilisation… c'est le con qui constitue la fille & crée ainsi la femme qui prendra ma queue partouslestrous.

Je peux être beaucoup plus sentimental que je le laisse supposer – comme toi, Jack – Mais lorsque j'écris une lettre, je ne me montre pas sous mon meilleur jour.

Comment rencontre-t-on une fille ? Je n'avais autrefois aucun problème quand je me décidais à en aborder une. Pour l'amener à baiser avec moi, je n'avais qu'à lui ouvrir mon cœur qui parfois battait si fort que je croyais défaillir ; plus maintenant, mais il y a quelques années – déjà.

Écoute ceci… Très Important :

À deux reprises, j'ai connu l'amour, le vrai, avec les filles. Et l'une derrière l'autre – la première pour l'œil, & la seconde pour l'oreille. Agnes & Luanne.

Le 31 mars 1948, la Southern Pacific me fit savoir que j'étais embauché et que je devais me présenter le 7 avril suivant à mon poste de travail. Sept jours plus tard, je pris donc le tramway sur Geary Bld pour me rendre au dépôt de la Compagnie & gagner, de là, Watsonville. Comme nous descendions Geary & dépassions Van Ness & approchions des rues chaudes de San Francisco, je m'embusquai derrière la vitre à l'affût d'une affriolante qui m'en mettrait plein les yeux & dont je me souviendrais lorsque je me retrouverais seul au pieu dans le dortoir de Watsonville & ce d'autant que je n'en verrais plus pendant des semaines. Le tramway avait maintenant atteint sa vitesse de pointe quand, à mi-bloc, je flashai sur une rousse qui ressemblait… – MAIS OUI, C'ÉTAIT ! ! ! c'était bien mon grand béguin de 1943 à Denver – … à Agnes, ma bien-aimée, aussi pute que Luanne, mais avec plus de vices – toutes ces choses que tu ignores, Jack, ces choses que je peux encore me rappeler & ressentir. Le temps d'atteindre l'arrêt du coin de la rue que déjà je m'étais convaincu qu'il ne pouvait s'agir d'Agnes, tout au plus sa copie conforme & que j'avais pris mon désir pour la réalité, aussi au lieu de sauter sur le trottoir & de courir après elle je ne bougeai pas de mon siège.

Toute manière, j'étais en retard (ric-rac) & en plus je n'avais pas un rond, etc. N'empêche que je l'avais laissée filer ! Résultat : durant mes six semaines d'isolement dans ce maudit Watsonville – depuis, j'y ai connu d'autres sales moments –, je n'ai cessé de penser à Agnes & à tout ce qu'elle m'inspirait, etc. Mais ce n'est pas fini :

Le 13 octobre (un vendredi) 1950, soit deux ans et demi après, je descends dans le centre-ville m'acheter une nouvelle casquette de la Compagnie. En rentrant chez moi, comme je suis crevé pour m'être tapé les boutiques de San Francisco et ses foules, je m'arrête dans un drugstore afin de m'accorder, vu la chaleur qu'il fait, quelque chose de frais. En savourant à l'avance le grand verre de Coke qu'on va me servir, je mets à profit les deux, trois minutes d'attente pour me rappeler l'été 47 & Burroughs & Huncke, et le reste, là-bas au Texas, & notre caisse quotidienne de bouteilles de Coke – on n'en laissait pas une seule –, et tout en y repensant je jette un œil vers le comptoir, des fois qu'il y aurait du beau linge & soudain JE LA VOIS – AGNES ! ! l'inoubliable qui n'avait devancé que d'une courte tête Luanne. Mais affectant de garder mon calme je prends le temps de me composer une attitude insouciante tandis qu'à l'intérieur de mon crâne ça hurle : « C'est Agnes, c'est Agnes ! » Enfin, je me décide à la mater de plus près & constate qu'elle teint ses cheveux & que maintenant elle doit vraiment faire la pute.

Elle m'aperçoit – « Mais c'est Neal ! Ramène-toi donc, viens me dire bonjour ! » Je fais le souriant, mais à l'intérieur c'est cramé – tu comprends, Jack ? – cramé & aphone, pas un mot ; pire que ce qui se passe d'habitude dans une telle situation. Non sans mal je me juche sur le tabouret voisin du sien, et aussitôt je comprends qu'elle est archi-connue dans ce drugstore que cernent les hôtels de passe & d'ailleurs c'est dans ce quartier que je l'avais entraperçue en 48, du coup j'essaie & parviens à lui retourner un regard vide d'expression. Mais mon cœur ! ! Pas moyen de le faire taire !

Je songe à la mort & à tous ces types qui ne se feraient pas prier pour cracher leur âme & et leur foutre dans cette délicieuse créature qui saurait si bien par quel bout les prendre, même et surtout s'ils ont du retard à l'allumage. Or la voilà partie à papoter, comme si on s'était quittés la veille au soir, alors que, moi, je revois ces fabuleuses parties de jambes en l'air, tout le plaisir qu'on s'est donné & ses coups de reins & ses pipes. Et en même temps je prends conscience de ce à quoi je ressemble, pas rasé, boutonneux, moche & je remarque, retenues par une chaînette, ses lunettes de soleil toutes neuves et plutôt extravagantes, mais loin de m'impressionner il me semble que c'est elle qui cherche en les portant à s'impressionner, reste que tout à coup je me surprends à parler de tout et de rien, sans vraiment savoir ce que je suis en train de lui dire, ni de quelle façon je vais terminer ma phrase, et que ça a dû commencer dès l'instant où je me suis assis à côté d'elle – c'est alors qu'elle repose son verre vide sur le comptoir :

« Je suis si contente de t'avoir revu ! ! ! »

« « « » » », etc. & lorsqu'elle se lève pour sortir, elle se contente d'un sourire & d'une promesse de m'appeler le vendredi suivant & se refuse à voir dans mes yeux la faible lueur de l'agonie.

Et donc, bien que vivant seul ce mois-là dans le petit appartement d'un célibataire absent de la ville & bien qu'ayant une chambre d'écho pour guitare & du thé & le désir de la revoir, jamais elle ne passera ni ne m'appellera ou quoi que ce soit d'autre & pourtant chaque jour, quand je rentre du boulot, je m'assieds et attends que le téléphone sonne ou qu'on frappe à la porte, mais rien, un silence de mort, rien que le regret de l'avoir perdue – bon sang, quelle saute-au-paf ! – & la certitude a posteriori que, celle-là, je l'ai vraiment aimée. En 43.

Je me trouvais alors en prison & poussé par le désir de la revoir je m'armais de courage afin de mener à bien l'évasion que n'avaient réussie avant moi que quatre détenus & tout en réfléchissant aux souffrances qu'on m'infligerait si j'échouais, je me rendais compte à quel point j'étais fou d'elle. Une fois dehors, je filai à Denver ; je l'avais abandonnée si brutalement que le remords me rongeait lorsque je nous revoyais, elle qui me suppliait, les yeux mouillés de larmes, de renoncer à partir en Californie, et moi qui l'invitais à se trouver un mari et à m'oublier… le genre de conseils que d'ordinaire je répugne à donner.

Et donc, le fugitif que j'étais vint l'attendre des heures durant devant la cafétéria où elle travaillait comme serveuse & quand je la vis sur le pas de la porte je crus revivre mes rêves de prisonnier : il y avait l'océan, une cabane abandonnée & nous n'arrêtions pas de baiser, etc. Rêves qu'il m'arrivait aussi de faire en étant éveillé, et qui allaient peut-être enfin se réaliser !

Je me précipitai à sa rencontre sitôt qu'elle eut mis un pied dehors. Contre toute attente, elle joua alors avec moi au chat et à la souris, mais sans réelle méchanceté ; elle avait, ça me frappa, un tout petit peu forci des hanches & lorsque je la touchais, elle ne me faisait plus le même effet que dans mes rêves ni qu'autrefois quand nous nous étreignions avec fougue, mais comment, pensai-je, aurait-il pu en être autrement après une petite demi-heure de retrouvailles, et d'ailleurs nous paraissions intimidés l'un et l'autre tandis que nous nous acheminions lentement vers mon ancienne école primaire (voilà qui était étrange) au coin de la 23e et de Fremont.

Finalement, elle s'exclama : « Tu ne vas pas me prendre dans tes bras ? » J'allais le faire quand les flics, surgissant de derrière un fourré, nous braquèrent dessus leurs torches électriques – « fichez le camp », dirent-ils – & du coup on fila dare-dare vers un autre endroit, plus sûr, que je connaissais & voilà comment, Jack, je fus amené à lui avouer mes rêves, comment je l'entraînai dans un monde imaginaire où, en rêvant, sur ma couchette, de la rebaiser un jour futur, la vie passait, purement et simplement.

On expédia notre affaire en deux soubresauts ; sans que je jouisse ; ce qui ne m'empêcha pas, alors que je la raccompagnais à petits pas jusque chez elle, de lui promettre qu'à l'avenir on prendrait notre pied dans un grand lit moelleux & que notre vie serait un enchantement. Trois blocs avant d'atteindre l'angle de la 30e et de Downing Street, elle se décida à me lâcher le morceau. Elle avait, par amour pour moi, suivi à la lettre mon conseil & elle était navrée de me l'apprendre ainsi car elle pensait que j'en avais été prévenu. Oui, elle s'était mariée après mon départ... avec un marin.

Tel un boxeur sonné, je titubai jusqu'aux marches du Saint-Flambeur, un temple réservé aux blacks, mais désert à cette heure de la nuit – et, là, je faillis éclater en sanglots. Et pourtant j'ai continué d'entretenir avec elle les relations les plus curieuses pendant les trois, quatre années suivantes – entrecoupées de longues éclipses –, des relations toujours déconcertantes & fondamentalement anormales. Mais, à chaque fois, c'était quelque chose d'authentique & de fort, un chassé-croisé qui dura donc trois, quatre années, avec des périodes de folie, dont je ne te parlerai pas, & L'ATTENTE. Et maintenant, oui maintenant, que je la savais à San Francisco & toujours aussi vivante dans mon cœur, était-il possible que je ne la revoie JAMAIS ? Ô Amour !

À force de remâcher tout cela en guettant, douze jours d'affilée, son retour, je ne pus que me tourner, une nouvelle fois, vers Luanne. Rappelle-toi, Jack, je ne l'avais pas revue depuis le 31 mai 1949 (à 5 heures du soir, pour être précis). Je me décidai donc à lui téléphoner après dix-huit mois de séparation où il ne s'était pas passé de jour sans que je songe à elle. Je composai son numéro – découvert quelques semaines auparavant dans l'annuaire de San Francisco –, ça sonna, puis on décrocha ! « Allô ! » dit une voix que j'aurais reconnue entre mille.

En réponse, je fis en bredouillant le compte du nombre exact de mois, de semaines, de jours & d'heures depuis le moment où l'on s'était quittés & déclarai qu'il me semblait que j'avais le droit, compte tenu du passé, d'avoir envie de réentendre sa voix. « Oui, je savais qu'elle était enceinte de sept mois. » « Oui, elle savait que je m'étais remarié. » Puis, elle me décrivit en détail les difficultés auxquelles elle se heurtait pour faire reconnaître son mariage par l'Église catholique car elle n'arrivait pas à remettre la main sur son certificat de baptême, ou de confirmation, qui était resté à Denver. Elle me demanda alors si elle devait insister. Je l'y encourageai. N'empêche que, sous l'effet de sa voix, je me mis à bander en pensant à sa bouche et à ce qu'elle en tirait. Je lui parlai de Jeff ; elle me répondit non sans désinvolture qu'elle se le rappelait mal. Puis, elle s'inquiéta de savoir si par hasard je ne l'avais pas déjà appelée ; car sa ligne était souvent occupée. Tiens donc, pensai-je, qui mieux qu'elle saurait quoi faire de toutes ces bites qui frétillent autour de sa personne ? Mais je me serais dégoûté s'il m'avait fallu la supplier de m'accorder un rendez-vous & donc je la perdis de nouveau, comme ce 31 mai 1949.

Quelle leçon en tirer ? Écoute-moi bien, je vais écrire un livre, oui m'sieur, avant de mourir & et avant de perdre pas mal d'autres choses – à savoir, ma tête, ma queue, les cons qui vont avec, etc.

Aussi jusqu'à ce que toi & moi on foute en l'air le vieux New York en crachant tout ce qu'on a dans le bide, sachons faire un bon usage de notre œil et de notre main. Je ne veux plus que s'échappe de mes lèvres, bêtement sentimentales, ce flot d'absurdités. Je sais que j'ai besoin d'un con à aimer et à lécher, un con si parfait que tu ne peux résister à plaquer sur lui ton corps fatigué afin de lui injecter toutes ces sensations perdues dans d'autres trous sans réelle importance. Bien sûr, aucune fille n'a ça ; qu'importe, il me suffirait de poser mes mains sur n'importe laquelle d'entre elles & de promener mes doigts répugnants sur son corps pour qu'elle s'incruste à jamais dans ma mémoire...

Tendresses,

N.

À Jack Kerouac, février 1951 (extrait).

Voilà de l'expéditif torché en à peine deux heures. De fait, ce pauvre petit lever de rideau, je l'ai écrit aux environs du 1er janvier juste avant de te rendre visite dans l'est. Et l'un dans l'autre, compte tenu de la vitesse à laquelle je l'ai craché, je ne le trouve pas aussi mauvais que ça malgré ses faiblesses...

Au contraire de la première fois, lorsque je me suis retapé la route entre Denver et Los Angeles, je n'ai quasiment pas souffert de la faim. C'est aussi à cette occasion que j'ai instauré une nouvelle façon de faire que je n'ai pas manqué, au fil des années, de réutiliser lorsque l'envie me prendrait de déserter le Colorado pour filer vers le sud – pourquoi changer de méthode quand elle a marché une fois ? Et donc, ce jour-là, j'étais dès l'aube en place à la sortie sud de la ville car, bien décidé à ne pas m'écarter un seul instant de la grand route, je m'étais fixé comme objectif de gagner Raton, au Nouveau-Mexique, avant que la nuit tombe. Prouesse que j'accomplis haut la main. À croire que j'avais eu cinq as dans mon jeu, vu que je couvris les quatre cents bornes à fond la caisse, et presque d'une seule traite, si bien qu'en début d'après-midi je foulais le sol du Nouveau-Mexique. Sauf qu'une fois atteint l'embranchement de Raton, avec à droite la route vers le Texas et le sud-est et, à gauche, celle de la Californie et du sud-ouest – pas très loin, quelques centaines de mètres, du tunnel de chemin de fer d'où débouchent, déjà lancés à bonne vitesse, les convois de denrées périssables –, il n'était pas question que j'attende un stop pendant des heures et des heures. Lors de ma première descente sur L.A., c'est là que ça avait commencé à foirer et que j'avais dû, après avoir vainement levé le pouce durant huit grosses heures, saisir au vol, sur le coup de minuit, un de ces brûleurs de ballast et finir le voyage dans un wagon. Deux ans auparavant, j'avais aussi, mais quarante-huit heures d'affilée, guetté sans le moindre succès l'automobiliste compatissant. Coup de pot, ce jour-là, l'une des rares voitures qui circulaient s'arrêta. Et avant même le crépuscule j'avais atteint Taos. De quoi pousser des hourras ; rarement d'ailleurs j'échapperais aussi vite à Raton-l'Ornière dont il m'a toujours semblé qu'une fois dedans on n'en ressortait plus. Je me sentais fort ; et heureux.

Aspirant à pleins poumons l'air vif de la montagne, et tout autant grisé par la couleur du ciel, un vermillon aussi profond que le noir de l'asphalte, je piquai joyeusement à longues enjambées vers le soleil couchant. Chaque côté de la route était bordé de constructions en pisé, elles-mêmes émaillées, tous les vingt, trente mètres, de petits bistrots. De leurs portes béantes s'échappaient le fracas de la musique mexicaine et les odeurs de la cuisine épicée. Des Indiens ivres, leurs longues nattes ténébreuses ramassées sous d'étranges chapeaux, titubaient au beau milieu de la grand route comme s'il se fût agi d'un quelconque sentier. Quelques-uns se fredonnaient des bribes de chansons, mais ils n'échangeaient pas un mot entre eux, et la plupart, aussi muets que des tombes, me toisèrent de leurs regards glacés lorsque je les dépassai. Tout à coup, à mi-pente d'un petit monticule, je vis sortir de l'un de ces bouges un Blanc, le genre cow-boy, qui paraissait s'en retourner vers son pick-up ; et quoiqu'il marchât d'un pas lourd, lampant les dernières gouttes d'une bouteille de bière, il y avait de fortes chances pour qu'il ne tarde pas à remonter dans son véhicule. Aussi me précipitai-je dans l'espoir qu'il me prenne à son bord. Comme s'il avait deviné mes intentions, et avant même que j'ouvre la bouche, il me jaugea en moins de deux et grogna : « Allez, monte ! » Certes, il ne roula pas le pied au plancher, mais je n'aurais jamais trouvé mieux pour me déposer au milieu de la nuit à Santa Fe.

J'errai ensuite à travers la ville, titillé par la douce envie de satisfaire ma faim – si je la qualifie de « douce », c'est parce que, le ventre vide depuis le matin, j'avais dans ma poche assez de fric pour le remplir agréablement. Et puisque stopper la nuit est des plus aléatoires, autant, pensais-je, se tirer sans encombre de la capitale de cet État en attendant le lever du jour dans un restaurant confortable en tête à tête avec un copieux repas. Sans conteste, il n'existait pas de meilleur programme pour tuer le temps avant de se retrouver « Sur la route », et donc je l'appliquai.

Je me souviens que, comme je longeais le poste de la police d'État, deux flics pas commodes en quittèrent l'intérieur illuminé et firent, le temps d'un éclair, craquer de leurs bottes le gravier de l'allée avant de s'engouffrer dans leur voiture radio avec des automatismes impeccables autant qu'implacables. Pour fulgurante qu'elle avait été, cette vision de leurs lourdes mâchoires se refermant en un rictus terriblement menaçant et de leurs faciès métalliques que renforçait l'éclat d'un impitoyable regard savourant par avance le plaisir du travail rondement exécuté, me fila les jetons car il était facile de deviner que leur proie pouvait numéroter ses abattis. Démarrant sur les chapeaux de roue, ils foncèrent dans la nuit pendant que je m'apitoyais sur le sort du gibier qu'ils étaient partis rabattre. Pour avoir déjà apprécié la cruauté d'un tel savoir-faire, je ne pus m'empêcher de pousser un soupir de soulagement à l'idée que je n'étais pas, cette fois-là, leur victime propitiatoire. Après quoi, je me repliai vers les boîtes à bouffe pour touristes qui débitaient des plats à emporter, américains comme mexicains, aux automobilistes qui en avaient, sans décoller les fesses de leurs rutilantes voitures, passé commande, et qui attendaient, sans impatience, dans le recoin d'une rue défoncée qu'un personnel tiré à quatre épingles les leur servît avec un luxe d'attentions, avant de s'en aller les manger ailleurs. Dans le centre-ville, ça se bousculait malgré l'heure tardive, et bien que ce ne fût pas, me semble-t-il, un samedi. La largeur des rues (guère plus de six mètres) ne faisait qu'accentuer cette impression de ruche en folie – ce n'était qu'embouteillages et klaxons rageurs. Quant aux trottoirs, ils étaient noirs de monde : pas mal de types accoutrés en cow-boys ou tout comme, des Indiens, pleins de solennité ou de quelque chose qui y ressemblait, des Mexicains jacassant à en perdre haleine, des Blancs ivres ou sur le point de l'être, des gamines indiennes fières de leurs mocassins, des squaws non moins fières de leur graisse, des poulettes mexicaines à la démarche provocante sous leurs jupes moulantes, de vieilles Mexicaines adipeuses croulant sous le poids de marmots pas très propres, des Blanches de toutes conditions, maîtresses comme servantes, et ainsi de suite, plus tout un peuple d'enfants bruyants et intenables, qui se jetaient en travers des voitures, ou qui, flegmatiques et moroses, traînaient les pieds avec une figure d'enterrement. Au-dessus de cette masse en mouvement un dôme incandescent jetait mille feux. Car, grâce à Edison, et à la plus grande de ses inventions, tout un chacun baignait dans une ahurissante orgie de luminescences. Et les ténèbres ne résistaient pas à une si merveilleuse dilapidation de couleurs et de formes. Des torrents de lumières – impossible de tous les dénombrer – venaient déverser leurs larmes aveuglantes sur un espace de moins de trois kilomètres carrés, en comparaison duquel le reste de la ville paraissait plongé dans une sorte de black-out. Pas un mur qui ne flamboyât, pas une voûte qui ne prodiguât ses rayons, pas une vitrine qui ne fît, en un va-et-vient pendulaire, chatoyer ses rampes lumineuses. Au sommet de chaque toit, de gigantesques balises pointaient vers le ciel leurs longs doigts embrasés. Et sur les façades des buildings, des réclames, énormes excroissances multicolores, vantaient tel ou tel produit dans une débauche de lettres fluorescentes, et l'œil subjugué ne pouvait que leur obéir. Défilant en boucle au fronton des maisons, des annonces lumineuses chantaient elles aussi la gloire de la marchandise. La publicité s'affichait d'ailleurs n'importe où. Même au-dessus des porches qui en rougissaient de satisfaction. Et, lorsqu'elle se réduisait à sa plus simple expression, quelque main anonyme la mettait en marche depuis l'intérieur des immeubles. Aussi ne prêtait-on pas attention à la myriade de spots noyés dans ce flot incessant de rutilances qui se portaient au secours des lampadaires afin qu'ensemble ils rivalisent avec le soleil. À un moment, je m'arrêtai sous la marquise d'un cinéma, lui-même engagé dans un combat furieux contre la nuit par la mise à feu, à intervalles réguliers, d'une batterie de projecteurs, et grimpant sur l'une des marches de l'escalier je me mis à réfléchir non sans stupeur à la taille de la facture d'éclairage que cette petite ville devait acquitter. Cela dépassait l'entendement, sans doute la plus grosse partie des frais de fonctionnement devait y passer rien que pour jouir du privilège de s'enflammer démentiellement chaque nuit. Aurait-on supprimé les deux tiers des lumières que le restant aurait suffi à éclairer a giorno Times' Square. De quoi envier les propriétaires des compagnies qui fournissaient l'électricité à Santa Fe.

Je soupai ensuite dans un restaurant tape-à-l'œil qui singeait le style mexicain. Je fis durer ma deuxième tasse de café jusqu'à 3 heures du matin avant de rejoindre la quatre-voies. Et là, bonne pince… la baraka à l'état pur ! J'entendis d'abord le crissement des pneus : à une trentaine de mètres de l'endroit où je stoppais, une décapotable couleur crème, le modèle 41 de chez Packard (or nous étions en 42), venait de s'immobiliser. Je courus vers elle et me retrouvai assis à côté du chauffeur. Et, juré, promis, il allait à Los Angeles ! ! Quel voyage ! Je n'en ai jamais fait de meilleur. Il roula à près de 130 pendant quatre cents, cinq cents kilomètres, puis relâcha la pression avant de se garer et de dormir quelques heures sur le siège avant tandis que je m'allongeais sur celui de derrière. Il faisait halte ici ou là, n'obéissant qu'à ses impulsions. En bordure du Grand Canyon, par exemple, avec ses stands de poterie, etc. C'est lui qui paya tous les repas. La réalité qui devient rêve, te dis-je, à ceci près qu'il ne me proposa jamais de prendre le volant et que je ne le lui demandai pas davantage, soucieux de m'éviter tout conflit avec lui.

Nous abordâmes L.A. par l'autoroute du Sud, la 101. Une fois rendu à Venice, au bord de l'océan (en réalité, il me lâcha près d'un immense dépotoir de voitures promises à la casse), je le remerciai vivement et m'éloignai, j'étais à moins de cinq blocs de la piaule où l'on m'attendait et à plus de deux mille kilomètres de...

À Ken Kesey, le 30 août 1965, 5 heures du soir.

Cher Ken[1], et alii[2], spécialement vous, les Filles !

Cette lettre risque de ne pas vous parvenir avant longtemps, car je suis coincé ici à Wakeman, Ohio, sans un rond. N'empêche qu'après m'être astiqué le manche dans les toilettes, de quoi se recharger les accus, je m'en vais quand même vous écrire au risque de me gâcher une longue nuit de sommeil réparateur. Peut-être dois-je commencer en vous affranchissant sur notre bourlingue – – Jamais je n'ai été si proche de toucher le fond – – – Mortelle bourlingue – – – Terrifiante ! Mais quel pied !

Reste à savoir si on va pouvoir continuer : toute manière, le mécano est suroccupé et ne sera que demain en mesure d'extraire le bloc-moteur avec ses 16 soupapes latérales qui partent en couilles (à ne pas confondre avec les Couilles qui ornent mon vilebrequin, le vrai, pas celui qui se trouve

---

1. On ne saurait trop recommander au lecteur, soucieux de bien comprendre cette lettre, la lecture d'*Acid Test* (Le Seuil, 1975) que Tom Wolfe consacra en 1968 à l'odyssée de l'écrivain Ken Kesey (*Vol au-dessus d'un nid de coucou*, etc.) et de son groupe, les Merry Pranksters, qui sillonnèrent l'Amérique dans leur bus psychédélique, le FBI à leurs trousses, chantant la gloire du LSD libérateur. Bien évidemment, Neal Cassady tenait le volant, ce fut sa dernière bataille et l'une des plus illustres victimes de la « guerre des rêves ». Robert Stone s'inspira de sa mort – surdose dans le désert mexicain en février 68 – pour son roman, *Les Guerriers de l'enfer* (Le Sagittaire, 1978). (*N.d.T.*)

2. *Et les autres*, en latin. Souvenir probable de ses années d'enfant de chœur... (*N.d.T.*)

sous le capot et que je crains d'avoir massacré, moi le Roi de l'Asphalte, si tant est que tu sois à cheval sur les principes moteurs) (Il se peut aussi que j'aie niqué l'Arbre à Cames, ouille ouille ouille !), du coup si ce Cadillac V8, modèle 1940, s'avère irréparable, je vous en demande humblement pardon.

Permettez-moi quand même de vous décrire l'engin : un rêve incarné, le meilleur que j'aie jamais éclaté, et qu'importe qu'il ait, ou non, tourné au cauchemar. Un châssis de 1947, avec une charge utile de 750 kilos, et une suspension renforcée, le modèle dit International (vouais, sauf qu'il y a une pompe à injection électrique – il a bien fallu remplacer celle d'origine qui vaut que dalle) – sur lequel on a greffé une boîte GMC de 5 vitesses – – mais comme je n'utilise jamais la première, on peut dire qu'en réalité ça n'en fait que 4 – –, avec l'arrière-train d'un van, de type Metro 57, plus 2 réservoirs d'essence de 26,5 litres chacun, et des jantes hyper-résistantes de poids lourd (genre celles de ton bus) montées, à l'arrière, sur 2 pneus 750 × 16 tout neufs à 8 plis carcasse Nylon (ça vaut 90 $), et un 750 × 16 8 plis trame rayonne, pareillement neuf, sur l'avant-droit, et un autre 750 × 16 mais à 6 plis sur l'avant-gauche qui a encore assez de chape malgré ce qu'il a subi et qui continue, après 4 000 kilomètres, de s'accrocher à la vie, mais que je ne le quitte pas de l'œil à cause de son entaille médiane de 15 centimètres qui pourrait bien me péter à la gueule. Plus un autre pneu à moitié foutu – suite à mon unique crevaison dans l'Utah – et encore la roue de secours lisse, un autre 750 × 16 – ce qui en fait 6 au total.

Ce tapis roulant de fort belles dimensions – je dirai : environ 3,70 mètres d'empattement –, vert olive (donc foncé), possède un merveilleux double tuyau d'échappement en chrome coiffé d'un réducteur ultra-sensible, le tout s'étirant le long de chaque côté de la cabine – – comme sur un puissant semi-remorque diesel – – & dont le ronronnement te permet d'apprécier, rien qu'à l'oreille, la bonne marche du gros moteur de la Cad. Il y a aussi un nouveau différentiel, et par ailleurs l'avant de la cabine a été récemment reconditionné, de même qu'ont été changés, 100 % neufs, les bougies, les vis platinées, le condensateur, la bobine, la courroie du ventilateur, et le radiateur lui-même (mais ne reste plus que deux tiers des ailettes, hélas !) – – on l'a pris sur un Ford, car le précédent, un Cad 1932 V 16, d'une épaisseur de 10 centimètres et pouvant contenir 30 litres d'eau, après avoir été remis en état une première fois à Ely, dans le Nevada, a dû être définitivement remplacé à Denver. Côté gauche et à l'arrière, on a aussi changé les tambours, garnitures et ressorts de frein mais pas le servo – trop de liquide, mieux valait le mettre hors circuit –, de sorte que je dois pomper plusieurs fois sur la pédale de frein si je veux m'arrêter. Le compte-tours doit être reconnecté pour fonctionner & la cloche d'embrayage fissurée tient grâce à un collier en acier.

Mais assez causé du pick-up, causons baise ; en une seule journée à Denver, je n'ai pas été loin d'approcher la surdose ; première en course, une petite brune de Grinnell, 19 ans, très attendrissante, inscrite à l'université de l'Ohio, quoique sur ses gardes – n'empêche que je l'ai bel et bien « dégelée » (et du coup je me suis retrouvé au volant de sa Buick toute neuve) – & l'a suivie une autre – mais les deux ensemble dans le même appart' durant des plombes, prends-en de la graine – ; à l'instant précis où la première se dépêchait de rentrer chez ses parents avant qu'ils se réveillent, la seconde me rejoignait au pieu – le genre grande bringue, crinière rousse, yeux verts et peau laiteuse, auparavant elle vivait à Big Sur et maintenant elle bosse dans une maison de retraite pour vieux à l'article de la mort ; (je peux jouer au docteur avec toi ?) d'accord, mais sans tranquillisants ! Bien sûr, j'aurais pu m'en taper un wagon entier ; mais bien sûr je manquais de temps ; ou alors bien sûr leur mec était dans la pièce d'à côté ; ou encore bien sûr elles étaient noires, de sorte que ma queue n'a limé que les deux précitées ; vaudrait peut-être mieux que tu ne montres pas cette page aux filles. Wouaff. Wouaff.

Ah, oui, la bourlingue ; bon, respectons la chronologie (sauf que, pendant plus d'une heure, le Gitan vient de méditer sous la tente qu'il a arrimée sur les susmentionnés tuyaux d'échappement – il s'agit, en fait, de 2 tubes du type dont on se sert en plomberie ; c'est à Carson City qu'un Indien Piute[1] m'a aidé à installer ce furieux cavaleur – et résultat : avant même de dépasser le 90, tu enclenches la 5e, sinon tu te traînes, car la 4e a un rapport si long que tu risques de plafonner à 45, 50 avant de pouvoir la monter au fameux 90 – – – rien qu'à l'oreille, vu le barouf de la cloche d'embrayage (j'ai mis 5 bonnes minutes pour percer ses 12 centimètres d'alu qui peuvent supporter une charge de 220 kilos par cm^2) – même le point mort, à cause de ce rafistolage, possède sa musique distinctive, quoique tous ces craquements comptent peu en comparaison de la fameuse cloche de la « liberté » à Philadelphie – attends une seconde, il vient de « la pincer brutalement » (sa guitare) tandis qu'assis à l'avant j'essaie d'écrire – des 5 du départ, il ne reste plus que lui et moi –, donc c'est signe qu'il ne la

---

1. Le Paiute, et non le Piute, appartient à une tribu de nomades chasseurs et cueilleurs du Nevada. (*N.d.T.*)

grattera plus & qu'il est sur le point de fermer l'œil, aussi peut-être que je vais pouvoir me concentrer, mais j'en doute, car sa « musique agit comme un philtre » Ah, oui, la bourlingue ; bon, respectons la chronologie (Ah, oui, la bourlingue ; comme je te l'ai déjà signalé, des comme ça, je n'en avais jamais fait) (Ah, oui, la bourlingue ; comme je l'ai déjà signalé, une même situation peut, 21 jours durant, se répéter &, dès lors que tu es sur la route depuis plus longtemps que ça, t'es bien obligé d'en faire un style de vie.) Et donc, place à la chronologie : après vous avoir quitté, c'était un dimanche, & plus de trois semaines – merde, maintenant, c'est un motard qui me tourne autour – se sont écoulées depuis qu'on a, sans grand enthousiasme, franchi une à une les collines entourant S.F., avant de traverser la Baie, pour autant que je puisse le dire car le propriétaire de l'Oldsmobile 55 – que j'aurais voulu, à l'instar d'un Dale[1], mettre en morceaux –, le dénommé Chan, n'a jamais accepté que je prenne le volant ; mieux, comme monsieur voulait passer la nuit en ville, le Gitan, sa vieille copine, Jenny & mézigue, on s'est éjectés – (après un arrêt chez Frenchie[2], bouche édentée, visage décharné, coupe de cheveux à la Hell's Angel (mais l'ont toujours viré de leur bande), qui s'est, voilà quelque temps, salement brûlé (hospitalisation) pour ne pas s'être carapaté après avoir versé de l'essence dans un carburateur (?) histoire de voir si le pardeuf de Chan le protégerait, heureusement que le Gitan lui a sauvé la mise sinon) –, et on a atterri à Berkeley (mais moi sans personne dans mon pieu).

1. Cousin de Kesey, surtout connu pour ses excentricités musicales. (*N.d.T.*)
2. C'est grâce au romancier Hunter Thompson que Kesey fit en 1964 sa connaissance dans un garage de San Francisco, *The Box Shop*. (*N.d.T.*)

Le lendemain, le lundi 9 août, j'ai redormi seul. Le surlen-
demain, le mardi 10 août, je me suis levé à la fraîche &, après
avoir arpenté les rues en compagnie du Gitan qui cherchait
une pièce de voiture pour remplacer celle qui était foutue,
je l'ai conduit chez le casseur d'épaves le plus proche pour
un résultat tout aussi infécond ; et donc, on a dû laisser
derrière nous cette Hudson Jet 51 avec laquelle on projetait
de faire la route, et partir avec une autre ; plus tard, après
l'avoir dépouillée de plein de trucs, on abandonnerait aussi
cette Chevrolet 51 qui ferait alors peine à voir avec son bloc-
moteur désossé, son embrayage à l'agonie et ses pneus lisses,
elle appartenait à un mec, Pete Livvy, que je ne connaissais
pas davantage que sa caisse – n'empêche que je l'ai tout de
même conduite et que je l'ai poussée à plus de 160, après
que le Gitan se fut échiné tout le lundi dessus pour la faire
démarrer, mais pas plus loin que Virginia City, dans le Nevada,
où il a fallu la larguer, vu que le tiers des ailettes du radiateur
avaient explosé –, du coup, on a dû voiturer jusqu'à Chicago
Pete Livvy et son pote Doug Samoon qui avait une MG 57,
que j'ai pu essayer autour de Carson City, mais qui a rendu
l'âme à Ely, Nevada, où elle repose désormais.

Et donc, dès qu'on a compris qu'à moins d'un miracle
il ne nous restait plus que la solution de la Chevrolet pour
atteindre N.Y. – avec en arrière-garde la MG de Pete & Doug
qui, eux, nous quitteraient à Chicago –, le Gitan, Jenny (sa
gonzesse) & moi, on a, toute une nuit, mis impitoyablement
la pression sur une petite (Faye, pour autant que je m'en
souvienne, et qui, le lendemain matin comme je lui en serrais
cinq, m'a fait part de son désir de te rencontrer, Ken) qui
filait le train à un couple de copains du Gitan passés nous
saluer ; une pression qui ne lui a laissé, sache-le, aucune
porte de sortie, et du coup elle nous a cloqué, pour nos frais

de transport, 50 dollars & 25 de mieux un peu plus tard, et elle est même allée jusqu'à me prêter quelques heures sa Saab 64 : eh vouais, elle a fait ça, et ce lundi 9 août, vers minuit, en compagnie du Gitan et de Jenny (Pete & Doug sont restés dans leur MG pour dormir), je m'en suis retourné à S.F. soutirer du fric à Ginsberg – j'avais déjà fait cracher 5 dollars à Pete Orlovsky[1] quand j'étais passé à Berkeley –, et dire au revoir à la compagnie, pardi.

J'ai oublié de mentionner que la veille, le dimanche, après avoir rendu visite à Frenchie le Hell's Angel, nous étions, en dépit de mes protestations de fatigue, allés écouter un groupe de rock que Chan voulait à tout prix approcher – – c'était quoi ? le rituel ordinaire – Signee et les HiWires ou les Sextones ou le Jefferson Hi Bandits[2], nos potes, comme tu dirais ; & ça balançait bien, spécialement quand ils ont exalté les prouesses d'un oiseau hyper speedé[3] ; Comme

1. Amant d'Allen Ginsberg à San Francisco, Peter Orlovsky apparaît dans trois livres de Jack Kerouac, et singulièrement dans *Les Anges vagabonds* sous le nom de Simon Darlovsky. (*N.d.T.*)

2. L'événement est historique. Ce soir-là, Cassady assiste à l'une des quelques séances de sélection desquelles devait surgir quatre mois plus tard le Jefferson Airplane. Avant de donner son premier concert public, le 13 août de la même année, Marty Balin, le fondateur de cette formation d'acid rock, « emprunta » en effet à de nombreux petits groupes de San Francisco et de sa région ses meilleurs musiciens. Ainsi Signee Anderson, chanteuse-guitariste et ancienne du Big Brother & Holding Company de Janis Joplin, ou Paul Kantner, chanteur-guitariste des HiWires. Par ailleurs, il se peut que Jerry Anderson, mentionné quelques lignes plus loin, soit le mari de Signee. On ne trouve nulle part mention des Sextones dont tout laisse à penser qu'il s'agissait d'une formation spécialement réunie pour cette audition. À signaler enfin aux amateurs de contre-culture que Ken Kesey préféra Grateful Dead au Jefferson Airplane qui se retrouva alors aux côtés des Diggers d'Emmett Grogan (*Ringolevio*, Gallimard, 1998) lors du premier festival de rock gratuit de San Francisco. (*N.d.T.*)

3. Titre original : *High Flyin Bird*. Reprise probable d'une composition de Fred Neil. (*N.d.T.*)

de juste, Jerry Anderson était de la fête, c'était la première fois que je le revoyais depuis son départ précipité pour le British-land & comme de juste il vous rafale ses amitiés ; avec le drapeau US il s'était fait une cape & apparemment il tient de nouveau la grande forme, en prime il m'a offert une bière, peut-être deux – bon, fin du retour en arrière, nous revoici dans la nuit de ce lundi, non, dans le petit matin du mardi, alors que je cherche Bradley[1] ou quelqu'un de la bande – – Paul des HiWires m'avait refilé du planant, comme d'ailleurs Beth ensuite, et donc, l'un dans l'autre, on finit, le Gitan, Jenny et ma pomme, au volant de la Saab, par se garer devant un bar de North Beach qui était en train de fermer, juste en contrebas de La Folle perdue.

Devine un peu qui peut se trouver au fin fond de ce bar, toutes lèvres pendantes et flairant de sa truffe une grosse pouffiasse blonde, genre biberonneuse de comptoir ? Qui, sinon Allen Ginsberg ? Et le voici qui m'invite en nasillant à me joindre au reste de la troupe, et qui me présente aux poètes rassemblés autour de lui que je connaissais déjà pour la plupart – Charles Olsen[2], Bob Duncan[3] –, j'abrège… il me suffit de te dire qu'il y avait là une trentaine d'admirateurs de D. Moriarty[4], vieilles tapettes, bardes irlandais (comté de Cork), rimailleurs ivres de la scène locale & des tas d'autres, comme on en voit titubant entre Grant et

1. Membre des Merry Pranksters. (*N.d.T.*)

2. Il s'agit de Charles Olson, et non Olsen, poète qui connut dès 1947 Neal Cassady, et qui a toujours pensé que celui-ci n'avait que deux passions dans la vie : les voitures et les filles. (*N.d.T.*)

3. C'est en 1955 que Kenneth Rexroth présenta à Allen Ginsberg le poète Robert Duncan. (*N.d.T.*)

4. Autrement dit Neal Cassady, tel que l'a transfiguré Kerouac dans *Sur la route*. (*N.d.T.*)

Francisco Street & tout ce joli monde, après avoir embarqué de la bière, est parti faire la fête, et je les ai suivis, et tout en marchant je leur ai servi la matière de deux chapitres de la Vie merdique de Cassady, avec intro, intrigue, glose, exégèse, postface, et du coup, quand la fête a commencé, ils étaient tous limite de l'explosion. J'en ai profité pour réclamer une chiotte qui nous permettrait de rejoindre sans coup férir N.Y. & là-dessus la biberonneuse de comptoir m'a assuré en avoir une, mais c'était bidon. N'importe, il s'est encore passé plein de trucs marrants & ça a swingué dur, mais vers 5 heures du matin j'ai décroché, objectif N.Y.

Et donc, en milieu de matinée, le mardi 10 août, le Gitan, Jenny et moi-même – le pied sur l'accélérateur –, avec collant à la roue de notre Chevy 51 Pete & Doug dans leur MG 57, nous avons traversé Sacramento juste avant que la ville ne soit saturée par le flot des banlieusards &, sans trop perdre de temps, disons 35 kilomètres plus loin, nous avons enregistré le premier de nos innombrables contre-temps – crevaison du pneu arrière-gauche de la Chevy, évidemment pas de roue de secours mais tout de même le secours de notre voiture-balai. J'ai démonté la roue, l'ai balancée dans la MG & fissa jusqu'à une station-service avec mise à contribution de la carte de crédit Shell de la mère de Doug – la malheureuse ! même si elle est pleine aux as elle risque de craquer quand elle recevra son relevé d'août – entre 350 et 400 dollars ! – – vous avez dit Crédit ? Mince, alors ! – (ça, c'est pas sympa ! comment est-ce possible ? et on se plaint et on se lamente) – attention, retour vers le futur, retour vers l'Ohio, pas très loin de Wakeman : ne voilà-t-il pas que j'entends des voix, et que, comme d'hab', je me goure pas – oh ! oh ! pour sûr que ça s'est mis à cliqueter sur l'axe central, à l'avant & qu'on peut pas rêver pire, l'arbre à cames ou, plus vraisemblablement, le vilebrequin, qui perd ses bielles dans le bloc-moteur – et aucun moyen d'y remédier – et donc, c'est comme ça que ça va casser à un peu plus de 60 kilomètres au sud-ouest de Cleveland (Babbs[1], j'y repense, y était passé la veille), avec des tonnes de marchandises qu'il va nous falloir crapahuter en stop. Gloup, grrr !

Et là-dessus, la nuit durant, une grosse pluie sournoise ; sur le pick-up, rien (sauf moi) n'échappe à la douche ; car le Gitan s'est avéré incapable de monter cette tente conçue pour résister à un déluge ; dès le lever du jour, en faction sur le bord de la route, on s'est mis à guetter le quidam susceptible d'échanger n'importe quoi qui roule contre un pick-up démotorisé – & après une journée d'affût (moins cinq cependant qu'on fasse affaire avec les propriétaires de deux Chevrolet, une 49 noire et une 53 aux pneus lisses, et d'un pick-up Dodge 38 avec une couchette dépliante) on a accepté de troquer notre machine contre un station wagon Studebaker 55, de couleur jaune, affichant 75 000 kilomètres au compteur, mais lui aussi dépourvu de roue de secours, sans radio non plus, avec un chauffage déréglé & à cause de l'odeur épouvantable des gaz d'échappement qui s'en dégage t'es non seulement obligé de rouler vitres baissées mais tu dois avaler aspirine sur aspirine pour t'éviter les migraines, et je te fais grâce des yeux rougis ; n'importe, ça avancera, même si derrière nous, rapport à la mauvaise combustion, on laissera flotter de longues traînées noirâtres.

1. Ancien pilote d'hélicoptère au Viêt-nam, et membre des Merry Pranksters, il aurait profité de la fuite de Kesey au Mexique pour tenter, selon Tom Wolfe (*op. cit.*), de se poser comme *chef* du groupe. N'empêche qu'il publiera en 1981 dans le n° 6 du magazine de Kesey (*Spit in the Ocean*) un ensemble de souvenirs sur Neal Cassady. (*N.d.T.*)

De fait, je m'en suis douté dès que je suis monté dedans avec le mec qui nous l'a proposé en échange – un blessé de guerre père de huit (8) enfants qui porte une sorte de protège-menton, identique à celui de Babbs –, tandis que nous nous rendions dans une station-service afin qu'ils remorquent notre pick-up jusque jusque devant chez lui.

Faut que tu comprennes un truc, les quinze, vingt lignes qui précèdent je viens juste de les torcher ici, devant chez le mec à la Stud, et dans la cabine du pick-up, rapport au fait que les mouches de sa ferme – comme qui dirait, des mouches fermières – sont par trop nombreuses (& aussi parce que l'aînée des 8 moujingues, une blonde bien foutue d'environ 17 balais, a cessé de me faire les yeux doux, vu qu'elle s'est tirée avec son petit ami, Billie, dans sa Chevrolet 55 qui a l'air d'avoir aussi un petit problème), mais si tu te demandes pourquoi on n'a pas repris illico la route, apprends qu'il nous faut attendre que s'ouvre demain matin le tribunal de Milan (Ohio) – ville natale, comme tu sais, de Tom. A. Edison – pour enregistrer le changement de propriétaire.

Bon, il pleuvait aussi, & il était quasiment la même heure quand, après avoir fait rafistoler notre pneu à la sortie de Sacramento, & en parvenant à faire cracher à la Chevrolet tout ce qui lui restait dans le ventre, nous l'avons, malgré le relief accidenté, amenée jusqu'à Virginia City, dans le Nevada, où le Gitan et Jenny se sont engouffrés dans l'Oldsmobile de Chan (il avait un jour d'avance sur nous) & ont aussitôt foncé chez Dave, dans le désert, afin de récupérer le pick-up qui nous y attendait depuis six mois, et dans lequel je continue de t'écrire. Profites-en pour dire à Anne que son ex-amant n'est pas « remonté vers l'Alaska ».

Et donc, tandis que les trois autres fonçaient chez Dave, Pete, Doug & moi, garés sur un Monticule, à la périphérie de Virginia City, on n'a fait que pioncer aussi bien dedans que sous la Chevrolet – sauf qu'ils sont revenus du désert aux environs de minuit et qu'on a ensuite attendu l'aube, blottis les uns contre les autres – exceptés Pete & Doug repliés à l'intérieur de leur MG – dans le pick-up que nous arriverons à conduire jusqu'à Carson City où l'Indien Piute le remettra en état – quel foutoir pas possible chez lui ! –, et voilà comment on a passé le mercredi 11 août à ronger notre frein. Pendant que l'Indien s'affairait sur le pick-up, les autres ont tué le temps en fouinant dans son bric-à-brac, mais moi j'ai préféré m'offrir avec la MG une petite virée & une incursion non moins courte dans les salles de jeux avoisinantes, et ce jusqu'au moment, 10 heures du soir, où l'on a appris qu'enfin tout baignait, et de nouveau, avec Pete & Doug, qui nous suivaient dans la MG, on a mis avec détermination le cap à l'est ! (Fourre-toi dans la tête qu'on a laissé la Chevrolet & moins de soixante grammes de marijuana, plus Chan, en échange du pick-up – rien de plus !)

2 sept. (5 h du soir)

Hier, à la même heure, coincé au milieu des ploucs qui rentraient chez eux, je me suis tapé toute la traversée de Pittsburg au volant de cette capricieuse Studebaker &, en dépit du fait que je n'ai pas le pouvoir de me faire obéir des autres automobilistes, je n'ai laissé aucun de ces sales cons me damer le pion &, en me faufilant entre les files, disons une ou deux fois tous les kilomètres, je me suis retrouvé en pole position – parole ! Fin de l'intermède et énième retour au récit des turpitudes de Cassady en route vers l'est ; le jeudi 12 août donc, à 80 kilomètres d'Ely, Nevada, panne sèche – on avait consommé du 30 litres au cent – ; aussi, profitant qu'il faisait encore jour, on a expédié doug & pete dans leur MG à la pompe la plus proche avec un bidon de 20 litres, sauf que, des heures plus tard, c'est une dépanneuse qui a rappliqué avec l'essence car la MG les avait lâchés à 40 bornes d'Ely – qui est d'ailleurs à des années-lumière de n'importe quoi –, résultat, ils avaient dû faire du stop. Et donc, j'abrège, me voici poussant, pare-chocs contre pare-chocs, à un bon 80 km/h., sa MG vers ce putain d'Ely, sauf que Doug s'est entêté à vouloir – évidemment, sans succès – la faire redémarrer, que ça n'a pas raté, bing, qu'on s'est cognés – et recognés un nombre invraisemblable de fois – et qu'à force mon radiateur s'est fissuré, en sorte que la dépanneuse n'a plus eu qu'à nous remorquer tous les deux. Nous croupirons à Ely plus de 24 heures, jusqu'à l'après-midi du vendredi 13, et ce pour plusieurs raisons : 1. Les 50 $ que ses parents avaient envoyés au Gitan ne sont arrivés la veille qu'après 17 heures et, comme le bureau de la Western Union avait déjà fermé ses portes, il a bien fallu qu'on patiente jusqu'au lendemain pour les récupérer. 2. La cloche d'embrayage du pick-up ne pouvait être refixée le jeudi – et si elle l'a été, c'est parce qu'on s'est rendu en pleine nuit chez un aide-mécanicien des chemins de fer et qu'on l'a tiré de son pieu malgré sa femme et ses deux gosses. 3. Le sort de la MG dépendait de l'arrivée le lendemain, donc le vendredi, d'un groupe électrogène – mais on ne l'a pas vu – ; aussi, après l'avoir remorquée pendant encore 160 kilomètres en direction de Wendover, la courroie du ventilateur du pick-up a rendu l'âme – c'est son agrafe de sûreté qui a cédé et non le support du moteur comme on l'a craint un instant – et du coup on a abandonné la MG pour de bon.

Obligés de mendier de l'eau pour le radiateur et une clé en croix à quiconque s'arrêtait, on a, en enchaînant les stations-service, fini à la nuit tombée par déboucher, avec un radiateur transformé en passoire, à Wendover… dans l'Utah. Mais en ce moment, le 2 septembre, on se trouve à Bridgeton, New Jersey, dans la maison de Jenny – grâce à quoi j'ai pu garer notre Studebaker dans un enclos attenant –, à quelque 70 kilomètres au sud de Wilmington, dans le Delaware, & pas très loin non plus de Philadelphie & on ne s'en ira que d'ici un jour ou deux ; le père de Jenny est le pasteur méthodiste de cette ville de 25 000 âmes & je gage que, lorsqu'il rentrera ce soir de N.Y. – où je me rendrai ce week-end –, j'aurai droit à une homélie aussi filandreuse que métaphysique. Et donc, de nouveau, je rétrograde et retourne dans le passé, à Wendover que nous avons quitté après avoir colmaté le trou du radiateur avec un peu de tout, boue, goudron, farine de lin, argile & salive, et le samedi 14 août nous débarquons à Salt Lake City, à minuit passé d'une minute. J'appelle illico la mère d'Anne qui ne se prive pas de me dire que ce n'est pas une heure pour téléphoner aux gens, mais que, si j'ai la décence de le faire le lendemain matin à 8 heures, elle me donnera bien volontiers le numéro d'Anne – – – et je me suis exécuté – –, sauf que c'est le père qui a décroché cette fois, sa femme était déjà partie, & lui, il ne savait pas comment joindre sa fille, ce qui t'explique pourquoi je n'ai pas vu Anne. Bilan : pas de chatte, pas d'oseille (à Ely, le Gitan avait investi ses 50 dollars dans l'achat d'un fusil à pompe), pas d'excitants, etc. ; et c'est donc, à la va-comme-je-te-pousse – nous n'étions plus que

5 : 3 dans la cabine et 2 sur la plate-forme du pick-up –, qu'aux petites heures de la matinée, et tout en rebouchant le trou du radiateur tous les 15, 20 kilomètres, nous avons atteint Denver, ma ville d'adoption – & celle du Gitan –, le dimanche 15 août.

Nous rendant directement dans la Galerie d'Art que tient un charmant Toulouse-Lautrec prénommé Phil dont la sœur s'est mariée avec le frère cadet du Gitan, un blondinet plein de séduction, on y a dormi jusqu'à la fin de l'après-midi, puis on a filé chez les parents du Gitan dans l'extrême sud de Denver, puis encore chez des amis de Jenny à Boulder[1] où l'on a terminé la nuit. Le lendemain, alors que sur le coup de midi on se rentrait sur Denver, et comme on approchait du péage, plus de freins ; rien d'autre à faire que de passer sans marquer d'arrêt, que de slalomer entre les obstacles et de hurler (pas de klaxon) aux gens de se planquer, et lorsque j'ai enfin réussi à immobiliser le véhicule il ne me restait plus qu'à bricoler dessus une bonne heure avant de pouvoir repartir. L'après-midi, on a écoulé tout notre shit & depuis on a dû faire tintin sauf à Chicago (un petit peu de mauvais chanvre indien) et à Detroit (de la moins bonne marchandise encore). Ce soir-là, le père du Gitan, un furieux, m'a décoché un swing ! ! – malgré l'intervention de sa femme, terrorisée –, du coup le Gitan a appelé l'étudiante de l'université d'Iowa à laquelle j'ai déjà fait allusion, je l'ai chauffée à blanc & elle nous a reconduits (en fait, c'est moi qui tenais le volant) jusqu'à Boulder – non, une seconde, c'est le frère du Gitan qui s'en est chargé ce soir-là et, le lendemain midi, c'est l'ex-mec de Jenny qui nous a redéposés à Denver où m'attendait à la poste restante

1. Ville au nord-ouest de Denver, siège de l'université du Colorado. (*N.d.T.*)

la lettre d'Anne à laquelle, si tu le permets, je m'en vais maintenant répondre.

Ma chère Anne. Ravi que tu aies tiré de ma rassurante bafouille quelques motifs de « satisfaction » (à l'inverse des Stones, je ne peux que t'en donner) & que tes tentatives de séduire un autre que moi aient échoué. Je n'apprécierais pas que ma gonzesse couche avec n'importe qui ; enfin, presque avec n'importe qui – ces deux semaines chez les Lish[1] ont été une vraie connerie, mais est-ce que ça aurait été mieux ailleurs ? y a toujours une raison pour que ça foire, n'est-ce pas ? – « Faire durer et se garder de la tentation », bordel, ce que c'est dur ! – & je veux croire que tu t'y efforces, et même si en apparence tu sembles te comporter différemment & te laisses parfois aller à un faux pas, c'est pas un problème, car je t'aime, que tu essaies ou non, que tu réussisses ou non ; de savoir que tu fais tout pour y arriver me suffit amplement – ne serait-ce que parce que ça soulage mon misérable ego. « Ton amour nourrit ma vie » – est-ce à dire que ma vie est la nourriture de ton amour ? – et en quelles proportions, d'ailleurs ? Merci d'avoir joint à ta lettre cette citation de Ken, je ne pense pas qu'elle soit encore applicable aujourd'hui (à propos des filles, veux-je dire). « Après tout, nous sommes encore en vie » – ça, c'est Bien Vu ! ! & tu ferais bien de t'en tenir à ce foutu principe si tu ne veux pas que je te botte le cul jusqu'à t'expédier dans l'espace intersidéral. Espérant te revoir bientôt, avec mon amour éternel, Neal.

Et donc, c'est le mardi 17 août au soir que l'étudiante de l'université d'Iowa m'a laissé conduire sa Buick toute neuve

1. *Cf.* sur Gordon Lish *Ultimes précisions* de Carolyn Cassady, *supra*, p. 197 *sq.* (*N.d.T.*)

& que, tous ensemble, on a réintégré Boulder, car on avait encore des choses à y faire ; de son côté, le Gitan ne bougeait pas de chez lui et remettait en état le pick-up, Doug & Pete partageaient le studio au-dessus de la Galerie d'Art, tandis que, moi, je m'offrais – hé ! hé ! – un petit extra du genre de celui que j'ai déjà mentionné quelques pages plus haut de ce truc-qui-sera-incessamment-sous-peu-un-bouquin. La nuit du mercredi au jeudi, on s'est accordé des gâteries du genre décapant & une vingtaine de personnes, rameutées par mes soins, ont envahi la Galerie & j'en ai profité pour filer à l'appartement de la Rouquine dont le petit ami en titre est, me semble-t-il, un certain Sid… ça te dit quelque chose ? Je n'ai pas décarré de chez elle où m'ont rejoint, chassés de la Galerie par cette foule qu'ils ne supportaient plus, Doug & Pete – ce devait être dans la nuit de vendredi à samedi, car ma rouquine était de quart au mouroir de la maison de Retraite – ; après quoi, j'ai tubé Justine qui s'est dite désireuse de me voir lorsque je remonterais vers la Côte ouest – si j'y reviens – et qui m'a baratiné sur un tas d'autres trucs, comme sa lecture de deux romans de J. Updike ; là-dessus, le Gitan ayant récupéré Jenny à Boulder, nous avons fui Denver en compagnie de Doug & Pete ; le pick-up avait été complètement retapé – du moins, le pensions-nous ! ! ! –, radiateur et arbre moteur refaits comme à neuf, nouveau kit de frein sur la roue arrière gauche, etc. À peine la nuit venait-elle de tomber, ce samedi 21 août, que nous foncions sur Akron, Colorado, où Jenny a chargé ses cadeaux de mariage qu'elle y avait laissés sur le pick-up & on est repartis directosse – j'étais, bien sûr, toujours au volant – jusqu'à une ville proche de Omaha, Nebraska, et qui a pour nom Wahoo – c'est d'ailleurs là que j'avais, l'année précédente, permis à Bob M. & Joe R. de piloter, mais pour l'unique et dernière fois, ma Plymouth 55. Moi, j'étais monté sur N.Y. en bus, tu t'en souviens ? – et, eux, ils avaient voulu relié Wahoo à Lodgepole, quand, soudain, boum, l'une des pales du ventilo s'était détachée (le même incident qui empêcha Sterling Moss de gagner, au volant de sa GT Ferrari, les 24 Heures du Mans en 1961), et avait fait un trou dans le capot avant de niquer, merde et remerde, le radiateur. Et donc, à notre tour, l'année d'après, on se retrouve, ce dimanche 22 août dans l'après-midi, bloqués à Wahoo, le radiateur mort, deux séries d'ailettes pétées, mais pas l'une à côté de l'autre, non, à chacune des deux extrémités, et pas de quoi se payer une réparation, et surtout, pire que tout, pas la moindre station Shell à l'horizon, donc carte de crédit inutilisable. Le Gitan connaissait vaguement quelqu'un à Omaha qui est venu jeter un œil sur l'étendue des dégâts & qui s'est cassé rapido ! Et donc, on l'a de nouveau eu dans le trognon et, alors qu'il commençait à faire sombre sur ce putain de Wahoo, on est parvenus à intéresser à notre sort les petits voyous du coin – allant jusqu'à leur apprendre à désosser une bagnole, etc., –, si bien qu'on est repartis avec ce qui ressemblait à un radiateur mais avec un moteur qui faisait de drôles de bruits à l'allumage – pétarade inquiétante, vraiment très inquiétante.

Une fois à Omaha, après une descente éclair chez le copain du Gitan, histoire de s'accorder une sieste, on a passé le reste de la nuit à côté d'un employé des chemins de fer Sinclair qui nous a invités à le suivre de l'autre côté du fleuve où il roderait nos soupapes – sauf que ces putains de soupapes n'étaient pas en cause, mais la maladresse des jeunots de Wahoo qui avaient reconnecté les fils à l'envers & que ça avait cramé. Hélas, pour ne le découvrir qu'à Des Moines, on roulera des centaines de kilomètres en faisant un vacarme de tous les diables – et donc, on perdra toute la matinée du lundi 23 août à aller et venir entre Omaha et Council Bluffs dans l'espoir qu'un garage Shell accepte de s'occuper de nous. Mais tous reculent devant l'énormité de la tâche – sur ce bloc-moteur, les soupapes sont carrément inaccessibles ; n'empêche qu'on trouve tout de même le moyen de colmater pour assez longtemps – avec un œuf cru ! ! – la fuite du radiateur, et ce problème réglé on se plante pendant des heures devant l'entrée de la Western Union, en plein centre d'Omaha – pas mal de jolies nanas, d'ailleurs –, attendant qu'arrive le blé que Jenny a réclamé par télégramme à des amis à elle ; après quoi, on met le cap, toujours aussi mal en point, sur Chicago.

À Des Moines, on galère un sacré bout de temps dans Drake University à la recherche d'un prof que Jenny connaît ; mais sans le trouver ; puis après avoir recolmaté cette merde de fuite on se dirige vers Chicago où l'on fait, le mardi 24 août, une entrée tonitruante – quoique, comparé au début, quelques décibels en dessous – juste avant qu'il fasse grand jour, et ce deux semaines après avoir quitté Berkeley, en Californie. Au vrai, c'est comme si 2 mois s'étaient écoulés ! Mon sens du timing ne se démentant pas, on se gare devant la piaule de notre pote Pete le Japonais à l'instant précis où lui-même rentre d'une nuit de débauche & on se retrouve vite fait au plumard & on en écrase dur 24 heures d'affilée ; on n'ouvre un œil qu'au milieu de la nuit suivante et on part faire la tournée des boîtes, espérant tomber sur quelque grand groupe de Rock & Roll, et au bout du compte on atterrit aux premières lueurs de l'aube sur la jetée qui protège le port de plaisance de Chicago des flots du lac Michigan. Un bateau nous dépose ensuite près de la maison d'une poulette qui n'est pas là, mais Doug, le Gitan, et moi, on y dort quelques heures ; j'oublie de dire qu'un peu plus tôt, Jenny s'était envolée pour le New Jersey, et aussi que j'aurais pu en tringler des masses, mais que j'ai foiré tous mes coups et que j'ai dû baiser veuve poignet. Mais je reviendrai à Chicago ! Ha, ha, ha ! Le dernier soir, on est allés voir Moll Flanders[1] & Lord Jim[2] : Sympa, deux films pour le prix d'un.

3 sept. (5 h du soir)

Aujourd'hui, j'ai passé la majeure partie de la journée à bâfrer et pioncer ; le Gitan est descendu à Camden[3] mais il n'a pas réussi à arranger le silencieux de la Studebaker, Jenny est sortie faire des courses pendant que le reste de la maisonnée vaque à ses occupations habituelles, y compris le frère de Jenny, son aîné de dix-neuf ans, qui pèse lourd dans l'audiovisuel – il m'a d'ailleurs appris des petites choses intéressantes dans ce domaine, par exemple qu'avec seulement 100 000 $ on peut acquérir ou créer une chaîne de télé et, avec un peu moins, une station de radio FM, etc. Je n'ai pas encore discuté de théologie avec le père de Jenny qui fait ici figure de croquemitaine – & je doute fort qu'on le fera depuis qu'on m'a dit qu'il n'aimait pas en parler, mais nous avons du poisson au menu de notre dîner

---

1. Titre exact : *The Amorous Adventure of Moll Flanders* (v.f. : *Les Aventures amoureuses de Moll Flanders*), 1965, une très mauvaise adaptation du roman de Daniel De Foe par Terence Young, avec toutefois l'éblouissante Kim Novak dans le rôle-titre. (*N.d.T.*)

2. Là encore une médiocre transcription (1965) du grand roman de Joseph Conrad par Richard Brooks, avec Peter O'Toole et James Mason. (*N.d.T.*)

3. Ville du New Jersey où Walt Whitman passa les vingt dernières années de sa vie. (*N.d.T.*)

ce vendredi soir, et ce uniquement parce que j'ai mentionné mes origines catholiques.

Le mercredi 25 août, à Chicago, on s'était réveillés tard, on avait bavardé un tout petit peu, allumé la radio, écouté pas mal de concerts retransmis en direct, puis filé chez un associé de Pete & acheté un magnétophone afin d'enregistrer le Gitan à la guitare & surtout bien mangé. Le lendemain, on avait enfin dégotté, marchandise rare, un radiateur pour le pick-up et décidé de laisser ouvert en permanence le capot ; vu qu'on avait commencé à le faire dans l'Iowa, le bruit ne nous gênait plus. Dans la matinée du vendredi, on a enregistré un artiste qui défend avec véhémence Hitler, en tant qu'homme et citoyen allemand ; l'artiste est de là-bas. « Mais admire donc la façon dont il leur a botté le cul, à tous », s'est-il exclamé, BEURK ! Le même jour, mais après minuit, on s'est invités dans une nouba des plus raides ; ça picolait, ça se déhanchait & les 9/10e, voire la totalité, de l'assistance fourguaient tout ce qui leur appartenait ; le cul pour les nanas, la dope pour les mecs. Avant que j'oublie, je te signale qu'on se procure ici des comprimés de benzédrine pure pour 85 $ le mille. Quand je repasserai par Chicago la semaine prochaine, je te ferai savoir si l'offre se maintient à ce prix-là, ce dont je ne doute pas. En tout cas, j'en ai acheté un peu & c'est sans conteste de l'efficace, aussi efficace que le dealer qui l'écoulait – un Irlandais, pardi. Et donc, le samedi 28 août, avec seulement un billet de 5 $ & la carte de crédit Shell du pauvre Doug – car, comme prévu, Doug & Pete restaient à Chicago, leur point de chute initial –, moi & le Gitan, on s'est arrachés, direction N.Y. via le Canada, vu qu'il connaissait à Toronto une gonzesse supposée nous refiler de la fraîche. Dimanche, aux alentours de 2 heures du matin, on a essayé de franchir la frontière à Windsmont mais ils ont pris prétexte de notre manque de solvabilité pour nous réexpédier sans douceur à Detroit, et donc on s'est retrouvés chez un pote du Gitan – lui aussi serre-frein aux chemins de fer – chez qui on a passé la nuit avant de reprendre la route en contournant, sans s'arrêter une seule fois, le lac Érié côté américain et en pénétrant au Canada pas très loin de Toronto – quasiment à l'endroit où le pick-up a rendu ses clés et où j'ai commencé cette lettre – c'est-à-dire à Wakeman, Ohio, le jour même, 30 août 1965, où s'ouvrait ton procès.

Bon, à présent, Ken & vous toutes, mes chéries, spécialement Anne, Sharon & June[1] – et à supposer qu'il ne s'en trouve qu'une seule avec toi, elle sait ce que j'ai dans la tête : l'emprisonner entre mes bras et mes jambes, mais seraient-elles toutes là que je pratiquerais le collectivisme –, voici mon programme : demain matin, après vous avoir posté ceci qui vous parviendra donc mardi 7 septembre, le Gitan, Jenny & moi on s'embarque pour Pemberton, New Jersey, pour y voir de la peinture, puis direction Beach Haven, toujours dans le New Jersey, pour y exhiber nos bikinis – et tirer la langue, la langue, la langue, et reluquer – et enfin, 28 jours après notre départ de S.F. – aurait-on fait mieux à vélo ou sur un bon vieux kart, va savoir ? –, oui, enfin, alors que la nuit sera tombée, New York City où je sacrifierai illico au rite d'une virée dans le Village en quête de benzé, d'acide, d'herbe ou de tout ce qui se deale un samedi soir ; après quoi, j'irai saluer Bill Burroughs au 803 de la 10e Rue – on peut donc m'écrire à cette adresse

1. Respectivement baptisées Sharon l'Anonyme et June la Lune par les Merry Panksters. Anne, en revanche, n'est citée nulle part. (*N.d.T.*)

mais, comme j'ignore combien de temps j'y passerai, autant m'envoyer vos lettres à la Poste restante de Chicago où je réapparaîtrai vraisemblablement entre le mercredi et le vendredi de la semaine suivante ; de toute façon, je demanderai à Bill Burroughs de réexpédier mon courrier à Chicago, de sorte que, si tu le désires, voilà une occasion de rompre le silence en lui écrivant (habile, non ?) – & je rendrai aussi visite à Ed dans sa librairie de la 8e Rue[1], etc. Je me pointerai également chez Al Aronowitz[2], le journaliste du N. Y. Post, & chez Lucien Carr[3], chef du desk de nuit à l'agence UPI, avant de filer à Northport (Long Island) où, au 7 Judy Ann Court, je trouverai Jack Kerouac. Bref, un dimanche et un lundi à N.Y. & dans ses environs, puis, s'il y a moyen de changer les segments des pistons de la Studebaker dans la journée de mardi, on partira le soir même, sinon on se sera tirés dès l'aube, quasiment au moment où tu recevras cette lettre. Ensuite, je compte ne pas bouger de Chicago jusqu'à Halloween ou Thanksgiving, le froid seul m'en fera décamper. Non que je le souhaite

1. Ouverte en 1947 la 8th Street Bookshop devint rapidement, grâce à Ted Wilentz, l'un des hauts lieux de l'avant-garde littéraire. Et cela durant une trentaine d'années. (*N.d.T.*)

2. Alfred Aronowitz publia, le 10 mars 1959, une enquête dans le *New York Post* sur la Beat Generation. Au lendemain de la mort de Kerouac, le 22 octobre 1969, il signera, toujours dans le même journal, un article intitulé « Jack Kerouac : au-delà de la route », dans lequel il évoquera, entre autres, la figure de Neal Cassady. (*N.d.T.*)

3. Au printemps 1944, dans un bar sur Broadway, à New York, Jack Kerouac fit la connaissance de Lucien Carr, « qui allait modifier (…) sa personnalité et son existence ». (Ann Charters, *op. cit.*) D'une grande beauté, Carr fut l'objet de tous les désirs jusqu'à être obligé de tuer d'un coup de couteau l'un de ses soupirants. Il écopa de deux ans de prison. À compter du jour où Neal Cassady, autre grand séducteur, apparut dans sa vie, Kerouac se détacha de Carr qu'il jugea dès lors « ennuyeux » et littérairement « stérile » (*N.d.T.*)

– sincèrement, tu peux me croire, je déteste cette ville, comme d'ailleurs tout l'est – mais, et ce n'est pas rien, on m'offre, quoique mon futur employeur ne sache toujours pas de quoi j'ai l'air, cent vingt-cinq dollars par semaine comme chauffeur routier, or tu n'es pas sans savoir qu'il me faut subvenir aux besoins de mes enfants – pas loin de 1 600 $ par an – à propos, ma plus grande fille aura 17 ans le 7 septembre & le plus jeune de mes fils 14 ans deux jours plus tard – aussi j'envisage de travailler durant deux mois – ce qui me permettrait d'envoyer à mon ex-femme 100 $ par semaine. Au cas où je ne décrocherais pas ce job, mais tout me laisse penser que ça marchera, je reviendrais aussi vite que possible à Ely afin de récupérer la MG de Doug et la lui ramènerais à Chicago ; moyennant quoi, je repasserai ensuite par chez toi pour ramasser mes affaires & peut-être une fille (sinon deux, voire trois ou quatre, ou davantage encore, ha, ha !), car cette rouquine de Denver va bientôt prendre des vacances & elle est prête à se partager entre le Gitan et moi, vu qu'elle a déjà, je le jurerais, pigé le topo. Reste que si je bosse au ramassage des objets au bénéfice des Grands Invalides de guerre américains, je déboulerai de toute façon chez toi en novembre, en début ou en fin de mois. En revanche, si, à cause ou non de la rouquine (car malgré tout j'irai faire un tour à Denver), je ne te vois qu'à la mi-septembre & si Anne, qui tient toujours la première place dans mon cœur (et à gauche, en plus), veut encore de moi, je te l'enlèverai, sinon – et à supposer que je ne doive pas rapatrier la voiture de Doug dès lors qu'il s'en chargerait lui-même – je me contenterai de Sharon (si elle aussi ne m'a pas oublié) & je descendrai passer l'hiver à L.A. Si aucune de ces deux-là n'est libre, j'embarquerai June (si elle ne m'a pas rayé de sa liste) & nous vivrons heureux

ensemble, je le jure ! Me suis-je bien fait comprendre ? Ou
alors, preuve que je respecte la règle d'antériorité, je lèverai
le pied avec la rouquine de Denver & nous nagerons dans
le bonheur, aussi sûr qu'un et un font deux.

Fraternellement,

Neal

Table des matières

Ce volume,
le vingt-troisième
de la collection « Domaine étranger »,
publié aux Éditions Les Belles Lettres,
a été achevé d'imprimer
en août 2015
sur les presses
de la Manufacture Imprimeur
52200 Langres.

Dépôt légal : septembre 2015
N° d'édition : 8134 - N° d'impression : 150674
Imprimé en France